에스원 보안 · 경영 시리즈 01

솔루션 비즈니스

Building a Platform for Organic Growth

지 음 | Kaj Storbacka
Risto Pennanen

옮 김 | 에스원

Management for Professional

Solution Business

Translation from the English language edition:
Solution Business
Building a Platform for Organic Growth
by Kaj Storbacka and Risto Pennanen

에스원 보안·경영 시리즈 01

에스원 『솔루션 비즈니스』를 펴내며

에스원이 '안전한 사회'를 위해 안심서비스를 시작한지 올해로 40년이 되었습니다. 에스원은 대한민국 보안산업의 태동과 함께 발전을 선도해 왔습니다.

국내 최초로 선보인 무인경비 서비스는 '센서를 바탕으로 한 관제서비스'로 새로운 패러다임을 제시했습니다. 센서를 통해 계약처의 이상 유무를 확인하고 출동 서비스를 제공한 것입니다. 최근 이슈가 되고 있는 사물인터넷(IoT) 개념을 보안서비스에 도입한 것이라고 할 수 있습니다.

또한, 인공지능(AI) 기술을 활용하여 영상인식 분야를 개척하고 군사용 레이더 기술을 접목한 첨단 센서를 개발하는 등 다양한 첨단 보안솔루션을 선보이고 있습니다.

4차 산업혁명 시대에 보안산업은 인공지능(AI), 사물인터넷(IoT) 등 핵심 기술과 결합하면서 성장 가능성이 무궁무진합니다. 이에 에스원은 국내 보안업계의 발전에 도움이 될 수 있도록 '에스원 보안·경영 시리즈'를 펴냅니다.

에스원이 선정한 첫번째 책은 기업과 함께 유기적으로 성장하는 보안산업의 미래를 담고 있습니다. 단순한 보안제품 판매나 솔루션 제공에서 벗어나 보안 니즈를 이해하고 고객과 유기적으로 성장하는 솔루션 비즈니스를 제시하고 있습니다.

에스원은 이번 책에 이어 보안 실무를 위한 '시큐리티 마스터 플랜' 등 다양한 이론과 실무 서적을 계속 발간할 예정입니다.

에스원은 안전과 안심이 함께하는 사회를 만들기 위해 최선의 노력을 다하겠습니다. 많은 기대와 관심을 부탁 드립니다.

2017년 10월 25일

에스원 대표이사 사장 **육현표**

추천사

먼저 본 서적의 출간을 환영하고 축하드립니다.

국내 보안산업은 지속적인 양적 성장에도 불구하고 산업 성장의 이론적 토대가 부족한 것이 사실이었습니다.

이 시점에서 에스원이 깊은 사명감을 가지고 전문서적 번역 및 출판이라는 학구적인 시도를 한 것은 무척 고무적이고 학계의 일원으로서 두 손 들어 환영합니다.

특히, 국내·외 경기악화와 치열한 경쟁 속에서도 해외우수 서적을 발굴·번역하여 국내에 보급하기 위한 노력에 깊은 감사의 말씀을 드립니다. 또한, 에스원은 우리 고려대와의 산학 협력 등의 보안학계 발전을 위한 다각적인 접근과 활동을 전개하고 있습니다. 이러한 에스원의 노력은 동반성장을 위한 장기적인 고려에 따른 투자라는 점에 감사 말씀과 함께 지속적인 지원을 아끼지 않고자 합니다.

AI, IoT, 클라우드 컴퓨팅, 빅데이터 등을 토대로 한 제4차 산업혁명의 시대를 맞아 보안산업도 새로운 변혁의 기로에 서게 되었습니다. 이러한 변혁은 상품과 서비스의 속성 자체를 제4차 산업혁명에 맞게 재편(Reframing)하고 진화하는 것을 의미합니다. 그런 점에서 에스원 보안·경영시리즈의 첫 번째 책으로 『Solution Business : Building a Platform for Organic Growth』를 출간한 것은 보안산업의 미래를 전망할 수 있는 탁월한 선택이라고 할 것입니다.

그 동안 에스원은 대테러와 국가영역의 보안, 산업현장의 안전솔루션, 생활영역의 보안상품 등 다양한 보안영역을 개척하고 국내 보안산업을 선도해온 기업입니다. 이런 경험과 학술적 시도가 결합된다면 국내·외 보안산업 전반의 혁신을 주도할 수 있을 것으로 기대됩니다.

에스원의 의미 있는 도전이 마중 물이 되어 국내 보안학계가 풍부해지고, 에스원과 고려대는 훌륭한 보안산업의 역군들을 지속 배출할 수 있는 역량을 갖추어 보안산업이 제4차 산업혁명 시대의 핵심 산업으로 발전할 수 있기를 바라며, 앞으로도 훌륭한 보안관련 서적들을 소개해 주시기 바랍니다.

2017년 10월 25일
깊어가는 금추(金秋) 안암의 교정에서
고려대학교 정보보호대학원 교수 **임종인**

작가가 가진 가장 매력적인 장점 두 가지는 바로 새로운 것들을 익숙하게 만드는 힘, 그리고 익숙한 것들을 새롭게 만드는 힘이다.

– 윌리엄 메이크피스 새커리 1811–1863

책 소개

유기적 성장은 그 어느 때보다 최고 경영자들의 높은 관심을 받고 있다. 또한 동일한 조건에서 기존 고객의 지갑점유율(share of wallet)을 높이는 것은 다른 어떤 투자보다도 높은 수익률을 낼 수 있다는 것은 널리 알려진 사실이다. 기존 고객을 상대로 지갑점유율을 높이는 것은 제품을 판매하거나 또는 세계화를 통해 새로운 지역 시장에 진입하는 것을 통해 얻는 수익을 능가한다. 장기적으로 볼 때, 성장은 본질적으로 고객 중심의 혁신에 달려 있다. 학계, 전문가 및 비즈니스 실무자에 의한 최근 연구는 대부분의 경우 고객을 중심으로 하는 유기적 성장이 고객에 특화된 서비스와 고객 통합 솔루션에서 비롯된다는 것을 보여준다. 카이 스토르바카(Kaj Storbacka)와 리스토 펜너넨(Risto Pennanen)이 저술한 본 책이 출판되기 전까지, 비즈니스로서 고객 솔루션을 다룬 종합적인 문헌은 존재하지 않았다. **솔루션 비즈니스: 유기적 성장을 위한 플랫폼 구축**은 빈틈없고 전문적인 방식으로 그 틈을 메워 나갈 것이다.

이 책은 솔루션 비즈니스에 대한 전체적 관점을 제시하는 것과 더불어 성공의 핵심 요소인 "역량"에 초점을 맞춘다. 저자들이 효과적으로 입증한 바와 같이 판매 및 산업 역량은 최적화된 프리미엄 가격정책을 수립하고 솔루션 비즈니스에 내재된 위험 및 비용을 최소화하는데 있어 결정적인 중요성을 갖는다. 맞춤화(customization) 전략은 보통 높은 비용과 낮은 차익을 초래하면서, 한편으로는 가격 프리미엄을 이루기 어렵게 만들기도 한다. 저자인 스토르바카와 펜너넨은 상당히 세부적인 분석으로 이 문제를 다루며 판매와 표준화 역량을 통해 각각 가격 프리미엄을 달성하고 비용을 줄일 수 있음을 보여준다. 이들은 솔루션 개발, 수요 창출, 솔루션 판매, 솔루션 유통에 이르는 중요 단계 및 이정표에 대해 매우 효과적으로 설명한다. 이 책의 마지막 부분에 이르러 이들은 기업이 솔루션을 개발하고 솔루션으로 수익을 얻는 과정에서 성과를 분석하고 이러한 고객 통합 솔루션을 판매 및 유통하는 조직의 역량을 평가할 수 있도록 만들어주는 실용적 도구에 초점을 맞춘다.

대부분의 기업에게 있어 고객 통합 솔루션은 판도를 변화시키는 결정적 게임 체인저(game-changer)의 역할을 한다. 이 책에 제시되는 알찬 사례들이 입증하는 것처럼 이러한 과정은 보통 비즈니스 모델, 경영 시스템과 지표의 큰 변화를 수반한다. 이는 또한 다음 사례들로 설명된다.

- "우리가 판매하는 것은 제트 엔진이 아니라 바로 연비 절감입니다."
- "우리가 판매하는 것은 발전소가 아니라 바로 에너지 관리(즉, 전기비 절감)입니다."
- "우리가 판매하는 것은 자동차 보험이 아니라 바로 위험 관리입니다."

◎ "우리가 판매하는 것은 엘리베이터와 에스컬레이터가 아니라 바로 유동 인구 관리입니다."

개인적, 제도적 기술 및 역량들은 수익성 있는 고객 솔루션 비즈니스 경영의 성공 및 실패를 판단하는 데 있어 가장 큰 역할을 한다. 나는 이러한 주제에 관한 참고서를 집필한 스토르바카와 펜너넨에게 찬사를 보낸다. 솔루션 비즈니스를 읽고 여기에 나온 방법론들을 적용하는 것이야말로 유기적 성장을 가장 중요한 현안으로 보는 기업 및 CEO들에게 반드시 필요한 일이다.

버나드 퀀카드(Bernard Quancard),
미국 일리노이 주, 시카고에서

서문

솔루션 비즈니스로 전환하는 것은 어떤 기업에서든 어려운 과제이다. 많은 기업이 전환 과정에서 고난과 실패를 겪게 된다. 솔루션 비즈니스에서의 실패와 성공 원인을 분석해 보고자 하는 관심을 가지고 우리는 20개 이상의 다국적 기업을 대상으로 한 장기적인 연구에 착수하게 되었다. 이 연구의 발견들은 솔루션 비즈니스가 기존의 제품 범주가 아닌 완전히 새로운 비즈니스 모델이라는 것을 보여준다. 따라서 이 책을 집필하는 우리의 목적은 성공적으로 솔루션을 판매하고 유통하길 원하는 기업이 반드시 투자해야 하는 핵심 역량을 포괄적으로 범주화함에 따라 제품 비즈니스에서 솔루션 비즈니스로의 전환을 기록 및 설명하고 논의하는 것이었다.

핵심은 솔루션 판매가 아니라 효율적 유통이다

우리는 연구에 참여한 기업과 많은 대화를 나누었으며 초기에 이들

대부분은 솔루션 판매가 문제라는 것을 발견했다고 주장했다. 그러나 우리가 변함없이 관찰한 것은 가장 큰 문제가 판매에 있지 않다는 것이었다. 오히려 문제는 보통 표준화 역량을 상실했거나 또는 솔루션 플랫폼 역량이라고 부르는 것이 완전히 결여되어 있는 것에서 비롯되었다. 본질적으로, 핵심 쟁점은 기업들이 솔루션 비즈니스에서 반복성과 확장성을 만들어내지 못하고 있는 것이다.

대부분의 기업들은 판매를 통해 솔루션 비즈니스 시장에 진입하지만 판매 이외에 다른 기능들을 솔루션 비즈니스에 맞추어 전환하는 데에는 실패한다. 이러한 기업은 고객을 위한 새로운 가치를 창출할 수는 있지만, 동시에 솔루션 판매 및 전달과 관련하여 분산이 증가하고 프로세스가 제어 불가능할 정도로 복잡해짐에 따라 불안정한 비용 구조를 만들어내는 경향을 보인다.

솔루션 비즈니스에서의 성공은 단순히 또 다른 제품 범주나 기존 제품 비즈니스의 연장이 아니라 별도의 비즈니스 모델이라는 사실을 받아들이는 것으로 시작된다. 솔루션 비즈니스 모델은 기업 전체에 영향을 끼치는 특성을 가지고 있기 때문에 이에 맞추어 기업은 비즈니스 모델의 많은 부분을 동시에 "조정(tweak)"해야 한다. 이 책에서, 우리는 기업이 초점을 맞추어야 하는 분야들로 역량 및 수행방식의 세 가지 집합들 — 즉, 상품화, 표준화, 솔루션 플랫폼 — 을 확인하고 이를 구성할 것이다.

1. **상품화(Commercialfization)**는 고객들의 가치 창출 과정들을 이해하고, 이에 따라 고객들을 위한 향상된 가치 창출을 가능하게 하는 솔루션들을 만들며, 이러한 솔루션들에 대한 수요를 창출하고, 개별 고객들에게 솔루션들을 판매하며, 고객의 사용 가치를 기반으로 보상을 받는 기

업의 능력을 뜻한다.

2 **표준화(Industrialization)**는 반복성과 확장성의 전제조건들을 만들어내기 위해 솔루션을 표준화하고 "제품화하는(productize)" 기업의 능력을 뜻한다. 반복성을 지원하기 위해 기업은 솔루션이 지역과 시간의 한계를 넘어 효율적으로 반복될 수 있도록 명확하게 공통적인 프로세스를 정의해야 한다.

3 **솔루션 플랫폼(Solution platform)**은 효과적인 솔루션 비즈니스 프로세스를 위해 필요한 지원을 만들어낸다. 플랫폼은 전략, 경영 시스템, 인프라 및 인적자원과 관련된 하위 역량들로 구성된다. 솔루션 플랫폼 역량들에 대한 투자가 필요하지만, 또한 이러한 요소들은 고객들에게 직접적으로 보이지 않는다는 점에서 투자가 어려운 특성을 가지고 있다.

이 책의 또 다른 측면은 기업이 솔루션 비즈니스로 전환되는 동안 거치게 되는 계획적 단계들에 대해 설명하는 것이다. 이러한 단계들은 네 개의 상호 연관된 연속단계(continuum) 즉, 고객 내재화(embededness) 증가, 통합(integratedness) 제공, 운영 적응성(operational adaptiveness), 조직 네트워크화(organizational networkedness)를 따라 이어진다.

우리는 최초로 솔루션 비즈니스에서의 성공을 종합적 시각으로 다룬 이 책이 솔루션 공급자가 되고자 하는 기업에게 필요한 모든 기능들과 관련된다고 생각한다. 따라서 우리는 전략 계획, 비즈니스 개발, 연구개발, 마케팅, 판매, 공급망 관리, 운영, 재무, 기획 관리, 법적 사안, 인적자원 관리에 도움을 주고자 한다.

이 책은 또한 기업 내 계층별 직급과 관련된 내용도 다룬다. 최고 경영진에게는 비즈니스 전환이라는 의제를 제시한다. 기능별 운영 부문장들에게는 각 기능이 발전시켜야 하는 역량에 대해 설명한다. 사업 본부장들에게 이 책은 솔루션 비즈니스로 전환하는 동안 갈등을 일으키기 쉬운 분야들을 보여준다. 그리고 중간 관리직에게는 기능들과 지역들에 걸쳐 솔루션 비즈니스에 대해 논의하는데 필요한 소통 수단을 제시한다.

우리는 더 나아가 솔루션 비즈니스 모델로의 완전한 전환을 이루어야 하거나 이루고 싶어 하는 기업은 거의 없다는 점을 지적할 것이다. 이러한 완전한 전환 대신, 기업은 본질적으로 서로 상충되는 특징을 갖는 병행 비즈니스(parallel business) 모델을 운영하려는 상황에 놓이게 된다. 이 책에서 우리가 강조하는 것처럼 이런 상충들을 이해하고 관리하는 것이야말로 솔루션 비즈니스에서의 성공에 있어 매우 중요하다.

솔루션 전환 과정에서 장기적인 연구 & 전념

이 책에 포함된 정보와 생각들은 2002년부터 2012년 사이에 수행된 여러 응용 연구 프로젝트들의 결과를 종합한 것이다. 이 프로젝트들은 고객 지향 비즈니스 모델을 전문으로 하는 컨설팅 기업, Vectia Ltd에 의해 착수되었다(2012년 6월, Vectia는 Talent Partners Ltd와 합병하여 Talent Vectia Ltd를 설립했다). 모두 멀티클라이언트(multi-client; 복수 고객 의뢰 방식) 방식이었던 이 프로젝트들은 다음과 같았다.

- 솔루션의 상품화와 표준화(Commercialization and Industrialization

of Solutions, 2009)

- 시장 분석 & 진입(Market Exploration & Entry, 2008)
- 판매 전환(Transforming Sales, 2006)
- 수익 증가를 위한 비즈니스 모델 혁신(Business Model Innovation for Earnings Growth, 2005)
- 고객 자산 관리: 고객 투자를 위한 전략과 수단(Customer Asset Management: Strategies and Tools for Investing in Customers, 2004)
- 판매 동인: 미래 판매를 위한 전략들(Sales Driver: Strategies for Future Sales, 2002)

40개 이상의 기업들이 이 프로젝트들에 참여했다(아래 표 참고). 다양한 규모로 많은 산업들을 대표하는 이 기업들은 이 책의 내용에 있어 매우 중요한 통찰들을 제공했다. 이들은 또한 이 책에서 논의하는 쟁점들의 사례를 구체적으로 보여주기 위해 자신들과 관련된 사례들을 사용하도록 허가해주었다. 이들의 지원과 격려는 집필 과정 내내 주요 원동력이 되었다.

ABB	Ahrend	AON	Atos Origin
Cargotec	Cupori	DaimlerChrysler	Debitel
Douwe Egberts	Dynea	Enics	Finnair
Fortum	F-Secure	IBM	ING
Halton	Kemira	KONE	Konecranes
Luvata	M-real	Nashuatec	Neste Oil
Nokia	Nordea	Oracle	Oce
Outokumpu	Philips	Pfizer	Roda
Royal Haskoning	Ruukki	Saint Gobain	Sandvik
Schneider Electric	Skanska	StoraEnso	Stork
STX Europe	Teleca	Teleste	TeliaSonera
UPM	Wärtsilä		

우리에게 영감과 교훈을 제공했던 또 다른 중요한 원천은 Hanken SSE Executive Education Ltd가 착수한 성장 가속화 프로그램(Growth Acceleration Program – GAP)이었다. 저자 중 한 명인 카이(Kaj)는 이 프로그램에 콘텐츠와 학업 리더십을 제공했다. 경영자 교육을 위한 이 컨소시엄의 유일한 초점이 바로 이 책의 내용이었다. 실제로 우리는 원래 이 프로그램의 네 가지 모듈을 위한 보충 자료를 제공하기 위해 이 책을 집필했다.

GAP는 현재 4년째를 맞이하고 있으며, 다음 기업들이 이 프로그램에 참여자들을 보냈다. Cargotec/MacGregor, Fazer, K. Hartwall, Kemira, KONE, Mirka, Outotec, Rautaruukki, Sandvik, SCA, Carlsberg/Sinebrychoff, TeliaSonera, UPM, Vaisala, and Wärtislä. 프로그램 교육 시간들 동안 이루어진 광범위한 논의들은 우리가 이 책

의 현재 버전을 집필하면서 참여자들의 경험들로부터 도움을 받을 수 있도록 했을 뿐 아니라, 책 내용의 적용성과 유용성에 대한 피드백을 제공해주었다.

책의 구성

이 책의 구성은 우리가 책에서 소개하고자 하는 솔루션 비즈니스 프레임워크와 맥락을 같이 한다. 책의 전체 7개 장들 중 6개의 장들이 이러한 프레임워크의 여섯 가지 핵심 프로세스에 초점을 맞춘다. 1장은 솔루션 비즈니스와 관련된 핵심 개념들에 대해 설명하고, 프레임워크의 개발 배경이 되는 근거를 서술함으로써 구조 프레임워크를 소개하는 역할을 한다. 각 장에 대한 간략한 요약은 다음과 같다.

특히, 2, 3, 4, 5, 6, 7장에 대한 요약들은 앞서 언급된 역량 및 수행방식들의 세 가지 그룹들에 따라 구성된다.

1장 : 솔루션 비즈니스를 통한 성장과 수익 증대 (Driving Growth and Profit with Solution Business)

이 장에서는 기업이 솔루션 비즈니스로 전환하도록 동기를 부여하는 핵심 동인(key driver)에 대해 논의한다. 우리는 기업이 솔루션 비즈니스 모델을 목표로 나아가는 경우, 네 개의 연속단계에 따라 전환해야 하는 이유와 방법에 대해 설명할 것이다. 그리고 솔루션 비즈니스에 대한 기업의 노력들이 제대로 동기화되지 않는 경우 발생할 수 있는 불합리한 비용 증가와 연관된 일부 위험요소들을 보여줄 것이다. 이와 더불어 솔루션 비즈니스의 성공적 관리를 촉진하기 위해 설계된 우리의 솔루션 비즈니스 프레임워크를 소개할 것이다.

2장 : 솔루션 개발(Developing Solutions)

상품화 : 우리는 기업들이 고객 비즈니스의 현실을 깊이 이해하기 위해 고객 가치 연구를 어떻게 활용해야 하는지 그 방법에 대해 설명할 것이다. 어떤 것이 고객 가치를 창출하며, 성공은 어떻게 측정하는지 등의 핵심 질문들이 제시된다.

표준화 : 성공적인 솔루션 비즈니스는 표준화된 구성요소들 혹은 기본적인 판매 항목들(BSI)로 구성된 솔루션 계층구조를 발전시키고 모듈성(modularity)과 반복성(repeatability)을 가능하게 하는 비즈니스라는 점을 보여줄 것이다.

3장 : 수요 창출(Creating Demand)

상품화 : 우리는 관련 고객들이 기업의 솔루션 역량에 대해 인식할 수 있게 만드는 설득력 있는 가치 제안들을 만들어내기 위해 고객들에 대한 이해를 활용하는 방법에 대해 설명할 것이다. 이러한 가치 제안들은 고객, 조직, 혹은 특정 세분시장 및 개별 세분고객에 대해 개발될 수 있다.

표준화 : 우리는 솔루션들이 모든 과정에서 맞추어 나가야 할 필요는 없으며, 구성(pre-configured)되어야 한다고 주장한다. 세분고객, 세분시장에 대해 깊은 통찰을 가지고 있는 기업은 시장 상황에 80~90% 적합한 솔루션들의 포트폴리오를 구성할 수 있다.

4장 : 솔루션 판매(Selling Solutions)

상품화 : 고객들이 구매 결정을 내리는데 도움을 주고자 하는 경우

기업이 가치 제안(value propositions) 및 고객 혜택을 재무적 표현 방식으로 해석하는 방법에 대해 설명한다.

표준화 : 특히 솔루션 컨피규레이터(solution configurator)와 가치 정량화 도구 같은 솔루션 도구의 생성을 가능하게 함으로써 표준화 방식들이 판매 프로세스를 지원하는 방식에 대해 설명한다.

5장 : 솔루션 전달(Delivering Solutions)

상품화 : 우리는 기업과 고객 양쪽에 있어 창출된 가치를 확인하고 입증하는 역할을 강조할 것이다.

표준화 : 우리는 솔루션 전달의 중요성 – 즉, 솔루션 비즈니스 모델의 중요한 문제는 판매가 아닌 효율적인 전달과 관련된다는 점을 강조할 것이다.

6장 : 솔루션 비즈니스 플랫폼에 대한 투자 (Investing in Solution Business Platforms)

솔루션 플랫폼 : 이 장에서 우리는 솔루션 비즈니스에서의 지속 가능한 성공이 역량 및 수행방식들의 네 가지 하위그룹들 — 전략 계획, 경영 시스템, 인프라 지원, 인적자원 관리 — 로 구성되는 솔루션 비즈니스 플랫폼에 대한 투자를 필요로 한다는 것을 강조한다.

7장 : 실현(Making It Happen)

마지막 장에서, 우리는 솔루션 비즈니스에 대한 시장 및 조직 준비(organizational readiness)를 이해하는 것의 중요성과 이러한 준비를 통해 기업이 변화를 시행할 토대를 마련하는 방식에 대해 논의할 것이다. 우리는 또한 시장 준비성을 개선시키는 것에 대한 지침들을 제시하고, 기업이 조직 준비성을 개선시키기 위해 집중해야 하는 핵심 역량을 강조하며, 성공적 전환을 효과적으로 달성하는 것과 연관된 쟁점들에 대해 논의할 것이다. 그리고 이러한 성공적 전환은 기업이 성공적 제품과 솔루션 비즈니스 모델을 동시에 창조할 때 실현된다는 점을 주장하는 것으로 책을 마무리할 것이다.

감사의 글

이 책의 집필은 팀을 이루어 공동으로 노력한 결과이다. 여러 사람들이 직간접적으로 집필 과정과 내용에 기여했다.

Talent Vectia 내에서 여러 명의 인재들이 집필에 참여했다. CEO인 Mr. Tom Lindholm은 새로운 생각을 개발하고, 이를 Talent Vectia 고객에게 적용함으로써 도움을 주었다. Mr. Ville Salomaa는 많은 연구 프로젝트들에서 중추적인 역할을 해주었다. 그의 생각은 다방면에서 이 책에 영향을 끼쳤다. 그는 책에 포함된 아이디어들을 실제 전환 과정들에 적용했다. Mr. Kari Kaario는 책의 내용에 영향을 끼친 멀티클라이언트 연구 프로젝트들에 많은 기여를 했으며, 우리는 여러 기업들에서 솔루션 비즈니스 개발 및 시행 프로젝트들을 주도한 그의 경험에 의지할 수 있었다. Kari는 솔루션 비즈니스 주제와 밀접하게 관련된 두 가지 책을 집필한 저자이기도 하다.

또한 Talent Vectia에 소속된 Ms. Heini Vassin은 책을 구성하고, 새로운 내용을 개발하며 최고의 능력으로 편집을 담당했다. 그녀는 우리가 책에서 논의하는 솔루션 비즈니스 평가를 개발하는 데 있어 주요 역할을 했다. Ms. Katri Kennedy는 "솔루션의 상품화와 표준화(Commercialization and Industrialization of Solutions)"라는 이름의 멀티 클라이언트 프로젝트에 대한 보고서를 작성했다. 이 보고서는 책의 첫 번째 토대가 되어주었다. Ms. Eeva Tiainen은 첫 번째 초안의 여러 장들을 편집했으며 Mr. Oskar Storsjo와 Ms. Eeva Jaakonsalo는 마지막 편집 단계에서 큰 도움이 되었다. Ms. Paula Wagemaker는 최종 원고를 감수하는 훌륭한 일을 해냈다.

Suvi Nenonen 박사의 생각은 이 책 전체에 걸쳐 저술되었다. 시장 형성 과정에 대한 그녀의 특별한 능력은 기업들이 솔루션에 대한 시장 준비성을 어떻게 개선시키는지 이해하는 데 큰 도움을 주었다. 또한 그녀는 책 말미에 있는 참고문헌에 열거된 많은 논문들을 집필하는데 관여했다.

Hanken & SEE Executive Education Ltd.의 CEO를 역임했던 Christina Dahlblom 박사는 이 책의 첫 번째 초안이 탄생한 성장 가속화 프로그램(Growth Accelerator Program - GAP)을 수립하는데 도움을 주었다. 우리의 콘텐츠에 대한 그녀의 창의적이고 긍정적인 태도와 신뢰는 큰 영감을 주었다. Mr. Kaj Akerberg는 판매 전환(sales transformation)에 대해 오래 쌓아온 전문지식을 바탕으로 우리가 GAP 참여자들에게 이 책의 생각들을 시험하는 환경을 만드는데 영향을 끼쳤다.

전략적 고객 관리 협회(Strategic Account Management Association), 혹은 SAMA는 콘텐츠의 출처이자 연구 프로젝트의 개발과 시행에 걸쳐 측정 기구(sounding board)로서 참여했다. CEO인 Mr. Bernard Quancard와 최고 지식 경영자인 Ms. Elisabeth Cornell은 우리 연구를 지속적으로 지원했으며 책의 내용에 대한 통찰력 있는 피드백을 제공했다. 이들은 또한 솔루션 비즈니스로의 전환을 성공적으로 달성한 기업의 정통한 인력과 접촉할 수 있는 귀중한 기회를 제공했다. 솔루션 비즈니스에 대한 Mr. Bernard Quancard의 광범위한 개인적 경험은 많은 유익한 논의에 대한 풍부한 토대를 만들어주었다. 또한 SAMA는 전 세계 최고 솔루션 기업의 숙련된 고위 임원들에게 우리 연구의 결과를 발표할 기회를 제공해주었다. 이러한 발표들 이후 우리가 받은 피드백은 책을 발전시키려는 우리의 지속적 노력에 있어 중요한 원동력을 제공했다.

오클랜드 대학 경영학부에서 솔루션 비즈니스 분야를 이끄는 연구자들 중 한 명인 Charlotta Windahl 박사와 협력하게 된 기회는 이 책에 담긴 생각과 조언에 많은 기여를 했다. 우리의 공동 연구와 집필 노력은 책의 내용에 직접적인 영향을 끼쳤다. 마케팅 학과의 학장인 Rod Brodie 교수는 우리가 책을 완성시킬 수 있도록 영감을 불어넣으며 든든한 지원을 제공하는 연구 및 집필 환경을 제공했다. 이러한 최종 노력을 기울이는 동안, 우리 학과의 관리자인 Ms. Mary Hoong은 집중적인 집필에 필요한 조용하고 효과적인 환경을 확보해주기 위해 대학의 복잡한 행정절차를 처리하는 놀라운 일을 해냈다.

마지막으로, Springer 출판사의 Martina Bihn 박사가 이 책에 보여준 관심과 이러한 관심을 통한 출판에 많은 감사를 보낸다. 또한 책의 포맷과 관련하여 그녀가 제공한 귀중한 조언에도 감사 드린다.

목차

2 솔루션 개발 : 새로운 가치 창출 기회 확인

3 수요 창출 : 판매 기회 생성

4 솔루션 판매 : 기회 포착에서 주문 달성으로

5 솔루션 전달 : 고객 가치 창출과 기업 가치 포착

6 솔루션 플랫폼 : 지속 가능한 성공을 위한 토대

7 실현 : 솔루션 비즈니스에 대한 준비가 되어 있는가?

1 솔루션 비즈니스를 통한 성장과 수익 증대

이 장에서는

- 기업이 솔루션 비즈니스로 전환하도록 동기를 부여하는 핵심 동인에 대해 논의한다.
- 기업이 솔루션 비즈니스 모델을 향해 네 개의 연속단계(continuum)를 따라 전환해야 하는 필요성에 대해 설명한다.
- 기업이 제대로 동기화되지 않은 채 솔루션 비즈니스로 전환하는 경우에 발생하는 불합리한 비용 증가와 연관된 위험요소들을 보여준다.
- 이 책을 구성하는 토대인 솔루션 비즈니스 프레임워크를 소개한다.

1.1 왜 솔루션 비즈니스로 전환하는가?

기업이 솔루션 비즈니스를 개발해야 하는 세 개의 주요 이유들이 존재한다. 기업은 다음과 같은 이유들에 대해 인식하게 된다.

1. 가치 사슬에 따라 나아가며 더 완전하고 통합된 제품들을 제공하는 것은 매출 증대를 이끌어낸다. 솔루션 지향 기업은 고객의 프로세스에 초점을 맞추며, 기업(공급자)이 제공하는 솔루션을 기반으로 한 '사용 가치(use-value)'를 창출함에 따라 고객을 지원한다.

2. 고객들이 제품들을 어떻게 사용하는지에 초점을 맞춤으로써, 기업은 전체 '이익 풀(profit pool)' 중 더 큰 몫에 접근하게 되며, 이는 수익 증대를 가능하게 한다.

3. '사용 가치(use-value)'의 관점에서 정의되는 시장은 일반적으로 제품이나 장비와 관련하여 정의되는 시장들보다 더 안정적이다. 따라서 솔루션을 제공하는 기업은 더 안정적인 현금 흐름을 창출할 수 있다.

1.1.1 사용 가치에 대한 집중을 통한 성장 발견

솔루션 비즈니스 모델에 대한 관심은 가치가 어떻게 창출되는지에 대한 새로운 이해에서 비롯되었다. 이에 따라, 기업은 시장이 제품에 의해서가 아니라 제품이 무엇을 가능하게 하는지에 의해 정의된다는 개념과 보조를 맞추기 위해 자신들이 정의한 시장 정의를 재검토해야 한다.

이러한 정의를 유념함으로써, 기업은 점차 자신들이 제조하거나 판매하는 제품 및 서비스들에 의해서가 아니라 고객을 위해 해결해야 하는 상업적 문제들과 관련하여 스스로를 정의하게 된다. 즉, 기업은 자동차를 판매하는 것이 아니라 개인의 이동성을 지원하는 것이다. 기업은 휴대폰을 판매하는 것이 아니라 가족 및 친구들과 연결하고 관계를 만들어내는 능력을 판매하는 것이다. 기업은 엘리베이터를 판매하는 것이 아니라 인구의 유동을 판매하는 것이다. 그리고 기업은 디젤 엔진과 발전기를 파는 것이 아니라 풍력 등을 위한 피킹(peaking, 최대 전력 대비) 서비스를 지원하는 것이다.

중점 1 (사용 가치 측면의 시장 정의) 시장의 가치는 상품 및 서비스의 교환, 그리고 이러한 것들로 이루어지는 사용과 관련된다. 전통적인 제품 중심 관점에서 보면 시장은 행위자들이 상품 및 서비스를 사용할 때 창출되는 가치 측면에서가 아니라 오직 교환(상품 및 서비스의)의 가치 측면에서만 분석된다. 교환 가치(exchange-value)와 사용 가치(use-value) 사이에 이러한 구분은 중요한 전략적 영향력을 갖는다. 사용 가치 중심 사고는 고객이 상품 및 서비스를 사용할 때 시장에서 중심 가치 창출이 일어난다고 가정한다. 따라서 바로 고객이 가치를 창출한다. 공급자의 목적은 고객에게 가치 있는 것을 만들거나 수행하는 것이라기보다 고객과 함께 가치를 공동 창출하거나, 혹은 고객이 직접 가치를 창출하도록 만드는 것이다. 성장 기회들을 찾아내고자 하는 기업에게 있어 이 점에 대한 본질적 이해는 사용 가치의 측면에서 정의되는 시장들이 성숙하다기보다 안정적이라는 것이다.

중점 2 (고객의 재정의) 고객은 더 이상 기업이 창출하는 가치의 수동적 수혜자가 아니라 적극적인 활동 주체로 여겨진다. 시장 가치에 대한 새로운 이해는 기업이 자신의 목적 및 사명을 달성하기 위해 가치 창출 과정에 참여하는 행위자로서 고객을 재정립해야 한다는 것을 뜻한다. 고객은 자신만의 자원 및 역량을 가지고 있으며 여러 종류의 활동으로 이루어지는 가치 창출 과정에서 이러한 것들을 사용한다. 가치 창출을 증대시키고자 고객은 다른 행위자들의 자원에 접근하기 위해 시장에서 다른 행위자들과 상호작용을 한다. 이에 따른 결과가 바로 가치의 공동 창출이다. 즉, 가치는 자원 통합의 장기적 과정에서 고객과 공급자가 상호작용함에 따라 공동 창출된다.

중점 3 (기업의 재정의) 기업은 가치 사슬을 따라 가치를 분배하기 위해서가 아니라 고객의 가치 창출을 지원하기 위해 존재한다. 사용 가치는 자원이 고객의 실행에 얼마나 적합한지, 이러한 자원이 고객의 실행을 얼마나 많이 개선시키는지에 따라 결정된다. 따라서 기업의 역할은 고객의 실행에 적합한 자원을 제공함으로써 고객의 가치 창출을 지원하는 것이다. 또 다른 기본적(그리고 매우 중요한) 과제는 고객이 자신의 실행을 개선시키도록 돕고, 새로운 자원을 비즈니스 프로세스에서 통합하는 방식을 이해하는 것이다. 이러한 접근은 기업이 더 이상 고객을 생산 프로세스들의 연장으로 볼 수 없다는 것을 뜻한다. 대신 기업 자체를 고객 가치 창출 과정의 연장으로 봐야 한다.

1.1.2 수익 증대와 안정적인 현금 흐름 창출

많은 기업 특히 장비 제조에 관여하는 기업에게 있어 중심 성장 측면들 중 하나는 사용 가치(use-value) 시장에서 이용 가능한 기회들을 활용하기 위해 가치 사슬에 따라 나아가는 것이다. 기업은 보통 판매된 장비의 수리, 유지보수, 최신화에 전념하는 대형 시장의 존재를 뜻하는 '애프터마켓(after-market)'을 그 사례로 든다.

중점 1 (더 높은 수익 달성) 가치 사슬에 따라 나아가는 것은 기업이 가용 이익 풀에서 더 큰 몫을 얻도록 만들어주기 때문에 일반적으로 성장과 수익의 관점에서 보는 것이 합리적이다. 새로운 장비의 차익과 판매 이익은 수리 및 예비 부품의 차익보다 높다. 이것이 그림 1.1에 묘사되어 있다. 그림에서 네모들로 표시된 부분은 이 시장에서 이용 가능한 전체 이익 풀에 해당한다. 기업에게 있어 핵심 전략적 쟁점은 제품 시장에서의 점유율을 극대화하는 것보다 이익 풀에서 얻는 수익의 몫을 극대화하도록 자리 잡는 것이다.

또한 그림에 나타나 있듯이 많은 기업에게 있어 수익성이 좋은 비즈니스 활동에 참여할 수 있도록 가치 사슬에서 기회를 발견하는 것은 확실한 혜택이 된다. 기업은 가치 사슬을 거치면서 새로운 경쟁자들, 새로운 주요 성공 요인들, 새로운 수익 논리들, 역량 발전에 대한 새로운 니즈에 직면하고 있음을 깨닫게 된다. 이 책은 바로 이러한 변화 요구에 대해 다룬다.

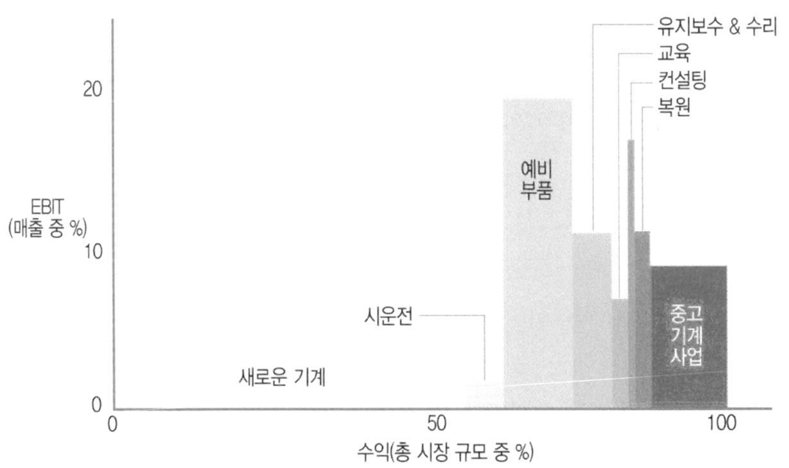

그림 1.1 제조 산업에서 이익 풀(Wise and Baumgartner, 1999)

중점 2 (안정적인 현금 흐름 확보) 서비스 비즈니스는 현금 흐름 관점에서 제품 비즈니스보다 훨씬 더 안정적인 경향이 있다. 많은 기업 특히 산업 장비와 관련된 기업은 경기 변동의 영향을 최소화하려는 명확한 목적을 가지고 자신들의 제품 비즈니스 이외에 서비스 비즈니스를 체계적으로 구축하는 것을 목표로 한다. 제품(자본 설비) 판매는 순환하며 글로벌 시장의 호황 및 불황에 따라 좌우되는 경향을 가지고 있지만, 서비스 비즈니스는 이러한 경향으로부터 영향을 훨씬 덜 받는 특성을 가지며 이는 더 안정적인 현금 흐름에 기여한다.

중점 3 (수익 논리- 불연속적 현금 흐름에서 연속적 현금 흐름으로의 전환) 솔루션 비즈니스에 대한 궁극적 동기는 불연속적 현금 흐름에서 연속적 현금 흐름으로 전환하는 능력을 얻는 것이다. 기업이 투자해야 하는 핵심 역량은 가치 기반 가격 책정(value-based pricing)을 실행하는 능력이다. 이러한 변화는 기업이 원가 가산 가격 책정(cost-plus pricing)의 오랜 전통을 가지고 있는 경우 상당히 큰 변화가 될 수 있다. 궁극적으로, 고객에게서 기업으로 가는 현금 흐름은 고객 프로세스에서 성과를 내는 기업의 성과계약방식과도 관계가 있다. 고객과의 이러한 장기적인 관계는 많은 비즈니스(특히 장비 비즈니스)의 일반적인 주기적 특성을 완화할 수 있으며 이는 투자자와 주주 가치에 있어 유리한 혜택이 된다.

1.2 솔루션 비즈니스란 무엇인가?

학자들과 실무자들은 '솔루션'이라는 구성체(construct)에 대해 다양한 정의와 해석을 제시한다. 이러한 정의는 보통 맥락 의존적인 것으로 오퍼링의 규모와 범위, 솔루션으로 통합되는 요소들의 형태(실물 대 서비스), 기업이 운영하는 산업의 유형 등에 따라 달라질 수 있다는 것을 의미한다.

단지 많은 제품군들을 솔루션이라고 부르는 것만으로는 기업이 추구하는 성장이나 경쟁 우위를 제공하지 않기 때문에 기업은 솔루션에 대한 비즈니스 모델을 정의하는 엄격한 기준을 적용해야 한다. 조사를 하는 동안, 우리는 솔루션 판매 수행에 어려움을 겪는 기업이 공통적으로 두 가지 특징을 갖는다는 것을 발견했다.

첫째, 이러한 기업은 솔루션 비즈니스에 대해 과도하게 단순한 정의를 사용했을 가능성이 높다. 일반적으로 이들은 기존 제품들을 솔루션이라고 부르며, 영업 기능 부문에 제품 대신 솔루션을 판매하도록 요청하는 것으로 시작한다. 고객은 재정의된 기존 제품들의 부가된 가치를 볼 수 없기 때문에 이러한 접근은 보통 실패한다.

둘째, 이러한 기업은 아마도 솔루션 판매가 단지 하나의 기능 부문만으로는 결코 적절히 실행되지 못한다는 것을 인지하지 못했을 것이다. 솔루션 판매는 본질적으로 다기능적이며, 이는 제품 관리, 마케팅 관리, 비즈니스 관리, 연구개발 등으로부터 지원을 필요로 한다는 것을 뜻한다. 즉, 솔루션 비즈니스 전략은 오로지 판매에만 위임되는 것이 아니라 기업의 모든 기능 부문들을 포괄적으로 포함해야 한다.

또한 솔루션을 정적인 실체로 보기보다 장기적인 관계 과정들로 보는 것이 중요하다. 이 모든 점에 유념하여 이 책에서 사용하는 솔루션의 정의는 다음과 같다.

솔루션은 가치 창출 기회를 고객과 공동으로 확인하고 정의하는 것, 상품, 서비스, 지식 요소를 통합하고 고객에게 맞추는 것, 이러한 요소를 고객의 프로세스에 배치하는 것 그리고 고객 사용 가치를 기반으로 솔루션 공급자가 보상을 얻게 되는 것으로 구성되는 장기적 관계 과정이다.

이러한 프로세스 지향형(process-oriented) 정의는 기업이 광범위한 형태의 솔루션을 개발할 수 있다는 것을 의미한다. 또한 솔루션을 판매하고 전달하는 기업은 자체 비즈니스 모델의 많은 측면을 동시에 변화시킬 필요가 있다는 것을 의미한다.

기업은 이러한 종류의 솔루션을 개발하고, 판매하고, 전달하고자 시도하는 경우, 지속적으로 우리가 연속단계라고 부르는 여러 상호의존적 방식으로 비즈니스 모델을 변화시킬 필요가 있다.

1. **고객 내재화에 대한 목표 :** 이것은 고객의 가치 창출 과정을 지원하기 위해 선별된 고객을 목표로 삼고 이들의 상황 및 프로세스에 내재화 되는 것을 요구한다.

2. **오퍼링 통합화 증대 :** 기업이 기술, 비즈니스, 시스템 요소 등을 통합할 때, 이들은 일반적으로 수익 논리를 전환하고 가치 포착을 증대시킨다.

3. **운영 적응성에 대한 초점 :** 고객 프로세스에 유연하게 적응하기 위해 기업은 운영 프로세스에 모듈식 사고를 적용한다. 이러한 방식은 비용을 절감한다.

4. **조직 네트워크화 수립 :** 기업은 선별된 고객에게 솔루션 요소를 제공하는 행위 주체의 네트워크를 조율하며, 이에 따라 더 광범위한 네트워

크에 존재하는 가치 창출 기회에 영향을 미친다.

이 네 가지의 연속단계들이 바로 우리가 이 책에서 제시하는 솔루션 비즈니스 프레임워크의 바탕이 되는 요소이다. 그러나 그 전에 우리는 이러한 각각의 연속단계를 따라 나아가는 것이 어떻게 기업의 솔루션 비즈니스 전환을 이끄는지 더 자세히 들여다볼 필요가 있다. 그림 1.2는 각 연속단계의 변수를 보여준다.[1)]

그림 1.2 전환의 연속단계

1.2.1 고객 내재화(Embeddedness) – 거래에서 관계로

솔루션은 특성상 장기적이고 관계적이다. 특정 프로젝트와 시스템 전달을 제외하고 솔루션은 상황에 따른(즉, 특정 일회성(one-off) 필요에 따라 전달되는) 상품과 서비스의 결합이 아니다. 대신, 솔루션은 고객과 공급자 사이의 관계 과정에 따른 결과이다. 이러한 과정은 고객 니

1) 이 부분에 대한 논의는 Storbacka(2010)과 Storbacka 외(2013) 연구를 바탕으로 한다.

즈의 정의, 솔루션 요소의 통합과 맞춤화(customization), 고객의 프로세스로 이러한 요소의 배치, 솔루션 전달 이후 다양한 형태의 고객 지원을 포함한다. 따라서 통합 솔루션은 '제품 지원(product supporting)'과 상반되는 '고객 지원(client supporting)'이 된다. 중점은 기업이 고객의 비즈니스 프로세스를 지원하는 방식이다. 선진화된 기업은 '구축-판매-지원(build-sell-support)'의 논리에서 '구축-소유-운영(build-own-operate)'의 논리로 전환한 기업이다.

솔루션은 보통 고객 프로세스의 여러 단계를 다룬다. 상황상의 필요에 따라 전달되는 상품과 서비스의 결합과 달리 오퍼링이 장기간에 걸쳐 전달되고, 관계적이며, 범위상 광범위한 경우 이는 매우 내재화된(embedded) 솔루션이라고 말할 수 있을 것이다.

또한 분명한 점은 솔루션이 단순히 고객에게 제공되는 것이 아니라, 고객과의 장기적인 과정을 거쳐 개발 판매, 전달된다는 것이다. 즉, 공급자뿐 아니라 고객도 이러한 가치 창출 과정에서 중요한 역할을 하게 된다. 고객은 프로세스의 모든 단계에 입력 정보를 제공하고 공급자의 솔루션 요소를 자신의 프로세스들에 통합하는 것으로 기여한다.

솔루션 비즈니스는 보통 비핵심 프로세스들 즉, 고객들이 전략적 중요성을 가진 것으로 보지 않는 프로세스들에서 주로 고객 지원이 이루어지도록 구축된다. 많은 기업은 효율성과 생산성 증대를 위해 비핵심 활동들을 외부에 위탁한다(아웃소싱). 아웃소싱에 대한 결정은 대규모의 비핵심 프로세스 활동을 관리하는 것과 관련하여 자연스럽게 더 완전한 솔루션을 제공할 수 있는 공급자 수요를 창출한다. 그리고 수요는 아웃소싱 비즈니스에 대한 동인을 제공한다. 이러한 형태의 비즈니스에서 가치 중심의 가격 책정은 일반적으로 고객을 위한 비용 절감 혹은 재무제표 효과에 따라 수립된다.

대조적으로, 솔루션이 고객의 핵심 활동을 목표로 하지 않는 경우, 창출되는 새로운 가치에 따라 수익을 얻는 것은 어려울 수 있다. 이는 단지 고객이 비핵심 활동의 가치를 잘 인정하지 않기 때문이다. 이상적인 것은 솔루션 공급자가 전략적으로 집중된 목표를 위해 새로운 역량을 개발하는 것이다. 가격 프리미엄 전략을 시행하는 기업의 능력에 대한 주요 설명 중 하나는 주요 고객이 자신들의 전략적 목표와 관련하여 기업을 얼마나 중요하게 평가하는지와 관련된다. 기업이 고객에게 더 전략적으로 다가갈수록 고객은 기꺼이 높은 가격을 지불할 의향을 갖게 될 것이다.

본질적으로, 고객이 중요하게 고려하는 비즈니스 관심사항에 대한 솔루션의 재무적 영향을 철저히 이해하는 것은 솔루션의 기반이 된다.

1.2.2 오퍼링 통합화 - 묶음에서 통합 솔루션으로

통합화는 오퍼링이 부분의 합을 넘어 가치를 창출하는 다수의 상호의존적, 통합적 요소들로 구성되는 것을 뜻한다. 따라서 솔루션은 독립적 요소의 묶음이 아니라 여러 상품과 서비스 요소로 구성되는 통합 시스템이다. 통합은 상업적 통합(즉, 다수의 제품 및 서비스들을 하나의 거래로 결합시킴) 및 기술적 통합(즉, 시스템 통합에서 발생하는 구성요소들의 물리적 상호운용성)과 관련된다.

통합은 일반적으로 표준화된 자동화 구성과 고객에게 맞추어가는 수동적 통합의 양쪽 측면을 필요로 한다. 솔루션 요소의 통합 수준은 보통 우수한 솔루션을 정의하는데 있어 핵심으로 고려된다. 통합은 개별 요소들의 복잡한 구성으로 이루어질 뿐 아니라, 고객은 솔루션을 분해하여 개별 요소들로 구매할 수 없으며 자신의 필요에 적합하게 맞추는 방식으로 유사한 요소들을 통합하는 것은 매우 힘든 일이기 때문에 이러한 측면은 매우 중요하다. 고객의 자체 통합 비용이 솔루션 가격보다 더 높은 경우 공급자로부터 솔루션을 구매하는 것이 더 실용적이다.

기업이 통합과 맞춤화 수준을 증가시키는 경우, 궁극적으로 성능 공급자(performance provider)의 역할이 중요하다. 이는 고객의 기술 운영과 장기적인 시스템 최적화를 관리하게 될 수 있기 때문이다. 이러한 수행 능력은 고객의 산업 과정에 대한 깊은 지식을 필요로 하며, 일반적으로 새로운 가치 제안과 수행 개선을 바탕으로 한 가격정책 메커니즘의 창출을 수반하게 된다. 수익 논리는 개별적인 현금 흐름(거래 기반에 따른 제품 및 서비스 판매)에서 연속적 현금 흐름(장기적인 관계적 솔루션 판매)으로 변화하게 된다.

1.2.3 운영 적응성 – 표준에서 맞춤형으로

솔루션과 관련된 고객의 주요 기대는 공급자가 이러한 솔루션들을 고객의 상황 및 프로세스에 맞출 것이라는 점이다. 솔루션 비즈니스는 항상 일정 수준의 맞춤화를 필요로 한다. 따라서 운영 적응성은 기업이 솔루션을(개발에서 전달까지) 고객의 상황 및 프로세스에 적응시키는 것을 필요로 한다.

이론적으로 말하자면, 적응을 달성하는 두 가지의 방법이 존재한다. 더 전형적인 방법은 공급자인 기업이 고객에게 고객 특화된 적응을 제공하는 것이다. 그러나 기업이 우세한 설계 또는 우세한 기술을 개발한 경우, 고객은 자신의 필요와 프로세스를 이러한 설계에 적응시키고자 할 수 있다. 이 두 번째의 경우, 우세한 설계는 고객에게 인식되는 가치 — 설계에 적응해야 하는 비용보다 더 높은 가치 — 를 창출한다.

주목해야 할 점은 고객 특화 솔루션들을 고객마다 전부 새롭게 맞춤화할 필요는 없다는 것이다. 대신 주로 미리 정해진 요소들이 맞추어 조립되는 '맞춤화 표준 솔루션(customized standardization solutions)' 방식을 이용할 수 있다.

적응성에 있어 핵심 쟁점은 맞춤화에 따라 솔루션 공급자의 비용 정책을 유지할 수 없을 정도로 비용이 증가할 수 있다는 것이다. 고객 특화 솔루션을 만들어내는 능력은 모듈화 사고를 기반으로 한 접근을 필요로 한다. 기업은 신속하게 요구사항을 변화시키는 동시에 솔루션의 확장성과 반복성을 보증하는 것으로 대응해야 한다.

모듈화(modularity)는 효과적인 정보와 지식 관리 업무의 개발에 달려 있다. 예를 들어, 표준화된 솔루션 모듈은 기업의 전사적 자원 관리(ERP), 혹은 제품 정보 관리(PDM) 시스템으로 '디지털화'될 수 있다. 고객에 특화된 가치 제안들을 효율적인 솔루션 전달에 연계시키기 위해 기업은 보통 관련된 고객 특화 솔루션을 구성하도록 돕는 도구들을 가지고 있다. 예를 들어, 고객 대응 부서들은 솔루션 모듈을 고객의 개별 상황에 적합한 결합으로 혼합하고 일치시키기 위해 이러한 컨피규레이터들을 사용할 수 있다.

1.2.4 조직적 네트워크화 – 생산자에서 공급자로

고객 지향 관점, 즉, 고객의 가치 창출 과정에 대한 깊은 이해로부터 솔루션 비즈니스를 개발하는 기업은 필연적으로 생산자에서 공급자로 변모하게 된다. 솔루션 비즈니스 맥락에서, 기업은 제공하는 모든 것을 항상 생산할 필요는 없다.

조직 네트워크화라는 연속단계에 따른 전환은 솔루션 비즈니스 네트워크 내에 행위자들이 점차 서로의 프로세스와 활동에 의존하게 된다는 것을 뜻한다. 이는 결국 조직 경계들을 넘어서는 프로세스의 조화를 필요로 한다.

반복 가능한 솔루션을 개발하고 지속하기를 원하는 기업은 회사의 여러 조직 부분들 사이에 상호작용과 통합에 대한 메커니즘을 만들어내야 한다. 따라서 솔루션 비즈니스는 연구개발, 서비스, 운영을 비롯한 모든 개발 부서의 투입을 필요로 한다. 고객 맞춤을 위한 프론트엔드(front-end)의 견인(pull)과 표준화를 위한 백엔드(back-end)의 추진(push)이 균형을 이룰 필요가 있다.

솔루션 전달은 공급자와 고객 간에 쌍방에서 이루어지는 교환 이상의 의미를 갖는다. 이것은 가치 네트워크 내 여러 행위자들의 복합적인 협력이다. 보통 복잡한 솔루션은 써드파티 구성원처럼 솔루션에 기여하는 다양한 파트너들 없이는 설계되고 전달될 수 없다. 비즈니스 생태계가 훨씬 더 복잡해지고 있다는 사실을 고려할 때, 현재 솔루션 비즈니스의 네트워크 차원은 점차 중요해지고 있다. 이러한 고려는 또한 파트너들과 공급자들을 관리하는 솔루션 비즈니스 기업의 관계 기능이 결정적 성공 요인이라는 것을 의미한다.

사례 _ 높은 수준의 솔루션 특성을 가진 모바일 네트워크 솔루션[2)]

높은 수준의 솔루션 특성을 가진 기업의 우수한 사례는 통신 네트워크 비즈니스에서 찾아볼 수 있다.
먼저, 정보 기술 산업의 많은 다른 비즈니스들과 마찬가지로 네트워크 비즈니스는 전통적으로 개별 거래들을 기반으로 하지만 네트워크 공급자는 고객의 프로세스에 존재하는 여러 단계들을 포함한 솔루션들을 제공한다. 또한 솔루션들은 이러한 고객의 프로세스들에 고도로 맞춤화 된다. 공급자인 기업이 항상 고객의 문제들과 정의된 목표들을 이해하고 협의하고자 노력함에

2) 멀티클라이언트 프로젝트인 솔루션 상업화와 산업화에 대한 Vectia Ltd(2009)의 보고서를 기반으로 한 사례

따라 공급자와 고객은 함께 솔루션을 선택하고 상세하게 공동으로 계획하게 된다. 그리고 기업은 고객의 비즈니스에 맞추어 솔루션을 제작하고, 이러한 솔루션을 고객의 프로세스들에 통합시키는 것을 계획하는 책임을 맡는다. 개발 단계 동안, 기업은 고객에게 서비스를 출시하고 수요를 창출하는데 집중할 수 있도록 만들어주는 서비스를 위해 솔루션을 설치하고, 통합하며, 운영들의 확장을 관리한다. 기업은 네트워크 운영들을 실행하고, 현재 트래픽을 위해 네트워크를 최적화하기 때문에, 오퍼링을 전달하는 프로세스는 장기간에 걸쳐 지속된다.
둘째, 솔루션 자체는 여러 제품 및 서비스 요소들의 통합된 시스템이며 모바일 네트워크가 통합 솔루션 필요성에 대한 우수한 사례라는 것을 감안할 때 이는 놀라운 일이 아니다. 솔루션을 통합하는 것은 표준화된 자동화 구성과 고객에게 맞추어가는 수동적 통합의 양쪽 측면을 강조하는 노력을 필요로 한다. 더욱이 솔루션은 고객의 시스템들로 통합되어야 하며, 이는 고객의 비즈니스, 프로세스, 운영 환경에 따라 솔루션을 적응시켜야 한다는 것을 의미한다.
셋째, 솔루션을 전달하는 것은 주로 파트너 네트워크의 관리를 수반한다. 특히 설치 단계에서 기업은 솔루션을 설치하고 통합하기 위해 외부 파트너들을 이용한다. 기업이 솔루션을 고객에게 직접 판매하는 경우와 전달 프로세스들을 외부의 써드파티에게 위탁하는 경우에도 항상 동일한 기술 규격을 이용할 수 있는 방식으로 설치 서비스들을 상품화하고 표준화했다.

1.2.5 솔루션 비즈니스 모델을 향한 점진적 단계

연속단계는 기업이 솔루션 비즈니스를 개발할 때 마주치게 되는 중요한 방향 변화들을 보여준다. 기업은 다양한 정도의 변화를 선택할 수 있다. 또한 연속단계에 걸쳐 여러 변화 정도들을 결합함으로써 기업은 다양한 솔루션 비즈니스 모델을 수립할 수 있다.

연속단계 (Continuum)	특징
고객 내재화 (Customer embeddedness)	• 솔루션은 관계형 프로세스로 구성된다: 고객 요구사항 정의, 솔루션 요소들의 통합 및 맞춤화, 이러한 요소들의 고객 프로세스 배치, 다양한 형태의 고객 지원 • 통합 솔루션은 '제품 지원'과 대조되는 '고객 지원'이다. • 솔루션은 특정 역량이나 성과수준의 형태로 사용가치를 제공한다. • 솔루션은 단지 고객에게 전달하는 것에 그치지 않고, 고객과 함께 개발되며, 장기적 과정으로 전달된다. • 고객은 가치를 창출하는 주체로서 중요한 역할을 하며, 모든 단계에서 입력 정보를 제공하고, 자체 프로세스에 솔루션을 통합시키는 것으로 기여한다.
오퍼링 통합화 (Offering Integratedness)	• 부분들의 합을 넘어 가치를 창출하는 다수의 상호 의존적 요소들로 구성된다. • 통합은 솔루션을 단순한 제품 및 묶음과 차별화시킨다. • 상업적 통합: 다수의 제품 및 서비스들을 하나의 거래로 결합시킨다. • 기술적 통합: 시스템 통합을 통한 구성요소들의 물리적 상호운용성 • 자동화된 구성과 수동식 통합작업이 모두 필요하다. • 고객은 개별 요소들로 솔루션을 구매하기 위해 솔루션을 "분해(unbundle)"할 수 없다.
운영 적응성 (Operational adaptiveness)	• 고객의 주요 기대: 솔루션은 고객의 상황 및 프로세스에 맞추어진다. • 항상 일정 수준의 맞춤화 노력이 솔루션 비즈니스에 수반된다. • 실제 수행에서 고객에 특화된 가치 제안이 대표적이다. • 그러나 고객 특화 솔루션들을 일일이 전부 맞춤화할 필요는 없다. 주로 미리 정해진 요소들의 세트에서 조립되는 "맞춤화 표준 솔루션"에 중점을 둘 수 있다.
조직 네트워크화 (Organizational networkedness)	• 솔루션 기업은 제공하는 모든 것을 생산하지는 않는 '공급자'로서 스스로를 정립할 수 있다. • 솔루션 전달은 공급자와 고객 간에 쌍방으로 이루어지는 교환일 뿐 아니라, 가치 네트워크 내 여러 행위자들 사이에서 이루어지는 복잡한 협력이다. • 많은 솔루션들은 다양한 파트너들의 지원 없이는 설계되거나 전달될 수 없다. • 비즈니스 생태계가 더 복잡해짐에 따라 네트워크 측면이 점차 중요해지고 있다. • 파트너와 공급자 관리 역량은 솔루션 비즈니스 모델에서 중요한 요소이다.

그림 1.3 솔루션 비즈니스 모델 특징 요약

네 개의 전환 연속단계가 가진 특징에 대한 요약이 그림 1.3에 제시되어 있으며 이들 각각의 독립적인 특성이 명확하게 나타나 있다. 하나의 연속단계에 따른 프로세스는 다른 연속단계들의 프로세스에 영향을 끼치기 때문에 기업은 솔루션 비즈니스 프로세스에 내재된 가치 창출 가능성을 실현하기 위해 노력할 때 종합적인 관점을 견지해야 한다. 예를 들어, 고객에 특화된 가치 제안들을 개발하는 경우 고객 내재화와 오퍼링 통합화의 연속단계들에 따른 프로세스들을 조화시켜야 하는 필요성이 존재한다. 이 외에 내재화와 통합화의 정도는 다양한 정도의 운영 적응성과 균형을 맞추어야 한다. 기업은 반복 가능한 솔루션들의 전달을 보장해야 하기 때문에 이러한 요구사항은 특히 중요하다.

다양한 정도의 운영 적응성은 기업이 효과적 비용으로 자신의 솔루션을 고객의 프로세스, 활동, 특성들에 일치시킬 수 있는 환경으로서 다양한 수준의 모듈화를 제공할 수 있도록 만들어준다. 또한 높은 수준의 오퍼링 통합화와 운영 적응성은 일반적으로 높은 수준의 조직 네트워크를 요구한다. 구성요소 통합을 증가시키고 모듈화를 달성하기 위해 기능 부문들과 조직 경계에 걸쳐 협력을 증대시키는 것이 매우 중요하다. 마지막으로 높은 수준의 네트워크화는 전체 네트워크에 걸쳐 모듈식 구성의 개발을 필요로 한다.

1.3 새로운 역량을 필요로 하는 솔루션 비즈니스

기업은 여러 연속단계를 거치며 솔루션 비즈니스와 관련된 새로운 역량과 관리 방식을 개발하게 된다. 이러한 개발은 특히 솔루션 비즈니스의 주요 위험을 피하기 위해 필요하다. 이러한 위험은 솔루션의 판매 및 전달과 관련하여 분산(divergence)이 증가하고 프로세스들이 제어 불가능할 정도로 복잡해짐에 따라 고객에 대한 새로운 가치를 창출함과 동시에 감당하기 어려운 비용 구조가 만들어지는 것을 뜻한다. 그러나 기업은 이러한 문제들을 막지 못한다 하더라도 상품화와 표준화 방식들을 개선시킴으로써 감소시킬 수는 있다(아래 내용 참고).

1.3.1 솔루션 비즈니스의 위험

우리가 이미 설명했듯이, 효과적인 솔루션 비즈니스는 다양한 고객의 상황들에 적응할 수 있는 것이다. 이러한 적응은 고객이 솔루션을 구매하고자 할 때 갖는 주요 기대이다. 시장에서 성공하기 위해, 기업은 고객의 니즈에 적합한 오퍼링을 만들어내도록 자체 활동들을 차별화시켜야 한다. 그러나 차별화는 일반적으로 제어되지 않는 분산(divergence)을 초래할 수 있기 때문에 기업의 비용 측면에 불이익을 끼친다.

분산(divergence)은 많은 함축된 의미들을 포함하고 있지만 우리 책의 맥락에서는 내부 프로세스에서 제어되지 않는 변동(variation)을 의미한다. 이러한 종류의 제어되지 않는 분산은 사람들이 다양한 상황들에 따라 발생하는 고객의 문제들을 해결하는 자신만의 방식들을 개발해야 하기 때문에 생겨난다. 이러한 상황은 임시 변통으로 해결하려는 사고 방식을 만들어내며 이에 따라 이를 수행하는 사람들에게는 항상 독자적인 단일 프로세스겠지만 전체적으로는 프로세스들이 서로 조화되지도 일관적이지도 않게 되어버리는 것이다.

그러나 기업은 프로세스의 분산과 복잡함을 혼동해서는 안 된다. 요즘 많은 생산 프로세스들이 매우 복잡한 경향을 보이지만 의도치 않은 분산을 포함하지는 않는다. 예를 들어, 고객이 새로운 BMW를 구매하기 위해 차량 대리점을 방문하는 경우, 이 고객은 대리점에서는 마음에 드는 차량을 발견하지는 못하지만 다양한 색, 내장, 엔진 등을 선택함으로써 곧 구매하게 될 차량을 결정하게 된다.

일단 고객이 자신에게 필요한 최상의 조합을 선택하게 되면, 이 차량은 고객만의 고유한 제품이 되겠지만, 그럼에도 불구하고 이는 맞춤형으로 대량 생산되는(mass-customized) 차량이다. 이처럼 맞춤형 대량 생산 차량을 생산하는 것은 본질적으로 복잡하지만 프로세스는 의도치 않은 또는 불필요한 분산을 포함하지는 않는다. 분산된 프로세스는 고객이 대리점으로 걸어 들어가서 전륜 구동 BMW 또는 중앙에 스티어링 휠이 장착된 BMW를 요청할 수 있다는 것을 뜻한다.

분산이 가진 특정 문제는 총 전달 비용이 기하급수적으로 증가하는 것과 관련된다(그림 1.4 참고). 따라서 너무 많은 분산은 불합리한 비용 구조의 상황을 초래할 수 있다.

솔루션 비즈니스 모델을 정의하는데 있어 중심이 되는 목표들 중 하나는 중복되는 분산을 피하는 것이다. 기업이 더 구체적으로 프로세스들을 정의할수록 무의미한 분산을 포함한 프로세스들을 갖게 될 가능성은 적어지게 된다.

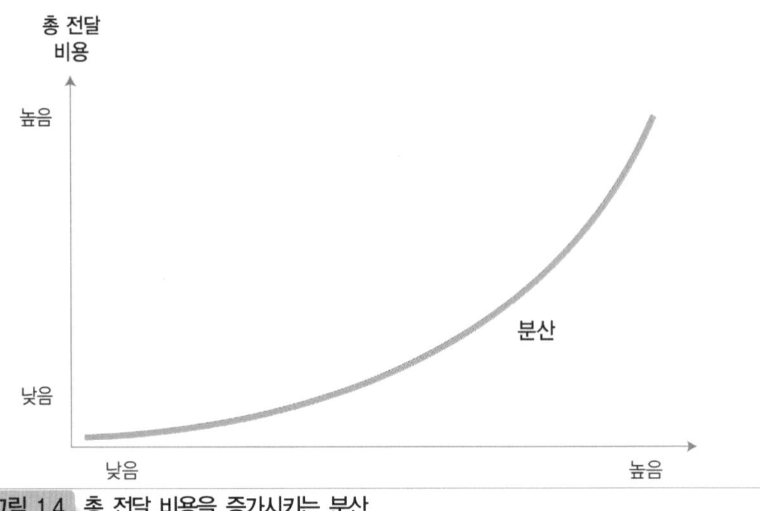

그림 1.4 총 전달 비용을 증가시키는 분산

차별화(differentiation)는 가능한 최대로 고객의 니즈에 부합되도록 맞추는 것을 의미한다. 이러한 목표의 기반이 되는 것은 기업이 고객의 상황들에 즉시 맞출 수 있을 때 고객이 인식하는 가치의 정도가 더 높아진다는 개념이다. 고객이 인식하는 가치의 수준이 높을수록 고객은 제품 및 서비스에 기꺼이 돈을 지불할 가능성이 높아진다. 따라서 차별화(이에 따라 분산이 추가됨에도 불구하고)는 유익할 수 있지만 이는 오직 차별화를 통한 수익이 분산의 비용을 능가하는 경우에만 그러할 것이다.

차별화의 수준이 증가함에 따라 고객이 인식하는 가치의 한계 효과는 감소하게 된다. 고객이 인식하는 가치 곡선은 그림 1.5에 제시되는 것과 유사할 것이다. 차별화에 따라 고객이 인식하게 된 가치와 분산에 따라 초래된 비용 증가 사이에서 최적의 균형 수준을 확인하고 이에 따라 수익을 극대화하는 능력은 기업에 확실한 우위를 제시한다.

그렇다면 기업은 이렇게 다양한 위험들을 어떻게 피할 수 있는가? 연구를 기반으로, 우리는 솔루션 비즈니스의 과도한 비용 효과를 피하는 최선의 방법은 그림 1.5에 제시된 두 곡선의 형태를 재형상화하는(reshape) 역량을 구축하는 것이라고 제시한다(그림 1.6 참고).

첫째, 기업은 고객이 기업과의 협력을 통해 어떻게 가치를 얻을 수 있는지 이해시킴으로써 고객이 인식하는 가치 곡선에 영향을 끼쳐야 한다. 이렇게 하기 위해 기업은 상품화 역량을 발전시켜야 한다.

둘째, 기업은 차별화를 제어 가능하게 만들어주는 프로세스들을 단위로 구성함으로써 분산의 비용 효과에 영향을 끼쳐야 한다. 무의미하게 맞춤화 비용을 추가하는 대신 기업은 모듈화된 오퍼링들을 기반으로 하는 차별화 개념들을 창출해야 한다. 이를 위해 기업은 표준화 역량을 발전시켜야 한다.

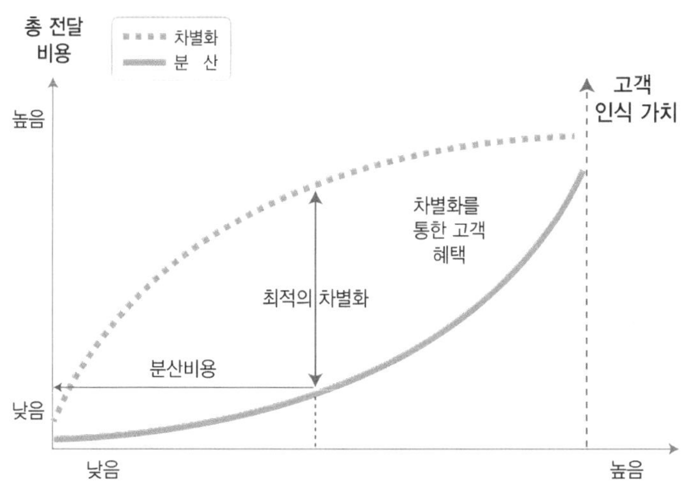

그림 1.5 분산 비용과 차별화 가치 사이에 최적 수준 모색

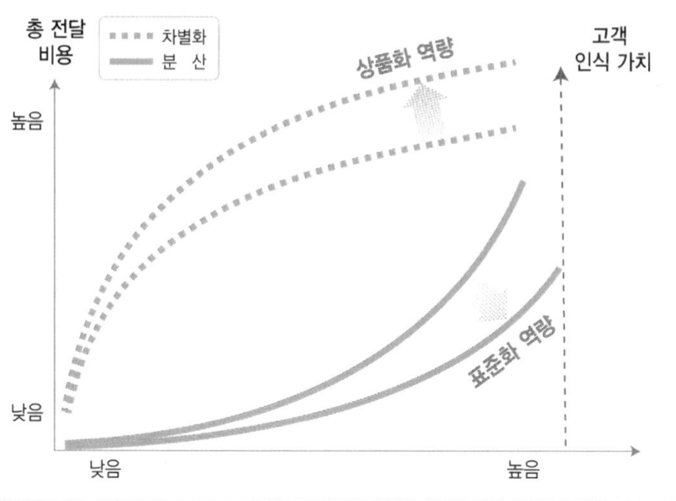

그림 1.6 상품화 및 표준화 역량 구축

1.3.2 상품화와 표준화를 통한 위험 회피

우리는 솔루션 비즈니스의 성공이 상품화와 표준화 능력을 동시에 필요로 한다는 것을 발견했다. 이러한 요구사항은 또한 일상 업무에서 역량 사이에 상호 의존성이 높다는 것을 강조한다.

- **상품화 :** 상품화는 고객의 가치 창출 과정을 이해하고 고객의 가치 창출 향상을 가능하게 하는 솔루션을 창조하며 이러한 솔루션에 대한 수요를 창출하고 개별 고객에게 솔루션을 판매하고 고객의 사용 가치를 기반으로 보상을 받는 기업의 능력을 뜻한다. 솔루션의 상품화는 시장과 고객의 동향을 감지하고 고객을 연계시켜 가치를 공동 창출하는 것과 관련된 활동들을 포함한다.

  상품화 활동들의 목표는 합의된 기업의 목적들을 달성하기 위한 전략을 구현하는 것이지만 기업은 또한 비즈니스와 갱신 기회들을 확인하기 위해 이러한 활동들을 이용해야 한다. 이는 고객의 가치 창출 과정에 대한 이해를 얻고, 기업의 전략적 과정에 영향을 끼치는 것을 의미하는 과정이다. 따라서 솔루션의 상품화는 개념적, 관리적 수준에서 수행되며, 다수 기능 부문들의 정비를 필요로 한다.

- **표준화** : 상품화와 병행하여, 기업은 솔루션을 효과적으로 생산하고 전달하는 능력을 구축해야 한다. 즉, 기업의 표준화 역량을 구축해야 한다. 표준화는 반복성과 확장성에 대한 전제조건들을 만들어내기 위해 솔루션을 표준화하고 '제품화'하는 것을 의미한다. 반복성을 지원하기 위해 기업은 솔루션이 지역에 걸쳐 그리고 시간이 흐름에 따라 효율적으로 반복될 수 있는 방식으로 명확하고 공통적인 프로세스들을 정의해야 한다. 그리고 기업은 미래 상황들에서 활용할 수 있도록 고객에 특화된 솔루션 프로젝트들에서 얻은 경험들을 매뉴얼로 만들어야 한다.

1.4 솔루션 비즈니스 개발을 위한 프레임워크

이 책이 기반으로 하는 연구는 솔루션 비즈니스의 개발을 위한 포괄적이고 행동 지향적인 프레임워크를 만들어냈다. 이러한 프레임워크는 상품화와 표준화 관점들을 도입하지만, 여러 분석 수준들을 확인함으로써 분석을 확장시킨다. 이러한 확장은 경쟁자들이 모방하기 힘든 핵심역량으로 구성되는 강력한 솔루션 비즈니스 플랫폼 구축의 중요성을 강조한다. 우리는 이러한 여러 수준들의 분석에 대해 설명함으로써 이 섹션을 시작할 것이며, 이후 우리의 프레임워크를 상세하게 제시할 것이다.

1.4.1 분석의 관점 - 솔루션 플랫폼의 역할

솔루션 비즈니스와 관련된 역량은 세 개의 관점에서 분석될 수 있다(그림 1.7).

- **고객 관점 :** 솔루션은 항상 특정 고객 니즈에 적용되는 것을 수반하기 때문에 기업은 고객 수준에 적합한 구성을 만들어내기 위해 항상 고객 맞춤형 작업을 수행해야 한다.
- **솔루션 관점 :** 모든 솔루션은 개념적 아이디어에서 지역에 걸쳐 그리고 시간 흐름에 따라 솔루션을 전달하는 데 필요한 실용적 프로세스 및 방식들로 발전되어야 한다. 필요한 것은 다양한 솔루션들에 적용될 수 있으며 반복될 수 있는 체계적인 솔루션 개발 프로세스다.
- **기업 관점 :** 기업은 경쟁 우위를 향한 출발점이 되도록 솔루션 비즈니스 플랫폼을 체계적으로 구축해야 한다. 기업은 각 개별 솔루션을 개발할 때, 기업 전반에 이루어지는 투자를 활용할 수 있다. 또한 기업은 실제 각 기능들이 서로 교차하며 협력하는 것에 대한 준비가 되어 있어야 한다. 이를 달성하는 것은 많은 기능 부문들에서 새로운 역량을 필요로 한다.

  기업 관점에서, 경쟁 우위(competitive advantage)는 플랫폼 역량에 투자함에 따라 실현될 수 있다. 이러한 형태의 발전은 복잡성과 불확실성의 증가를 가져오기도 하지만, 기업은 역량이 발전함에 따라 경쟁사들이 쉽게 따라오지 못하는 경쟁 우위를 확보할 수 있다는 것을 깨닫게 된다.

솔루션 비즈니스에 대한 이해를 얻을 때 특히 중요한 고려사항은 가시성의 경계(line of visibility)이다(그림 1.7). 이것은 솔루션 비즈니스 콘텐츠 중에서 고객과 모든 이해당사자들에게 보이지 않는 솔루션 비즈니스 콘텐츠의 한 부분을 말한다. 상품화 및 표준화 역량이 개선됨에 따라, 경쟁 우위를 향한 모든 출발점들이 다른 이해당사자들과 공유되지 않는 상황이 초래될 가능성이 높다.

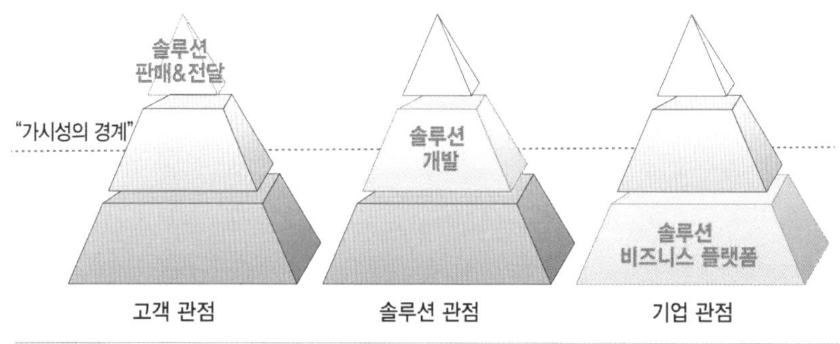

그림 1.7 분석 관점과 가시성의 경계

1.4.2 솔루션 비즈니스 프레임워크

솔루션 비즈니스의 성공적 관리에 대해 우리가 구성한 프레임워크가 그림 1.8에 제시되어 있다. 위에서 주목된 바와 같이, 이러한 프레임워크는 상품화와 표준화에 초점을 맞추며, 네 개의 단계들 즉, 솔루션 개발, 수요 창출, 솔루션 판매, 솔루션 전달로 구성된 솔루션 비즈니스 프로세스를 출발점으로 삼는다. 솔루션 비즈니스 프로세스에서 처음 두 개의 단계들은 모든 기업 솔루션들의(솔루션 관점의 분석을 나타내기 위해 복수형을 사용함) 개발 및 수요 창출과 관련된다. 그러나 마지막 두 개의 단계들은 개별적인, 고객에 특화된 솔루션의(고객 관점의 분석을 나타내기 위해 단수형을 사용함) 판매 및 전달과 관련된다.

그림 1.8에 보이는 바와 같이 솔루션 비즈니스 프로세스와 그 단계들은 우리가 상품화와 표준화라는 두 가지 범주들에 따라 분류한 역량으

로 구성된다. 이러한 두 가지 범주들은 순차적 과정들이 아니라 병행하는 과정들로서 바라보는 것이 중요하다.

솔루션 플랫폼은 솔루션 비즈니스 프로세스를 효과적으로 만들기 위해 필요한 지원 역량을 창출한다(기업 관점의 분석). 플랫폼은 전략계획, 경영 시스템, 인프라 지원, 인적자원 관리와 관련된 역량으로 구성된다. 이러한 요소들은 고객에게 직접적으로 보이는 것이 아니기 때문에, 솔루션 플랫폼 역량에 투자하는 것은 어려운 일이다.

이제 솔루션 비즈니스 프레임워크를 구성하는 요소들에 대한 간략한 설명이 이어진다. 앞서 언급된 바와 같이, 우리는 이 책의 나머지 부분을 솔루션 비즈니스 프레임워크를 중심으로 구성했다. 따라서 다음 네 개의 장들은 각 솔루션 비즈니스 단계들에 초점을 맞춘다. 이처럼 이어지는 네 개의 장들은 솔루션 플랫폼에서 필수적인 역량 — 전략 계획, 경영 시스템, 인프라 지원, 인적자원 관리 — 에 초점을 맞춘다.

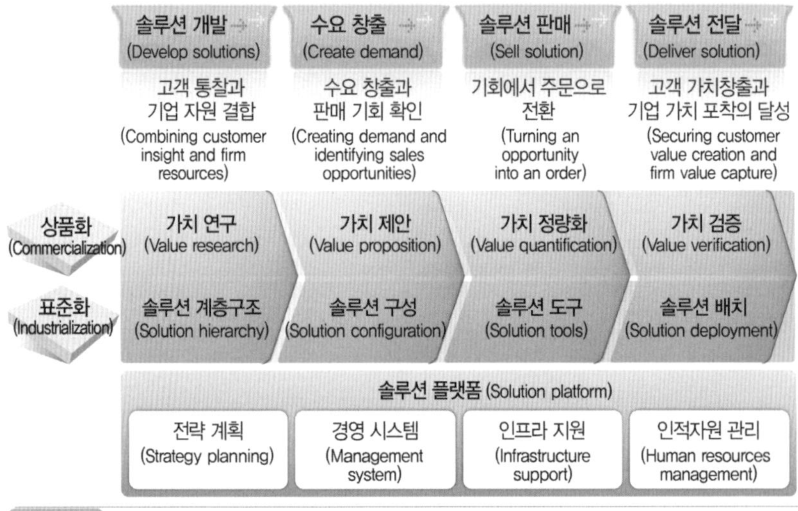

그림 1.8 솔루션 비즈니스 프레임워크

1.4.3 솔루션 비즈니스 단계

솔루션 관점의 분석에서 솔루션 비즈니스는 모든 솔루션들에 공통적인 두 개의 프로세스들로 구성된다. 즉, 솔루션 개발과 솔루션을 위한 수요 창출로 구성된다.

- **솔루션 개발** : 프로세스에서 이 단계의 목표는 기업과 고객 양쪽을 위하여 가치 창출을 가능하게 하는 솔루션을 만들기 위해, 고객에 대한 통찰과 기업의 자원 및 역량을 결합하는 것이다. 따라서 이 단계는 두 개의 중점사항을 가지고 있다. 첫 번째는 다양한 형태의 공동 활동에 주요 고객을 참여시킴으로써 고객의 가치 창출 과정들에 관한 더 많은 정보를 수집하는 것에 있다. 두 번째는 솔루션 혁신 개발과 적절한 솔루션 구성을 정의하는 데 있다.

- **수요 창출** : 프로세스의 다음 단계는 고객조직뿐만 아니라 관계 있는 시장 세분화(이후부터 세분시장(segments)으로 언급됨)의 방식으로 시장의 구성과 형성을 목표로 하는 활동들에 초점을 맞춘다. 활동들의 내용은 솔루션과 시장의 준비 상태에 따라 달라질 것이다. 시장이 준비가 부족한 경우 기업은 고객이 솔루션의 내용을 이해하도록 만들어야 한다. 기업은 적극적으로 시장 개발에 관여해야 한다. 시장의 준비 수준이 높아짐에 따라 프로세스에서 이 단계의 초점은 더 판매 지향적이 될 것이다. 이에 따라 목표는 판매 프로세스로 전환될 수 있는 가망 고객(sales leads)의 창출을 이끄는 것이다. 이 시기 동안 필수 활동은 가치 제안으로서 솔루션의 내용을 명확하게 설명하는 것이다. 다시 말해 고객에게 솔루션이 제공하는 핵심 가치를 명확히 하는 것이다.

또한 고객 관점의 분석에서 솔루션 비즈니스는 솔루션을 판매하고(고객에 특화된 솔루션의 판매를 포함하는) 솔루션을 전달하는(장기간에 걸쳐 고객에게 약속된 가치의 전달을 포함하는) 두 가지 프로세스의 단계들을 갖는다.

- **솔루션 판매 :** 제목에서 제시하고 있듯이, 이 단계는 식별된 기회를 주문으로 실현시키는 것에 초점을 맞춘다. 이 기능은 주로 판매 프로세스의 책임이지만 성공적으로 수행하기 위해서는 다른 기능들의 지원이 필요하다. 솔루션 비즈니스 맥락 내에서 핵심 요구사항은 고객에 대한 솔루션 가치를 정량화하고 이에 따라 솔루션의 가격을 평가하는 것이다. 적절하게 전달 가능한 솔루션을 구성하는 것은 보통 솔루션 컨피규레이터(configurator)와 같은 지원 도구들을 필요로 한다.
- **솔루션 전달 :** 이 단계는 솔루션 프로세스의 최종 단계로서, 고객의 가치 창출과 기업의 가치 포착을 달성하는 것을 포함한다. 예를 들어, 이 단계에서 중요한 활동들은 솔루션 사용 동안 가치 창출을 지원하기 위해 기업과 고객 그리고 고객의 프로세스 통합을 향한 가치 검증의 여러 형태들을 포함한다. 이 단계는 특히 '설계, 구축, 소유, 운영' 기반을 바탕으로 솔루션의 라이프사이클 전체에 걸쳐 솔루션을 전달하는 기업에게 있어 매우 장기적인 단계가 될 수 있다는 점에 주목하는 것이 중요하다.

1.4.4 솔루션 플랫폼

솔루션 비즈니스 플랫폼은 보통 기업의 여러 부분들 혹은 여러 기능들 내에 위치한 여러 상호 연관된 역량으로 구성된다. 솔루션 비즈니스 플랫폼을 효과적으로 만드는 핵심 수단들은 여러 역량 요소들을 다양한 기능들에 적합하게 만드는 것이다. 일반적으로 프로세스, 인프라, 그리고 솔루션 비즈니스 문화를 형성하는 역량은 고객, 시장 통찰, 솔루션 개발 및 포트폴리오 관리, 마케팅 및 판매 관리, 연락처 관리 및 송장 발송, 운영, 수요, 공급 사슬 관리, 고객 서비스, 혹은 컨텍트 센터(contact center)와 같은 요소와 관련된다.

이러한 역량의 측면들은 내부 중심적이며, ICT 시스템, 엔지니어링 부서와 같은 여러 특정 시설들, 혹은 경영 시스템 내 요소들의 새로운 형태 개발을 필요로 할 수 있다. 일부 역량은 회사와 외부 이해당사자들 간에 관계를 관리하기 때문에 관계적이라고 명명할 수 있다. 이러한 것들의 사례들은 고객 관계 관리, 네트워크 관리, 그리고 비즈니스 인텔리전스를 창출하는 능력과 관련된 역량이다.

이러한 역량은 고객에게 보이지 않기 때문에, 이러한 새로운 역량을 구축하는 데 필요한 자원 할당을 추진할 때 제시할 비즈니스 사례들을 개발하는 것이 어려울 수 있다. 그러나 우리 연구는 솔루션 비즈니스 플랫폼에 대한 투자가 솔루션 비즈니스의 장기적이고, 지속 가능한 성공에 있어 매우 중요하다는 것을 보여준다. 혹은 이 점을 다르게 표현하자면, 솔루션 비즈니스로 전환하고자 시도할 때 실패를 경험하는 기업은 솔루션 비즈니스의 효율성(efficiency)과 효과성(effectiveness)을 보장하는 중심 역량이 결여된 경향을 보인다.

2 솔루션 개발 : 새로운 가치 창출 기회 확인

이 장에서 우리는 두 가지 관점에서 솔루션 개발에 대해 논의한다.

- **상품화** : 고객의 비즈니스 현실에 대한 심층 이해를 얻기 위해 기업이 고객 가치 연구를 활용해야 하는 이유에 대해 설명한다. 핵심 질문은 무엇이 고객을 위한 가치를 창출하며 고객은 어떻게 성공을 측정하는가 하는 점이다.
- **표준화** : 성공적인 솔루션 비즈니스의 초석은 모듈화(modularity)와 반복성을 가능하게 하는 표준화된 구성요소들 또는 기본 판매 품목(Basic Sales Item - BSI)을 가진 솔루션 계층구조의 개발에 놓여 있다.

2.1 가치 연구 : 고객의 비즈니스 및 재무 동인에 대한 이해

가치 연구는 선별된 고객/세분시장과 개별 고객의 비즈니스 문제 및 기회들에 대한 심층 이해를 보장하고 고객에게 가치 있는 것을 이해하기 위해 활용되는 역량 및 수행방식들과 관련된다.

기업에게 있어 상품화는 고객의 상황에 대해 충분한 이해를 얻는 것으로 시작된다. 이러한 이해를 얻는 것은 고객 개개인의 필요에 솔루션을 맞추기 위해 지속적으로 고객과 상호작용하며 바람직하게는 고객과의 정기적 기획 회의를 활용하는 기업에게 달려 있다. 많은 성공적 혁신들은 선별된 고객과의 협력으로 시작된다.

고객 가치 연구에 착수하는 것은 기업이 고객 프로세스들을 파악하고 이에 따라 고객에게 가치 있는 것을 이해할 수 있게 만들어주는 연구 기법들의 사용을 필요로 한다. 경험은 솔루션 개발 초기 단계에서 고객 가치를 연구하고 이를 정량화하는 것이 무엇보다 중요하다는 것을 보여준다. 또한 성공적 상품화는 빈번하게 주도적 고객들의 참여를 보장하는 것에 달려 있다. 즉, 공동활동(joint activity)을 개발하기 위하여 기꺼이 기업과 함께 일하는 선택된 세분시장의 주도적 대표들이다. 기업은 정확한 주도적 고객을 확인하고 솔루션 개발 기간 동안 이러한 고객의 참여를 가능하게 하는 과정을 창출하는 것에 초점을 맞추어야 한다.

이 장에서 우리는 두 개의 다른 관점에서 가치 연구를 분석한다. 첫 번째 관점은 고객 프로세스들에 대한 깊은 이해를 얻기 위해 고객 가치 연구를 수행하는 방법에 초점을 맞춘다. 두 번째는 주도적 고객을 활용하고 참여시키는 방법에 초점을 맞춘다.

2.1.1 고객 가치 연구

고객 가치 연구는 고객의 프로세스, 관심, 비즈니스 동인, 재무적 관심들의 분석을 의미한다. 이러한 형태의 연구는 고객의 가치 요인들에 대한 이해를 가져올 뿐 아니라 이들의 비즈니스와 프로세스에 어떻게 영향을 끼칠 것인지에 대한 통찰을 만들어낸다. 가치 연구를 통해 기업은 새로운 판매 기회들과 새로운 제공 요소들, 자사의 오퍼링들을 경쟁사의 오퍼링들과 차별화시키는 방식을 확인할 수 있게 된다. 고객의 프로세스와 가치 요인들에 대한 이해를 증대시키는 것은 또한 가치를 정량화하고, 고객에게 전달하는 역량을 발전시킨다.

기업과 고객 양쪽이 최대의 이익을 얻기 위해 고객 가치 연구는 솔루션 라이프사이클 전반에 걸쳐 수행되어야 하며 솔루션 개발과 아이디어 창출의 초기 단계들부터 시작되어 운영 단계들 전체에 걸쳐 지속된다. 고객 가치를 이해하고자 노력하는 경우 기업은 그림 2.1에 묘사되고 아래에 설명되는 것처럼 고객의 가치 창출 과정들(혹은 비즈니스 프로세

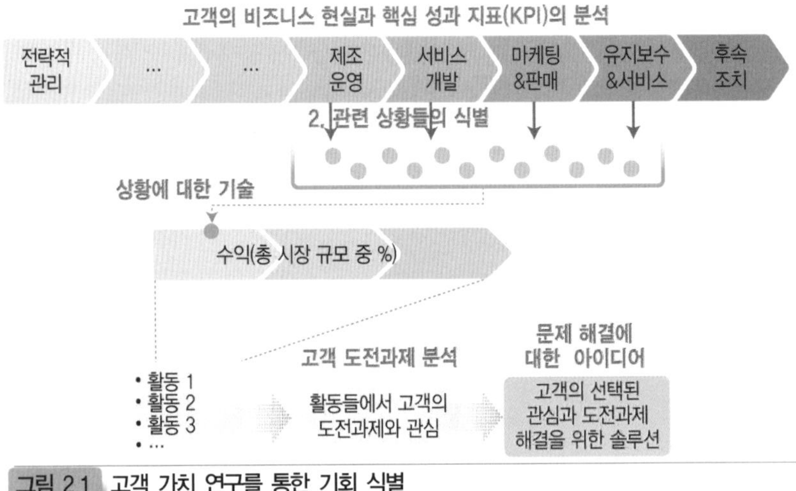

그림 2.1 고객 가치 연구를 통한 기회 식별

스)에 대한 체계적 분석들을 시작하는 것이 이상적이다.

- **고객 프로세스 정의** : 기업은 보통 자신들의 생산 및 전달 프로세스들에 대해 잘 알고 있지만 그렇다고 이것이 고객의 프로세스들도 비슷하게 잘 알고 있다는 것을 뜻하지는 않는다. 따라서 기업은 고객의 프로세스를 완전히 이해해야 하며 이와 마찬가지로 단순히 기술적 관점뿐 아니라 비즈니스 관점에서 고객 프로세스의 여러 단계들을 파악하는 것이 중요하다. 기업 비즈니스 범위에 따라 프로세스는 고객의 생산 프로세스, 마케팅 프로세스, 판매 프로세스 혹은 역량 개발 프로세스가 될 수 있을 것이다.

  대부분의 경우 고객이 개별 비즈니스를 전체적으로 어떻게 운영하는지 이해하고 이와 더불어 이러한 고객이 운영하는 가치 사슬의 역학(dynamics)에 대해 이해하는 것이 중요하다. 유사하게 고객과 다른 이해당사자들의 프로세스 및 역할들의 구조를 그려보는 것도 도움이 될 수 있다. 이렇게 함으로써 분석의 범위가 넓어지게 되고 이에 따라 프로세스들을 개선시키기 위한 필요성 및 기회들에 대한 더 나은 식별이 가능해지며 고객의 네트워크에서 여러 이해당사자들에게 재정적 영향을 끼치기 위해 무엇을 해야 하는지 파악할 수 있게 된다. 그러나 프로세스 단계들을 그려보고 프로세스의 개선을 추구하는 것은 고객 및 다른 주요 이해당사자들과 협력하여 수행해야 한다.

- **고객의 비즈니스 현실 분석** : 기업은 또한 고객의 비즈니스 현실들에 대한 견고한 이해를 구축해야 한다. 더 나아가 고객 개개인의 수익 논리, 비용 논리, 자산 논리 및 위험 논리와 관련된 핵심성과지표(KPI)들을 확인해야 한다.

- **관련 상황의 식별** : 일단 기업이 고객의 프로세스에 대한 명확한 이해

를 갖게 되면 이들은 솔루션이 긍정적 영향을 끼칠 수 있는 상황들을 식별해야 한다. 식별되어야 하는 상황들은 기능과 관련된 상황들(예, 새로운 혁신, 새로운 도구와 프로세스), 회사의 상황들(예, 새로운 비즈니스 및 전략, 비용 절감), 산업 및 클러스터 상황들(예, 새로운 경쟁사, 기술 변화, 세계화)과 사회적 상황들(예, 기술 발전, 법의 변화)을 포함한다.

- **상황 기술과 고객 도전과제 분석** : 관련된 상황 및 전반적 상황을 식별함으로써 기업은 고객이 이러한 상황들을 다루는 방식을 이해하기 위해 상황들을 세부적으로 분석해야 한다. 예를 들어 어떤 종류의 활동들이 상황에 관련되어 있는가? 일단 이 질문에 답을 찾게 되면 다음 단계는 고객의 도전과 관심의 측면에서 이러한 활동들을 분석하는 것이다. 이러한 분석에서 특히 중요한 부분은 고객이 분명하게 표현하지 않았거나 표현할 수 없었던 미개발(untapped) 니즈 및 기대에 초점을 맞추는 것과 관련된다.
- **문제 해결** : 가치 연구는 확인된 도전과 관심들에 맞추어 솔루션을 제안하는데 필요한 정보를 기업에 제시해야 한다. 그러나 고객에 가치를 제공하는 고객 특화 솔루션을 제시하고 해당 솔루션의 가치를 판매하기 위해 기업은 또한 고객이 어떻게 자체 비즈니스 프로세스들을 운영하는지 무엇이 각 프로세스를 이끄는지에 관해 매우 명확하게 밝혀야 한다. 이러한 지식은 기업이 고객을 위한 가치 창출 방법을 찾아내고 이에 따라 목표에 도달할 수 있도록 뒷받침한다는 점에서 필수적이다.

본질적으로 고객 가치 연구는 고객의 선택된 비즈니스 프로세스에 대한 우수한 이해 및 고객과 협력하여 이루어낼 혁신의 기반 그리고 이에 대한 개선 방식을 제공해야 한다. 판매 프로세스에서 고객은 다음과 같은 질문들을 하게 될 것이다.

- 프로세스의 변화는 노력이나 투자를 할 만한 가치가 있는가?
- 우리가 더 중요하게 우선시해야 하는 다른 개선책들이 존재하는가?

기업에게 있어 이러한 유형의 질문들에 답하는 것은 고객과 관련된 재무 동인에 대해 알고 있는지에 달려 있다. 결국 이러한 지식은 고객으로부터 관련된 재무 데이터를 확보하는 것에 달려 있다.

사례 _Metso Automation Services : 고객 니즈에 대한 이해 및 서비스의 범위 확장[3)]

Metso는 광업, 건설, 펄프 및 제지, 전력, 오일과 가스를 비롯한 가공 산업(process industry)에서 고객을 위한 기술 및 서비스들을 공급하는 글로벌 공급업체이다. Metso Automation(자동화)은 Metso의 세 개 사업 부문들 중 하나이다. 다른 두 개는 Mining & Construction(광업 & 건설)과 Pulp, Paper & Power(펄프, 제지 & 전력)이다. Metso Automation은 세 개의 사업 라인으로 공정 자동화 시스템, 유량 제어(밸브), 서비스를 가지고 있다. Metso는 50개 이상의 국가들에서 활동하고 있으며 대략 30,000명의 직원을 두고 있다.

Metso Automation Services는 고객의 문제들에 초점을 맞춤으로써 서비스 포트폴리오를 개발하는 긴 역사를 가지고 있다. 지속적으로 더 많은 고객 비즈니스와 운영 문제들을 다룸으로써 제공 범위를 확장할 수 있었다. 첫째, Metso Automation은 밸브 유지보수와 예비부품 서비스를 개발했으며 이에 따라 고객을 위한 기술 및 공정 문제들을 해결했다. 고객의 프로세스 중단시간(downtime)을 최소화하기 위해 이들의 니즈를 이해함으로써 Metso는 고객의 유지보수 시간과 비용을 절감하기 위한 진단법을 사용하는 상태 기반

3) Metso 웹사이트(http://www.metso.com)에 있는 공개 정보와 Mikko Keto와의 인터뷰(2013)를 기반으로 함

유지보수(condition-based maintenance)를 개발했다. 둘째, Metso의 고객은 또한 공급을 외부에 위탁하는데(아웃소싱) 있어 위탁 공급업체들의 수를 줄임으로써 효율성을 개선시키고자 했기 때문에 Metso는 경쟁사들의 장치를 포함하여 고객의 전체 밸브군을 관리하는 솔루션을 개발했다.
또한 Metso의 고객은 지속적으로 운영에서 프로세스 성과를 개선시키고자 했다. 프로세스 자동화 서비스PAS(Process Automation Services)라고 불리는 Metso Automation의 별도 사업 라인은 공정 수율(process yield), 품질, 재료 및 에너지 소비 등의 관점에서 고객의 프로세스 성과를 강화시키도록 설계된 서비스 솔루션들에 초점을 맞추었다. 고객 입장의(outside-in) 솔루션 개발은 심지어 합병과 인수로 이끌었다. Metso Automation은 성과 서비스를 강화하고 고객의 니즈에 더 잘 대응할 수 있도록 소프트웨어 기업을 인수했다.
최근 Metso Automation Services는 공정이나 기술적 문제들뿐 아니라 고객 비즈니스와 재정적 문제들에 초점을 맞춘 비즈니스 솔루션 포트폴리오를 개발했다. '고객 비즈니스의 수익성을 극대화하라'는 Metso의 비즈니스 사명은 비즈니스 솔루션 포트폴리오의 본질을 정확히 파악하고 있다.

2.1.2 주도적 고객(Lead customers)의 참여

우리가 앞서 언급했듯이 솔루션 개발의 초기 단계에서 고객 가치를 연구하고 정량화하는 것이 중요하다. 이에 따라 기업은 우리가 앞서 공동 활동을 개발하기 위해 기업과 기꺼이 협력할 의지를 가지고 있으며 선택한 세분시장을 두루 대표하는 고객으로 정의했던 주도적 고객과의 협력을 포함한 많은 성공적 혁신을 착수한다.

주도적 고객을 참여시키는 것은 보통 상품화의 성공에 있어 필수적이며 이러한 참여가 프로세스의 초기 단계들에서 이루어지는 경우 성공이 이루어질 가능성이 높아진다. 기업은 정확한 주도적 고객을 찾아내는 것뿐 아니라 고객을 솔루션 개발에 참여시키는 프로세스를 만들어내는 것에 초점을 맞추어야 한다.

적합한 주도적 고객을 찾아내는 한 가지 방법은 고객 선별 기준을 결정하고 이를 적용하는 것이다. 이러한 접근은 일반적으로 전략적 고객 관리와 핵심 고객 관리에서 사용된다. 이러한 기준은 보통 협력 관계의 적합성, 고객 프로필, 고객 역량을 포함한다.

- **협력관계의 적합성** : 주도적 고객 참여를 얻는 타당한 수단은 기업이 오랜 신뢰 관계를 맺고 있는 고객을 목표로 하는 것이다. 상호 신뢰는 개방적인 상호작용을 가능하게 하며 협력관계를 맺고 기업과 정보를 공유하려는 고객의 의지를 북돋는다. 이러한 종류의 관계는 보통 전략적 대화가 가능하다는 점에서 임원 수준의 접촉이 이루어지는 특징을 가지고 있다. 장기적인 협력 전제조건들은 기업과 고객 사이에 특정 수준의 전략적 연계가 존재하고 미래에 대한 관점을 공유하는 경우 강화된다.
- **고객 프로필** : 주도적 고객이 현재 산업의 리더일 필요는 없으며 대신 변화를 모색하고 타인들을 위해 길을 개척하는 혁신적이고 민첩한 행동 주체여야 한다. 이러한 종류의 고객은 일반적으로 공동 개발의 혜택들에 대한 명확한 시각을 가지고 있으며 이러한 혜택들을 경쟁우위로 전환하는 능력을 가지고 있다. 또 다른 중요한 특징은 위험 감내성(risk tolerance)이다. 고객이 새로운 기술에 투자해야 하는 경우 이들은 상응하는 위험을 견뎌낼 수 있어야 한다. 또한 최적의 주도적 고객은 마찬가지로 고려 중인 시장에 진입하려는 의향을 가진 파트너를 찾는 시장 도전자(market challenger)와 같이 특정 상황 혹은 특정 입장을 가진 사람이 될 수 있다.
- **고객 역량** : 솔루션 개발에 기여하기 위해 고객은 자신의 통찰을 프로세

스에 적용하는 능력을 가지고 있어야 한다. 그리고 최소한 고객은 개발에 투자할 충분한 자원들을 가지고 있어야 한다. 더욱이 급진적 혁신들의 경우 최적의 주도적 고객은 시장을 형성할 '영향력'을 가진 고객이다.

기업은 솔루션 개발에 고객을 참여시키는 동시에 이들의 예측들을 관리할 수 있는 능력을 갖추는 것이 중요하다. 각 당사자는 혁신 과정 및 이와 관련된 위험들을 인식하고 이를 동일하게 이해해야 한다. 양 당사자들은 공동 개발 활동들에 착수하기 전에 예상되는 결과와 관련하여 고객의 위험을 주의 깊게 논의해야 한다. 이러한 위험들은 위험과 투자가 비경쟁적 환경에서 공유될 수 있도록 공동 개발을 위한 컨소시엄을 설립하는 것 등을 통해 완화될 수 있다.

고객뿐 아니라 기업의 위험을 포함한 위험들을 완화하는 한 가지 방법은 일반적인 프로젝트 발주에 적용되는 계약 모델과 차별화된 고객 참여 계약 모델(customer-involvement contract models)을 개발하는 것이다. 이러한 계약들은 프로젝트 개발을 위해 고객의 승인을 얻고 고객이 프로젝트의 최종 혜택들을 얻을 수 있도록 보장하는 수단을 제공한다. 이러한 혜택은 특정 시장들에서 솔루션을 사용할 독점적 권리가 될 수 있을 것이다. 또 다른 혜택은 솔루션이 다른 고객에게 출시되기 전에 리드타임(lead time)의 장점을 누리는 것이다. 계약의 세부사항들은 주도적 고객이 어떻게 선점자의 우위(first-mover)를 확보하게 되는지 자세히 설명해야 한다.

사례 _ Cisco : 주도적 고객을 통한 혁신4)

Cisco는 가전제품, 네트워킹, 음성, 통신 기술 및 서비스를 제공하는 글로벌 공급업체이다. Cisco는 전 세계적으로 70,000명의 직원을 두고 있다.
몇 년 전 Cisco는 제품 공급에서 시스템, 서비스, 솔루션 공급으로의 전환에 착수했다. 새로운 철학에 발맞추어 Cisco는 차세대 고객 관계 창출을 목표로 혁신적 비즈니스와 아키텍처 솔루션(architecture solutions)에 초점을 맞추었다. 전환을 촉진하기 위해 Cisco는 글로벌 엔터프라이즈 씨어터(Global Enterprise Theater)를 통해 시행되는 글로벌 고객 프로그램을 수립했다. 이 씨어터는 통합 비즈니스 솔루션을 전달하기 위해 고객의 비즈니스와 프로세스들에 대한 긴밀한 지식을 만들어내는 고객 중심 조직이다. 이것의 Cisco 3.0 Enterprise Program은 차세대 고객 관계에 초점을 맞춘다.
Cisco 3.0의 예비 고객으로부터 얻은 교훈을 바탕으로 Cisco는 글로벌 엔터프라이즈 씨어터의 일환이 될 전략적 고객을 선택했다. 이 고객은 전체적으로 새로운 수준의 협력에 참여할 의지를 가지고 있었다. Cisco의 목표는 이러한 제한된 고객을 통해 솔루션을 개발한 후 이를 또 다른 광범위한 고객에게 적용하여 영향력을 발휘하는 것이었다.
실제로 Cisco는 고객 워크숍을 마련하고 고객들에게 아키텍처 설계 및 구성의 내부 시뮬레이션을 보여주는 것 등을 통해 솔루션 개발에 주도적 고객들을 참여시키고 있다. Cisco는 네트워크 인프라를 설계, 구성, 최적화시킬 수 있는 다양한 종류의 내부 도구들을 개발했다. Cisco는 차후에 이러한 도구들을 고객들과의 공동 개발을 가능하게 하는 상호작용 고객 설계 플랫폼으로 전환시켰다.
Cisco에 따르면 고객의 니즈를 경청하는 것은 기업이 시장의 이행을 성공적으로 예상하고 포착할 수 있도록 만들어준다. 또한 이러한 경청은 Cisco가 고객들이 성공하도록 도움을 주는데 필요한 조치들 및 미래의 조치들을 규정할 수 있도록 한다. 고객과의 파트너십 협력은 Cisco에 나아가야 할 방향과 시장 이행보다 앞서가는 방식에 대한 지침을 제공한다.

4) 이 사례는 다음 자료들을 기반으로 함: Gordon Galzerano의 발표 "Achieving Global Sales Excellence"(SAMA conference); Schrage(2006); Quancard (2010)와 http://www.wikipedia.org의 배경 정보.

2.2 솔루션 계층구조 : 기본 판매 품목(BSI)의 정의

솔루션 계층구조는 효과적으로 생산될 수 있는 솔루션 구성요소들을 개발하고 확인된 가치 창출 기회들과 기존 오퍼링들 사이에 차이를 줄이는 솔루션 구성들을 구축하기 위해 이용되는 역량 및 수행방식들과 관련된다.

솔루션들은 기업이 솔루션 구성 역량을 발전시키도록 요구하는 다양한 구성요소들(상품, 서비스, 소프트웨어 등)의 통합된 결합이다. 솔루션은 쉽게 적용되는 방식으로 구성되어야 한다. 확장성, 반복성, 효율성을 확보하기 위해 기업은 솔루션 개발 방법에 대한 규칙과 지침들을 수립해야 한다.

솔루션 비즈니스로 전환하는 것은 기업에게 연구개발(R&D) 과정을 재정의하도록 요구한다. R&D 예산은 단지 제품 기능을 개발하는 데에만 사용될 수 없다. 솔루션 개발을 가능하게 하기 위해서는 또한 예산 할당이 필요하다. 솔루션은 보통 많은 서비스 구성요소들로 구성되며, 이러한 구성요소들은 제품 구성요소들에 주어지는 것과 동일한 수준의 철저한 검토에 따라 개발되어야 한다. 솔루션 개발 프로세스는 고객에 대한 통찰력에 따라 주도되기 때문에 기술적 혁신뿐 아니라 고객의 프로세스와 재무 동인에 초점을 맞추어야 한다. 성공적인 비즈니스 솔루션 기업은 고객의 니즈와 자체 오퍼링 사이에 격차를 좁히는 능력을 가진 기업이다.

일반적으로 기업은 솔루션 구조들 – 즉, 표준화된 구성요소들이나 기본 판매 품목들(Basic Sales Items – BSIs)에 따라 구축되는 솔루션들을 개발해야 한다. 구성요소들은 또한 기업이 전사적 자원 관리 및 제품 정보 시스템들에 입력할 수 있는 방식으로 '디지털화'되어야 한다.

이 장의 나머지 부분에서 우리는 표준화 관점에서 솔루션을 개발하는 것에 대한 통찰을 제공할 것이다. 우리가 이미 강조했듯이 기업은 상품화 과정과 병행하여 솔루션 표준화 과정에 착수해야 한다. 이는 기업이 무엇을 판매하고 전달하는지 현재 역량을 어떻게 활용할 것인지 그리고 어떻게 개발할 것인지 정의할 수 있도록 만든다.

연구는 기업이 솔루션 표준화에서 성공하기 위해 취해야 할 두 개의 중요한 단계를 확인시켜준다. 첫째, 기업은 자신들의 솔루션 개발이 순전히 기업 입장(inside-out)의 기술 및 제품 주도 조치 대신에 고객에 대한 이해로 주도되는 가치 혁신이 되도록 보장해야 한다. 둘째, 기업은 표준화된 BSI로부터 효율적이고 유연한 고객 특화 솔루션 창출을 가능하게 하는 솔루션 구조를 구축해야 한다. 이러한 구조 및 이로부터 만들어지는 품목들 또한 높은 수준의 표준화와 반복성이 가능하도록 디지털화되어야 한다.

2.2.1 제품 개발과 차별화되는 솔루션 개발

기업이 고객뿐 아니라 스스로에 대해 가치를 창출하는 솔루션들을 개발할 때 고객에 대한 통찰과 자신들의 자원 및 역량을 결합시켜야 하는 필요성은 고객 입장(outside-in) 및 기업 입장(inside-out) 양쪽의 접근 방식을 요구한다. 솔루션 개발 동안 필요한 또 다른 투입은 범위와 경쟁 환경에서 시장 개발에 대한 이해이다.

그림 2.2에 묘사되어 있는 것처럼 고객 입장(outside-in) 접근은 고객의 문제들과 비즈니스 모델을 고객 관점과 전체 시장 관점에서 이해하는 것에 초점을 맞춘다. 그러나 또한 그림 2.2가 보여주듯이 기업은 전략적 목표들에 도달하기 위해 자신들의 핵심 역량과 경쟁 우위를 활용할 수 있도록 솔루션 개발 동안 강력한 기업 입장의 관점을 가져야 한다. 이러한 요구사항은 또 다시 기업의 역량과 고객의 니즈 사이에

격차를 좁히는 기업의 능력을 강조한다. 솔루션 비즈니스 성공의 열쇠는 고객 지향 맞춤화(customer-oriented customization)와 항상 직면하는 비용 효율성 니즈 사이에서 균형을 맞추는 능력이다.

또한 솔루션 비즈니스로의 전환은 기업에게 고객 중심 솔루션의 측면에서 R&D 과정들을 정의하거나 재정의하도록 요구한다. 대부분의 기업은 의사 결정 단계들을 포함하여 명확히 정의된 R&D 과정들을 갖추고 있으며 이러한 과정들은 새로운 제품 및 기술을 대상으로 한 기준으로 뒷받침된다. 그러나 서비스와 솔루션의 개발 프로세스는 대부분의 기업에서 제대로 정의되지 않는 경향이 있다. 종종 제품 개발 프로세스가 서비스와 솔루션 개발에 적용되지만 이는 너무 관료적이거나 너무 느리거나 혹은 너무 지나치게 기업 입장을 지향하는 것으로 고려된다.

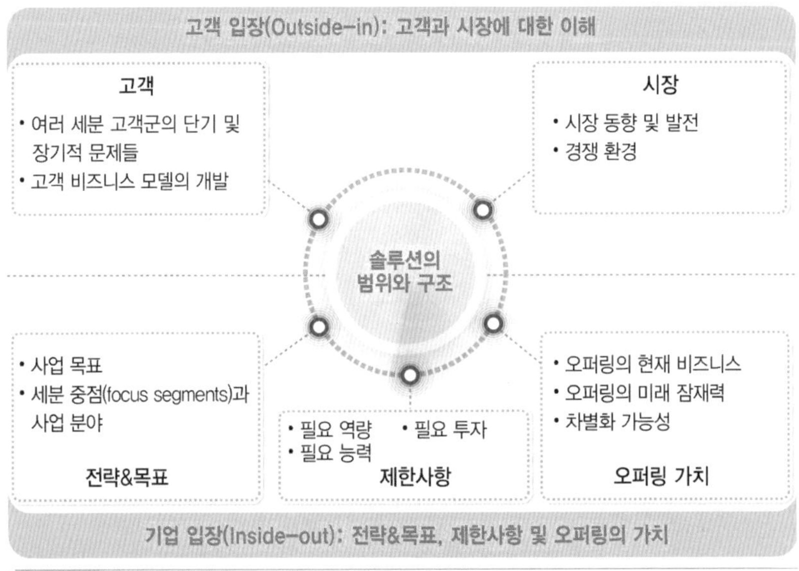

그림 2.2 솔루션 개발에서 고객 입장과 기업 입장 접근의 결합

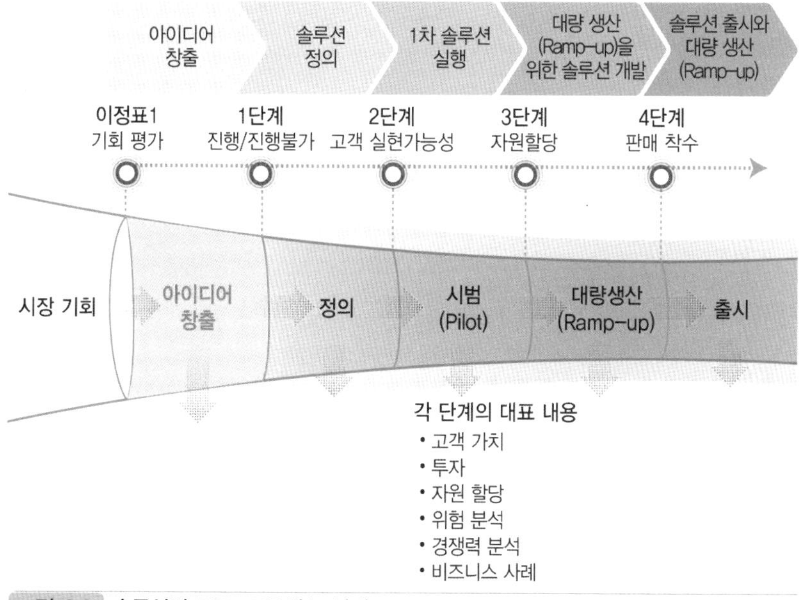

그림 2.3 솔루션의 R&D 프로세스 사례

그림 2.3에 서술된 R&D는 솔루션의 초기 예비 단계 동안 주도적 고객과 솔루션을 공동 창출하기 위해 노력한다는 점에서 새로운 기술과 제품들에 대한 대부분의 R&D 프로세스들과 다르다. 물론 시범 단계는 기업이 상세한 솔루션 개발을 위해 자원들을 사용하기 전에 이루어진다. 시범 결과들은 솔루션 출시와 대량 생산(ramp-up) 단계를 지원하는데 사용되어야 한다.

솔루션 개발 프로세스에서 의사결정 단계들의 중요한 특징은 각 단계에서 이루어지는 고객 가치 평가이다. 여기에서 고객 가치는 재무상의 가치뿐 아니라 일반적 관점에서 고객 혜택을 뜻한다. 시범 단계 이후 기업은 솔루션 및 여러 구성요소들의 상품화와 표준화에 자원을 투자한다. 이들의 목표는 고객 가치를 소통 및 전달하고 판매와 전달에서 반복성과 확장성에 도달하는 능력을 확보하는 것이다.

사례 _ Ramboll Denmark : 새로운 서비스 개발에 고객 참여[5)]

Ramboll Denmark는 Ramboll Group의 일원으로 덴마크에서 엔지니어링 설계 및 컨설턴트 분야를 주도하고 있다. 현재 이 기업은 건설, 교통, 환경 및 에너지 같은 산업들에 서비스를 제공하는 10,000명 이상의 전문가들로 국제적인 입지를 가지고 있다. Ramboll Denmark는 턴키(turnkey)방식의 발전소에서부터 건물 설계 및 컨설팅에 이르는 서비스들을 제공하고 있다. 추가적으로 수자원 관리와 관련된 서비스 포트폴리오를 개발하기 위해 Ramboll Denmark는 프랑스 대학의 연구자와 함께 개발 프로젝트에 착수했다. 목표는 적합한 식수원을 감지하는 새로운 프랑스식 방법(French method)이 덴마크에서 적용될 수 있는지 여부를 조사하는 것이었다. 혁신 정책의 요구사항을 이행하기 위해 기업은 프로젝트에 고객을 참여시켜야 했다. 기업 혁신 문화의 토대인 Ramboll의 정책에 따르면 혁신은 '현 시점'의 실용적 가치를 포착하기 위해 특정 프로젝트들과 연계되어야 한다.

Ramboll은 방법을 현장에서 시험하는데 동의해 줄 적합한 고객을 찾을 때 몇 가지 전제조건들을 다루어야 했다. 고객은 방법을 테스트하기에 적당한 조건들을 갖추고 있어야 할 뿐 아니라 프로젝트에 공동 투자할 수 있어야 했다. 이러한 요구사항들 특히 후자의 요구사항은 Ramboll이 상당한 설득을 해야 할 수 있다는 것을 뜻했지만 기업은 방법을 실제 상황에서 시험해보는 것이 고객에게 적용하는 것의 가치를 입증하고 장기적으로 고객이 개발에 전념할 수 있도록 만들어 준다는 점에서 반드시 필요하다는 것을 알고 있었다.

개인적 접촉에 따라 Ramboll은 수원의 위치를 찾는 것과 관련된 문제를 가진 고객을 찾아내어 참여시켰다. 사실 새로운 조건들에서 방법을 적용하는 첫 번째 단계는 고객 없이도 수행될 수 있었지만 고무적인 시험 결과들은 두 번째 고객으로 상수도 사업자들의 식수 공급을 지원하는 지역 환경 센터를 참여시키는 데 있어 결정적인 역할을 했다. 새로운 기술에 대한 확신을

5) 사례는 Nicolajsen과 Scapola(2011)를 기반으로 함

얻게 된 센터는 이 방법과 관련된 서비스들을 적극적으로 개발하고자 했다. Ramboll에게 있어 추가적으로 방법을 개발하기 위해 고객과 긴밀히 협력하는 것은 매우 긍정적이었다. 이 프로젝트는 Ramboll에 고객의 문제와 니즈들에 대한 견고한 이해를 제공했다. 방법을 시험하고 어떻게 활용될 수 있는지 습득함에 따라 기업은 고객의 참여가 없었더라면 발견하지 못했을 새로운 응용들을 확인할 수 있었다. 또한 개발 프로세스의 초기 단계 동안 고객을 참여시키는 것은 지속적인 협력에 기업과 고객 양쪽의 참여를 촉진했다. 또한 '새로운 시도'의 일원이 될 수 있다는 동기 부여는 고객이 관심을 갖도록 만들었다. 그러나 사례 연구는 또한 이러한 종류의 고객 참여가 단순하지만은 않다는 것을 명확히 보여주었다. 공동 혁신 프로젝트들의 성과는 초기 문제를 이해하는데 필요한 전문적 기반과 지식을 갖춘 고객에게 달려 있다. 또한 고객의 경영진은 서비스 공급 기업뿐 아니라 자체 조직의 능력 및 전념에 대해 인식하고 이를 확신해야 했다.

개발 프로젝트에 따라 수원을 찾는 새로운 방법은 안정된 수익을 창출하는 서비스가 되었다. 이 방법을 프로젝트 동안 발견된 새로운 응용들로 확대하는 것은 경쟁사들이 아직 유사한 접근을 바탕으로 한 서비스들을 제공하지 않았기 때문에 Ramboll에 경쟁 우위를 가져왔다. 따라서 이 방법은 현재 대규모 프로젝트들에 입찰하며 이를 사용 중인 고객에게 추가 가치를 창출했다.

2.2.2 계층적 솔루션 구조- 효율적 맞춤화 토대로서의 기본 판매 품목들

솔루션이 고객의 특정 니즈를 해결하거나 혹은 고객의 프로세스들을 강화하도록 보장하기 위해 솔루션은 보통 여러 종류의 요소들(제품, 서비스, 소프트웨어, 정보)이 통합되는 조합이다. 비용 효율적이고 표준화된 '생산' 및 전달 원칙에 따라 개발된 고객 특화 솔루션들을 맞춤화하는 도전에 대처하기 위해 기업은 고객 사례별로 솔루션을 맞춤화하기

용이하도록 솔루션 오퍼링을 모듈 단위의 표준화된 품목들로 구성해야 한다.

더 구체적으로 기업이 수립해야 하는 것은 유연성(flexibility: 고객의 니즈 및 상황들과 관련된)과 표준화(standardization: 솔루션 판매와 전달의 관점에서)의 결합을 가능하게 하는 계층적 솔루션 구조이다. 그림 2.4는 이러한 종류의 구조와 아래에 설명되는 요소들에 대한 사례를 제공한다.

- **기본 판매 품목(BSI)** : 솔루션의 '구성 요소'로서 BSI는 다수의 여러 고객 특화 솔루션들에 포함될 수 있다. 따라서 전달되는 솔루션들이 고객마다 그리고 상황마다 달라진다 하더라도 BSI는 솔루션 비즈니스에 일관된 품질과 규모의 경제를 도입하는 장점들을 수반하며 반복 가능한 상태를 유지한다. 이 외에 BSI는 여러 지역들에서 판매와 전달을 위해 일치시킬 수 있다.

  BSI는 제품, 서비스, 소프트웨어, 기능, 정보 또는 이러한 것들의 조합이다. BSI는 판매 초기에 고객에게 별도로 판매할 수 있는 가장 작은 개체가 되어야 한다. 경험은 솔루션 구성요소들이 정의되는 '세분화의 수준(level of granularity)'을 결정하는 것이 결코 사소한 일이 아님을 보여준다. 따라서 기업은 자신들과 고객에게 최상으로 기능하는 수준을 고려해야 한다. BSI를 고객에게 가장 의미 있는 수준으로 정의하는 것이 타당한 방식인 것으로 입증되었다.

- **솔루션** : 솔루션들은 여러 BSI와 잠재적 하위 솔루션(sub-solution)으로 조립된다. 고객 솔루션들을 정의할 때 기업은 선택된 BSI가 솔루션의 필수적 부분 혹은 선택적 부분이 되도록 보장해야 한다. 실제로 기업은 고객 솔루션에서 어떤 요소들을 반복 가능한 BSI로 정의해야 하는지

판단하기 위해 비용-편익 분석(cost-benefit analysis)에 착수해야 한다.

- **BSI에 대한 옵션** : 이 옵션들은 솔루션 계층구조의 가장 낮은 수준에서 발견된다. 옵션은 하나 혹은 여러 개의 BSI에 추가될 수 있지만 초기 판매에 단독으로 판매될 수는 없다. 옵션들은 부가 기능으로서 판매된다. 이러한 옵션의 사례들로는 기능 확장, 추가 지원, 비 표준 언어 버전 및 문서 범위, 비 표준 색상 추가 등이 있다.

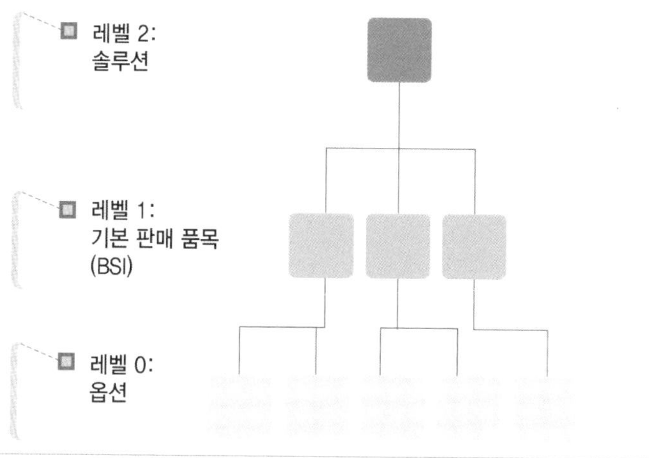

그림 2.4 기본 판매 품목(BSI)을 중심으로 구축되는 계층적 솔루션 구조

솔루션 계층구조를 만들기 위해 기업은 먼저 개발과 시행을 크게 뒷받침할 공통 용어(common terminology)에 합의해야 한다. 둘째, 기업은 솔루션 즉, BSI와 옵션들의 구성을 정의하기 위한 규칙과 지침을 준비해야 한다. 명확하게 정의된 솔루션 구성에 대한 규칙과 지침들은 효율성을 증가시키고 판매 및 전달 비용을 감소시킨다. 따라서 다양한 판매 사례들에서 모든 사람이 정의된 솔루션 구조를 준수하여 참여할

수 있도록 만드는 규율을 수립하는 것은 또 다른 중요한 요구사항이다. 그러나 또한 '표준화된' 솔루션 구조에서 벗어나는 것이 기업과 고객 모두에게 이익이 되거나 새로운 솔루션의 공동 개발이 타당한 경우에 진행하는 방법에 대해 설명하는 과정이 준비되어 있어야 한다.

계층적 솔루션 구조의 주요 혜택은 고객에 특화되는 맞춤화의 니즈를 감소시키고 전달 프로세스 단계에서 솔루션 범위의 점진적 증가(scope creep)를 방지하는 것이다. 따라서 솔루션 구조와 명확하게 정의되고 기술된 BSI는 효율성과 생산성 개선을 가능하게 함으로써 비용 절감을 제공한다.

또한 계층적 솔루션 구조는 맞춤화된 솔루션을 전달하는 유연하고 효율적인 수단들을 제공할뿐 아니라 또한 성장의 기회들을 제공한다. 예를 들어 설계, 엔지니어링, 제품과 고객 서비스 시행과 관련된 활동들이 가시화 된다. 일반적으로 판매 프로세스에서 장비와 함께 제공되는 맞춤화는 BSI로 정의되며 비용을 추가할 수 있다.

판매의 확장을 통해 추가 성장 또한 얻을 수 있다. 명확하게 정의된 솔루션 구조는 가용 제품 및 서비스들에 대한 영업 인력의 이해를 강화하며 이에 따라 더 광범위한 솔루션 범위로 고객의 니즈에 대응하는 이들의 능력을 개선시킨다. 즉, 명확하게 정의된 솔루션 구조는 교차 판매(cross-sellng)를 촉진하며 매출 증대를 가져온다.

2.2.3 반복성을 가능하게 만드는 기본 판매 품목의 표준화와 디지털화

고객에 특화된 솔루션들을 창출하기 위해 BSI와 옵션은 다양한 솔루션 구성들을 가능하게 하기에 충분할 정도로 세분화되어야 한다. 동시에 비용 효율성, 전달 속도, 품질 개선을 촉진하기 위해 낮은 수준의 솔루션 구조는 기업이 반복적, 효율적으로 전달할 수 있는 품목들로 구성되어야 한다. 즉, BSI는 표준화되어야 한다.

표준화는 일반적으로 각 BSI에 명칭과 부호를 제공하고 조직 내 소유(ownership)를 규정한다는 것을 뜻한다. 또한 BSI의 배경이 되는 가격정책 논리를 수립하고 마케팅 및 판매 프로세스들을 위한 콘텐츠와 재료들을 생성하고 효율적인 전달 시스템을 개발한다는 것을 의미한다. 디지털화는 BSI의 반복성(그리고 진화)을 가능하게 하는데 있어 또 다른 기초 단계이다. 디지털화의 전제조건은 전사적 자원 관리(ERP) 혹은 제품 정보 관리(PDM) 시스템 혹은 솔루션 컨피규레이터(configurator)에 입력되는 방식으로 BSI를 정의하는 것이다.

수익성 있는 판매 성장과 비용 효율적인 반복성을 증진하기 위해 BSI 문서에 다음 정보가 포함되어야 한다.

- **명칭과 부호** : 각 BSI와 솔루션은 자체 명칭과 부호를 가지고 있어야 한다. 명칭은 품목/솔루션이 무엇이며 고객을 위한 혜택이 어떤 것인지 반영해야 한다. BSI와 솔루션은 또한 내용의 디지털화를 가능하게 하기 위해 시스템에 입력되어야 한다. 일단 BSI 혹은 솔루션이 기업 시스템에서 부호화된 개체가 되는 경우 고객의 현장에서 특정 유지보수 운영을 수행하는 방법을 보여주는 시연 동영상과 같이 원칙적으로 디지털 포맷의 특정 정보가 이러한 개체에 부여되어야 한다.

- **소유권** : 솔루션과 BSI의 소유 그리고 이들의 개발 및 관리에 대한 책임을 규정하는 것은 솔루션과 기업에 대한 몰입을 강화하며 또한 자원의 정확한 할당을 보장하기 때문에 솔루션 비즈니스에서의 성공을 촉진한다.

- **가격 정책과 표준 비용** : 표준 예산의 BSI 비용은 가격 결정에 대한

비용 기반을 추정하는 데 필요하다. 표준 비용은 실제 전달을 기반으로 하여 정기적으로 ERP 시스템에서 업데이트 되어야 한다.

- **판매와 마케팅 콘텐츠** : 문서화는 판매 가능한 솔루션과 BSI를 정의하고 고객 커뮤니케이션과 입찰 문서들에 사용할 본문과 자료를 제공할 수 있기 때문에 '판매되고, 전달되는 것'을 일치시킨다. 판매 프리젠테이션은 솔루션 설명, 수행 자문과 변수들, 고객 혜택, 고객의 추천, 고객 성공 스토리 등으로 구성되어야 한다. 프리젠테이션은 또한 브로슈어와 웹 콘텐츠 같은 마케팅 자료들을 포함해야 한다. 쉽게 이용 가능한 문서 형태의 정확하고 잘 관리된 판매 및 마케팅 콘텐츠는 판매 성장, 품질 개선, 비용 효율적 전달로 이어진다.

- **견적/계약 내용** : 이 자료는 무엇보다 솔루션 설명, 고객에 대한 혜택과 가치, 기업을 솔루션 공급자로 선택한 이유, 솔루션에 포함되고 배제되는 품목들의 목록(즉, 선택된 BSI), 옵션 품목, 기업과 고객의 개별 책임, BSI 문서에서 솔루션 요소들에 대한 상세한 설명, 가격 및 조건들과 같은 상업적 세부사항을 포함해야 한다.

- **전달과 지원 콘텐츠** : 전달 관련 문서를 생성하는 목적은 BSI/솔루션 전달의 '내용과 방법'을 일치시키는 것이다. 기업에게 있어 이는 전달 도구, 프로세스, 문서를 정의하고 비용을 절감하는 동시에 전달의 질을 강화하고자 노력하는 것을 의미한다. 문서는 특정 서비스가 고객의 현장에서 어떻게 수행되어야 하는지를 명시하는 것처럼 전달의 내부 지침들로 활용되어야 한다. 정확하고 잘 관리되는 전달 및 비용 효율적 지원, 고품질과 전달의 연속성으로 이어진다.

- **솔루션과 BSI 상품화에 대한 내부 문서** : 이는 이용 가능한 옵션과

솔루션을 다른 솔루션들과 결합하는 것에 대한 의견, 가격정책 논리에 대한 설명, 그리고 자주 묻는 질문과 간략한 답을 포함하는 솔루션 구성 지침처럼 내부에서 사용되는 정보로 구성된다.

- **솔루션 표준화에 대한 내부 문서** : 이는 통일되고 효율적인 방식으로 솔루션을 판매하고 전달하는 것에 대한 지침들을 포함한다. 문서들은 필요한 고객 정보(판매와 전달 단계를 위한), 기업(공급자)과 고객 양쪽에게서 필요한 자원, 필수 인수 시험, 기술 규격, 전달을 위한 도구 및 템플릿, 공급 사안들(예, 공급업체 규격, 주문 지침, 계약), 안전과 환경 예방조치 및 규정들, 물류, 내부 지원 접촉(contact)과 관련된 정보로 구성되어야 한다. 솔루션과 BSI가 디지털 개체로 부호화되는 경우 이러한 모든 콘텐츠는 판매와 전달을 지원하기 위해 이러한 개체들에 부여될 수 있다.

2.3 솔루션 개발에서 성과 평가

기업/조직 및 부서의 성과를 평가하기 위해 다음 도표에서 가치 연구와 솔루션 계층구조 기술서(statement)를 사용해 볼 수 있다. 이 기술서들은 솔루션 비즈니스에서 성공한 기업에서 사용되는 “모범 사례(best practice)” 혹은 역량으로서 볼 수 있다. 기술에 대한 응답들은 기업의 개발 필요성들에 대한 우수한 아이디어를 제공할 것이다.

조직에 이러한 모범 사례가 결여되어 있다면 이러한 결과가 나온 특정 원인이 존재하는지 고려해봐야 한다. 예를 들어, 조직이 운영되는 시장이나 산업에서 이러한 모범 사례의 부재를 설명할 만한 원인이 존재하는가?

가치 연구	사용하지 않음	계획됨	시행됨
고객과 정기적으로 계획을 수행한다.			
기업의 목표는 선택된 고객과 함께 혁신에 착수하는 것이다.			
기업은 고객에게 가치있는 것을 정의하기 위한 연구 방법을 사용한다.			
고객 가치는 솔루션 개발의 초기 단계들에 정량화 된다.			
주도적 고객이 아이디어 창출 및 솔루션 개발에 참여한다.			
주도적 고객 참여를 위한 계약 모델이 존재한다.			
솔루션 계층구조	**사용하지 않음**	**계획됨**	**시행됨**
솔루션 개발은 고객의 프로세스와 재무 동인들에 초점을 맞춘다.			
고객의 니즈와 기업의 오퍼링 사이에 격차를 좁히는 능력이 존재한다.			
솔루션은 고객의 니즈에 쉽게 적용되는 방식으로 구성된다.			
솔루션을 구성하는 것에 대한 규칙들은 고객 상황들에 대한 유연한 적응을 허용한다.			
계층적 솔루션 구조(예, BSI가 정의됨)가 존재한다.			
표준화된 솔루션 구성요소(BSI)가 전사적 자원 관리 및 제품 정보 관리 시스템에 입력된다.			

3 수요 창출 : 판매 기회 생성

이 장에서 우리는 두 가지 관점에서 솔루션 수요 창출에 대해 논의한다.

- **상품화** : 기업은 고객의 이해를 바탕으로 세분 시장/고객 및 개별 고객에게 설득력 있는 가치 제안(value proposition)을 수립할 수 있다. 목표는 시장에서 관련 고객이 기업의 솔루션 역량에 대해 확실히 인식하게 하는 것이다.
- **표준화** : 솔루션은 사전에 구성될 수 있기 때문에 모든 솔루션들이 맞춤화될 필요는 없다. 고객과 세분시장에 대한 깊은 이해를 바탕으로 기업은 시장 상황의 80-90%를 포함하는 솔루션 포트폴리오를 구성할 수 있다.

3.1 가치 제안 : 고객 가치 제안 및 가망 고객 생성

가치 제안은 상품, 서비스, 정보 및 프로세스 구성요소들로 표현되는 공급자의 자원과 역량을 통해 어떻게 고객이 가치를 창출할 수 있는지 판단하기 위해 이용되는 역량 및 수행방식들과 관련된다.

매력적인 가치 제안을 분명하게 보여주는 것은 상품화의 중심 요소이다. 일반적으로 기업은 광범위한 고객의 관심을 끌어모으기 위해 특정 세분고객에 맞추어 가치 제안을 한다. 또한 가치 제안은 제안 요청서(RFP)를 보내기 전에 고객과 선제적으로 협력하는 과제를 가진 판매 및 고객 관리를 위한 필수 도구이다. 개별 고객 수준에서 기업은 고객의 중요한 비즈니스 사안들과 연결되기 때문에 고유한 특성을 가진 고객 특화 가치 제안들을 할 수 있어야 한다.

고객에게 가치를 제안하는 것에 배경이 되는 주요 아이디어는 판매 기회들을 창출하고 이러한 기회들을 검증하는 것이다. 따라서 제품 관리자와 판매 관리자는 공동으로 캠페인 계획을 개발해야 한다. 마케팅에서 사용되는 최적의 가망 고객(sales leads) 특성들은 판매 관리자들과 협력하여 정의되어야 한다.

고객 가치 연구는 가치 창출의 출발점으로서 기능하지만 확인된 가치를 고객에게 전달하는 것 또한 동일하게 중요하다. 이는 가치 제안들을 만들어내며 선제적으로 기회들을 창출하고 이러한 기회들을 검증하는 것에 의해 수행될 수 있다.

3.1.1 세분시장과 세분고객에 대한 가치 제안

전통적인 제품 중심 판매(product-oriented sales)와 컨설팅 가치 판매(consultative value selling) 사이의 차이는 기업이 혜택들을 고객에게 어떻게 전달하는지에 달려 있다. 전통적 판매 접근은 고객에게 오퍼링의 확실한 성능의 차이에 대해 말하는 것에 초점을 맞추지만 가치 판매는 오퍼링이 고객의 비즈니스에 끼치는 경제적 영향력에 대해 전달하는 것이 핵심이다.

따라서 기업은 고객을 위한 오퍼링의 혜택 및 금전적 가치를 전달하기 위해 가치 제안들을 활용해야 한다. 설득력 있는 가치 제안들을 분명하게 보여주는 것은 상품화의 핵심이다. 오퍼링에서 가장 독특한 것과 가치 있는 것을 확실하게 할 수 있는 방법을 제공하기 때문이다.

가치 제안들은 기업 레벨에서 세분시장 레벨을 거쳐 고객에 특화되는 가치 제안들로 좁혀나가며 솔루션 비즈니스에 수반되는 여러 레벨로 정의될 수 있다(그림 3.1 참고). 기업 레벨의 가치 제안은 기업이 제공할 수 있는 솔루션 종류와 일반적으로 예상되는 영향을 구체화하며 기업 레벨의 가치 제안은 기업의 전체 역량 수립 및 이러한 토대를 기초로 하는 솔루션들을 기반으로 한다.

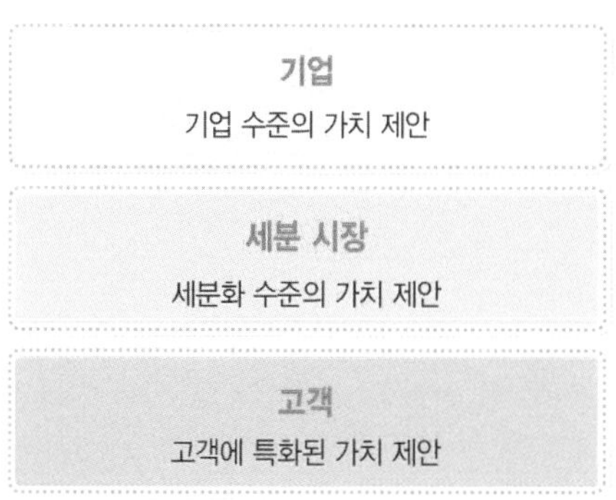

그림 3.1 가치 제안의 여러 수준들

세분시장 수준의 가치 제안은 특정 세분시장의 니즈를 충족시키고 해당 세분시장을 겨냥한 솔루션을 기초로 하는 혜택들을 전달한다. 세분시장에 특화된 가치 제안의 역할은 판매 기회들을 창출하기 위한 판매 및 고객 관리의 노력들을 지원하기 위해 더 넓은 고객의 관심을 끌어모으는 것이다.

이러한 가치 제안은 추상적이지 않아서 고객에게 더 적용하기 쉽기 때문에 일반 브랜딩과 마케팅 의사소통 활동들에 걸쳐 기업과 세분시장 수준에서 특정 이점을 갖는다. 가치 제안은 여러 시장 행위자들 사이에 상호작용 및 대화의 참고점이 될 수 있다. 가치 제안은 가치의 상호 약속으로 볼 수 있으며 이는 또한 기업이 자원 통합 활동들을 시작하고, 인도하기 위해 이러한 가치 제안들을 사용할 수 있다는 것을 의미한다.

가장 상세한 가치 제안은 고객 관점에서 만들어지는 가치 제안이다. 고객에 특화된 가치 제안은 개별 고객 혹은 고객과 협상하는 특정 판매 사례들을 겨냥한 가치 제안을 뜻한다. 고객에 특화된 가치 제안의 역할은 판매 기회들을 주문으로 전환하기 위해 고객에게 개별 솔루션의 혜택들을 전달하는 것이다.

고객에 특화된 가치 제안을 기업 혹은 세분시장 수준의 가치 제안과 혼동해서는 안 된다. 기업 및 세분시장 가치 제안들은 개별 고객과 관계하여 판매할 때는 상세하지도 특화되지도 못했다. 고객 특화 가치 제안들은 고유한 특성을 가지고 있으며 이는 각 고객의 전략 및 운영 문제들에 맞추어 조정되도록 이러한 제안들을 맞춘다는 것을 뜻한다.

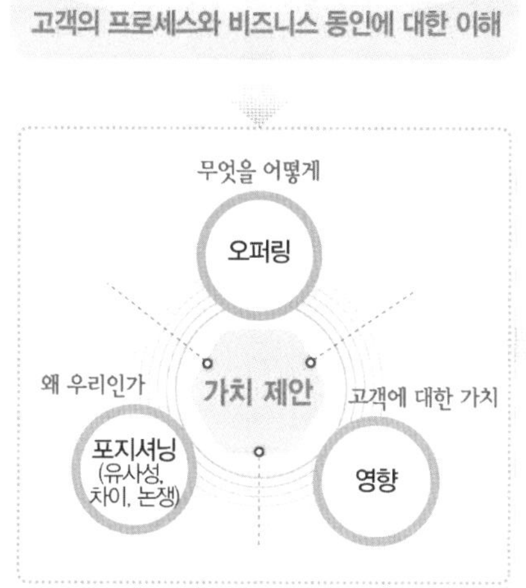

그림 3.2 가치 제안 창출과 전달[6)]

3.1.2 설득력 있는 고객별(Customer specific) 가치 제안의 개발

고객 특화 가치 제안을 만들어내는 것은 고객의 미래 상태가 현재의 상황과 어떻게 달라질 것인지 그리고 시간이 흐름에 따라 고객은 어떤 종류의 구체적인 혜택들을 받게 될 것인지 가시적으로 보여주는 것에 달려 있다. 현재와 미래 가치 니즈 사이의 차이는 금전적 용어(monetary term)로 계량화되어야 한다.

실제로 고객 특화 가치는 솔루션을 사용함으로써 고객이 경험하게 될 유형과 무형의 혜택들을 구체화시키는 명확하고 단순한 기술이다. 그림 3.2는 가치 제안의 구성 요소들과 발전 단계를 보여준다.

고객 특화 가치 제안을 개발할 때 출발점은 고객의 가치 창출 과정,

6) 엘리베이터 스피치(Elevator speech): 엘리베이터를 탄 순간부터 내릴 때까지 약 60초 이내의 짧은 시간 안에 투자자의 마음을 사로잡을 수 있어야 함을 가리키는 용어로 헐리웃 영화 감독들에게서 비롯되었다. [출처: 한경경제용어사전]

니즈, 도전, 그리고 재무 및 비즈니스 동인에 대한 깊은 이해를 얻는 것이다. 가치 제안 과정에서 이 부분은 고객 가치 연구 과정의 발견들에서 비롯되며 기업이 기존 역량 내에서 고객에게 가장 큰 영향을 끼칠 수 있는 분야들을 확실하게 부각시켜야 한다.

가치 제안은 세 개의 주요 특징을 가지고 있다.

- **오퍼링에 대한 설명** : 이러한 설명(description)은 가치 제안이 어떻게 고객의 문제들을 해결할 것인지 명확히 밝히기 때문에 필요하다. 기술의 상세함은 여러 산업 및 고객에 걸쳐 차이를 보일 수 있다.
- **고객 비즈니스에 끼치는 오퍼링의 영향에 대한 설명** : 이는 또한 다음과 같은 질문에 대한 답으로 제시될 수 있다. 고객이 느끼는 가치는 무엇인가? 가치는 이해하기 쉬워야 하며 따라서 명확하게 설명되어야 한다. 또한 금전적 용어로 표현되는 것이 바람직하다.
- **기업과 경쟁사 사이에 차별화** : 차별화는 "왜 우리인가"라는 질문에 답하고 고객에게 기업의 솔루션을 선택해야 하는 이유를 제공하는 것으로 설명될 수 있다. 오퍼링은 다음과 같이 세 가지 형태의 요소들로 나누어질 수 있다.
  - 유사 요소들 : 차선책의 성능 및 기능과 본질적으로 동일한 성능 및 기능을 가진 요소들
  - 차이 요소들 : 기업의 오퍼링을 차선책보다 우월하게 만드는 요소들
  - 논쟁 요소들 : 요소들의 성능 및 기능을 차선책의 성능 및 기능과 어떻게 비교할지에 대해 기업과 고객의 의견이 일치하지 않는 요소들[7)]

7) Anderson 외(2006) 연구를 바탕으로 함.

가치 제안을 전달하는 것은 여러 수준들에서 수행될 수 있다. 대부분의 기업은 완벽한 입찰 문서를 작성하거나, 솔루션 요소들의 목록을 완성하고 핵심 요약을 포함하는 것처럼 하위 수준의 전달에 능숙하다. 그러나 많은 기업이 단 몇 개의 단어로(핵심 약속) 혹은 단 몇 개의 문장만으로(엘리베이터 스피치) 고객에게 솔루션의 혜택과 정량화되는 가치를 구체화하는 능력을 가지고 있지 못하다.

사례 _ 가치 제안의 사례8)

"Cargotec은 기술적 전문성, 글로벌 네트워크, 시장 전반의 지식을 통해 고객의 화물 취급 능력과 생산성을 개선시킴으로써 지속적으로 화물 운송을 발전시킵니다. 우리는 육로, 산업, 항만, 그리고 해상 화물 취급과 해상 적하작업을 위한 취급 솔루션 및 서비스들을 제공합니다."

"기술 혁신과 전체 효율성을 강조함으로써 Wartsila는 고객의 선박과 발전소의 환경 및 경제적 성능을 극대화합니다"

"안전하고 효율적인 MacGregor의 완전 자동 트위스트락(twistlock)은 항구의 소요(재항) 시간을 줄이고 선박 생산성을 증가시킵니다. 완전 자동 트위스트락인 MacGregor C8A는 단일 설계로 모든 컨테이너 잠금 요구사항을 충족시키며 더 빠르고 안전하며 효율적인 컨테이너 운영을 보장합니다."

"KONE의 현대화 솔루션은 소규모의 업그레이드에서부터 엘리베이터, 에스컬레이터, 도어의 완전 교체에 이릅니다. 현대화 솔루션은 장비의 안전, 접근성, 성능, 심미적 외관 및 생태 효율성을 개선시킵니다. KONE 엘리베이터의 현대화는 엘리베이터의 생태 효율성을 70%까지 증가시킬 수 있습니다."

---

8) 사례들은 다음 출처들에서 수집되었다. 기업 웹사이트들에 게재된 공개 정보 (http://www.cargotec.com; http://www.wartsila.com; http://www.macgregor-group.com; http://www.kone.com)

3.1.3 숨겨져 있는 판매 기회들을 찾아내기 위한 선제적 접근 활용

고객에게 가치를 제안하는 것의 핵심 목표는 판매 기회들을 창출하고 이러한 기회들을 검증하는 것이다. 가치를 판매하기 위해 기업은 고객이 제안 요청서(RFP)를 보내기 훨씬 오래 전부터 고객의 프로세스들에 대한 심층 이해를 가지고 있어야 한다. 따라서 가치 판매에 초점을 맞추는 것은 전형적인 전통적 제품 비즈니스에 해당하는 반응적 판매 방식(reactive sales mode)에서 선제적 판매 방식(proactive sales mode)으로 전환하는 것을 필요로 한다.

고객 관점에서 판매 잠재력은 보통 고객이 스스로 발견하거나 표현하는 것보다 훨씬 더 크다. 선제적인 솔루션 중심 기업은 다양한 방식들을 통해 이러한 잠재해 있는(숨겨져 있는) 니즈를 충족할 수 있다. 이러한 방식들 중 하나는 고객을 경쟁사들 및 산업의 유사 기업과 비교하거나 혹은 최종 사용자의 이해를 통해 고객이 마주하게 될 수 있는 도전 과제들을 찾아내는 것이다. 이와 같은 지식은 기업이 고객의 RFP에 표현된 니즈를 넘어서는 그리고 다른 공급자의 솔루션들보다 더 설득력 있고 적합한 솔루션을 창출할 수 있게 만든다. 선제적 방식으로 고객의 니즈를 충족시키는 것은 그림 3.3에 묘사되어 있는 것처럼 판매 적중률(hit rate)을 상당히 개선시키는 이점을 가지고 있다. 이러한 접근은 기업 전체에 걸쳐 뿌리내려야 하며 이는 기업이 아직도 이를 시행하지 않았다면 선제적 가치 판매를 지원할 역량을 구축해야 한다는 것을 의미한다.

또한 기업은 성공적, 선제적 판매 및 연관된 솔루션 비즈니스 창출 기회에 있어 몇 가지 전제조건들에 대해 유념해야 한다. 이러한 전제조건들은 판매 촉발요인들의 체계적 확인, 고객의 프로세스들에 몰입하는 능력, 선제적 고객관리, 여러 기능 간 협력, 새로운 판매 프로세스 및 도구들의 개발, 기회의 검증을 포함한다.

- **판매 촉진요인(sales trigger)의 체계적 식별** : 고객 가치 연구를 참조함으로써 기업은 판매 촉진요인으로 기능하는 상황들을 식별할 수 있으며 이는 결국 기회 창출로 이어질 수 있다. 이러한 촉진요인들은 장비 개선, 서비스 계약 종료, 적합 또는 유능한 자원들의 부족, 비용 절감의 필요성이 될 수 있다. 이러한 촉진요인들은 공개된 자료들을 통해 인지할 수 있는 더 거시적인 수준의 상황과 관련되는 반면 다른 촉진요인들은 고객과의 깊이 있는 접촉을 필요로 할 것이다(기능 혹은 전략 변화의 경우처럼). 영업 인력을 지원하기 위해 기업은 인지된 각 촉진요인에 상응하는 조치들을 제시하는 계획들을 만들어낼 수 있다. 세분시장에 특화된 가치 제안은 영업 인력이 이러한 각 세분시장과 관련된 쟁점들에 초점을 맞추도록 돕는 도구의 한 형태이다.
- **고객 프로세스에 몰입(immersion)** : 고객의 프로세스들과 가치 동인들을 이해하는 것은 기회 창출에서 중요한 역할을 한다. 프로세스에서 고객의 활동 및 도전과제에 대한 깊은 통찰을 가진 기업은 고객의 전략에 영향을 끼치고 기획과 개념 설계에서 협력할 수 있다. 그리고 기업은 고객이 고객제안서(RFP)를 보내기 전부터 이를 실행할 수 있다.

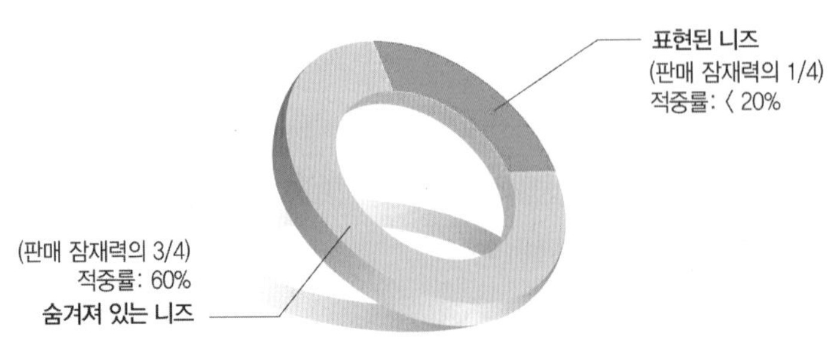

그림 3.3 숨겨져 있는 잠재력의 발견

- **선제적(proactive) 고객 관리** : 고객이 제공 기업과의 관계를 신뢰할 때 효과적인 솔루션 판매가 이루어진다. 기업이 이러한 신뢰를 구축할 수 있는 한 가지 방법은 선제적 고객 관리를 통하는 것이다. 특정 고객에 대한 이러한 형태의 관리와 관련된 핵심 방식들은 무엇보다 지역 입지를 가진 전문 고객 팀의 수립, 고객과 관련된 역량을 증진시키기 위한 여러 채널들의 효과적 활용, 솔루션 공급자로서 기업의 포지셔닝, 선제적 성과-개선 제안(performance-improvement proposal) 제공, 기업과 고객 조직 양쪽의 여러 수준과 기능들에서 고객과의 직접적 접촉 구축을 포함한다.

- **여러 부서 간(cross-functional) 협력** : 고객에게 가치를 제안하는 것은 고객의 비즈니스 프로세스들, 기술들, 공급 사슬 체계들, 재무에 대한 솔루션 특화 이해를 수반하기 때문에 여러 부서 간의 협력 노력이 필요하다. 영업 인력만으로는 선제적 컨설팅(consultative) 방식으로 신뢰 있는 기회들을 창출할 수 없다. 예를 들어, 복잡한 엔지니어링 프로젝트는 일반적으로 고객 관리자, 제품 관리자, 엔지니어링 관리자, 판매 책임자 그리고 심지어 고객과 대화하는데 있어 최고경영진까지 필요로 한다.

- **새로운 판매 프로세스 및 도구** : 선제적 가치 판매를 촉진하는 것은 명확하게 정의된 단계들과 명확하게 설명되는 역할 및 업무 기술들을 포함하는 판매 프로세스들의 수립을 필요로 한다. 또한 판매 팀의 팀원들은 기회 확인 및 창출에 관여하는 다른 핵심 인력들과 함께 고객 가치 연구 방법, 세분시장에 특화된 가치 제안, 가치 정량화 수단들과 같이 적합한 도구들을 갖추어야 한다.

- **기회 검증(opportunity qualification)** : 솔루션 판매 기회들을 창출하는 것 외에 기업은 기회들을 검증하기 위한 체계적 방법을 갖추어야 한다. 검증은 보통 기회를 추진할 것인지 여부를 확인하기 위한 특정 기준을 포함한다. 기업의 운영 및 제품 기능 부문들은 솔루션 전달의 관점에서 최적이라고 고려하는 기회들을 정의함으로써 이러한 의사결정 과정을 지원할 수 있다. 판매 관리자들은 또한 판매 팀을 위해 최적의 가망고객을 확인하는데 이러한 정보를 활용할 수 있다. 솔루션 비즈니스 전환의 초기 단계들에 기업은 기회에 따라 솔루션 판매 접근이 필요한지 혹은 기회가 특성상 전통적인 제품 및 서비스의 영역을 넘어서는 것인지 평가하는데 있어 검증이 적절하다는 것을 발견할 수 있을 것이다.

사례 _ Componenta : 모범 사례에 따른 솔루션 판매 개발

Componenta는 복잡(complex)하고 높은 품질의 철과 알루미늄 주조 부품 그리고 그러한 것들로 구성된 솔루션을 공급한다. 고객은 중대형 트럭, 건설 및 채굴 기계, 승용차, 농업 기계, 풍력 발전소 및 기타 기계와 장비의 주요 글로벌 제조업체들이다. 솔루션 비즈니스를 개발하는 것은 Componenta 전략의 핵심으로 지역적, 세계적으로 선호되는 주조-솔루션 공급자로 입지를 다지기 위한 것이다. 솔루션 판매 역량을 개발하기 위해 회사는 과거 다수의 성공적 고객 솔루션 사례들을 수집하여 철저히 조사하기로 결정했다. 솔루션 사례들은 Componenta가 회사 전체에 걸쳐 솔루션 판매의 기반을 형성하는

데 도움을 준 모범 사례들을 제공했다.
Componenta는 사례들을 고객의 관점에서 바라봄으로써 사례들에 접근하는 새로운 방식을 찾아냈다. 이러한 접근은 각 고객과 회사의 관계 발전을 과거에서부터 거슬러 올라가며 추적하는 것을 포함했으며 이에 따라 시간 흐름에 걸쳐 관계가 좋고 나빴던 때를 철저히 조사할 수 있었다. 이러한 노력은 Componenta가 솔루션 판매의 전제 조건들을 확인할 수 있게 만들어주었다.
핵심 발견들 중 하나는 고객과 이루어내는 협력의 품질과 관계에서 서로에게 갖는 호의의 수준이 성공적인 솔루션 판매를 시작하는데 있어 결정적인 요소라는 것이었다. 또 다른 발견은 고객이 더 심도 깊은 고객 관리 접근과 밀접한 대화를 잘 받아들일 수 있도록 보장해야 할 필요성이었다. 후자의 발견은 또한 고객 팀이 고객과의 접촉 중 발생하는 기회들을 포착할 수 있도록 충분한 자원과 역량의 지원체계(back-up)를 갖추고 있어야 한다는 것을 명확하게 만들었다. 고객의 니즈를 충족시키는 높은 질의 서비스와 솔루션을 즉시 정의하고 전달하는 능력은 Componenta에 경쟁 우위를 제공했다.
Componenta의 근본적인 목표는 지속적으로 특정 고객의 문제들을 이해하고 고객의 성과를 개선시키도록 설계된 새로운 솔루션들을 선제적으로 제안하는 것이었다. Componenta는 우수한 고객 관계가 지속적으로 긴밀한 커뮤니케이션과 고객 프로세스들에 대한 깊은 몰입을 가능하게 하는 것이라고 인식한다. 이러한 몰입의 깊이는 고객이 제품 성과 혹은 공급 사슬 개발 등과 관련하여 새로운 문제들에 직면한 상황에서 새로운 솔루션들을 판매할 가능성을 다시 열어준다. Componenta는 처음부터 고객의 제품 개발 프로젝트에 전문가들을 참여시키는 경우 회사가 자체 전문가들을 활용할 수 있을 뿐 아니라 혁신적이고 효율적인 솔루션들을 공동 개발하기 위해 고객의 전문가들도 활용할 수 있다는 것을 발견했다. 이러한 접근은 양쪽 당사자들에게 부가가치(added value)를 제공한다.
사례 제공: Componenta는 특별히 고객의 생산 프로세스 및 최종 제품에 적합하도록 부품 설계, 주조 및 기계가공 생산 프로세스와 공급 사슬을 최적화하기 위해 공급 사슬 관리의 우수성과 함께 주조 및 기계가공 기술과 시뮬레이션 설계 역량을 이용한다. 이러한 접근은 시장 출시에 대한 고객의 시간을 상당히 줄여주며 총 소유 비용(total cost of ownership)을 절감한다.

예를 들어, 다수의 압축되는 철강 및 용접되는 부품들은 효율적인 일체형 주조 솔루션으로 대체될 수 있다. 결국 주조는 중량과 크기를 줄이도록 다시 설계될 수 있으며 이에 따라 훨씬 더 높은 강도의 특성을 가진 효율적인 제품을 제공할 수 있다.

요약하자면, Componenta의 솔루션 판매는 고객의 총 소유 비용을 절감하고 최종 제품의 품질을 개선시킴으로써 고객 성과를 개선시키는 기회들을 체계적으로 식별하고 개발하는 것을 목표로 한다.

3.2 솔루션 구성 : 여러 고객 상황들에 대한 대량 맞춤화 (Mass-Customized) 솔루션

솔루션 구성은 솔루션이 효율적인 방식으로 이용 가능하도록 만들고 여러 부문에서 창출하는 가치에 따라 가격이 매겨지도록 하는 역량 및 수행방식들과 관련된다.

상품화 프로세스는 시장에서 수요를 창출하고자 하는 반면 표준화는 솔루션이 효율적인 방식으로 이용 가능하게 만드는 것을 보장하는데 집중한다. 이러한 프로세스의 한 가지 측면은 여러 세분시장/고객에 어필할 가능성이 높은 가치 제안들에 맞추어 사전에 정의된 솔루션 구성들을 만든다는 것이다. 이러한 구성들의 개발은 이전에 이루어진 솔루션 전달로부터 확인된 결과들을 바탕으로 해야 한다.

물론 일부 솔루션들은 여전히 고객의 프로세스 및 상황에 맞추어져야 한다. 솔루션 공급 기업은 솔루션을 맞춤형 대량 생산하기 위한 역량을 개발함으로써 가능한 효율적으로 고객에 특화되는 맞춤을 완성하고자 노력해야 한다. 전달되는 솔루션들은 모두 약간의 차이를 갖게 되겠지만 그럼에도 기업은 여러 세분시장 혹은 여러 고객 상황들에 대해 사전에 정의된 솔루션 구성들을 증진하는 것이 타당하다.

현실적으로 다양한 분야들에서 다양한 고객의 니즈로 인해 그리고 다양한 지역들에서 솔루션 공급자의 다양한 역량으로 인해 솔루션은 이용되는 모든 지역들에 걸쳐 균일하지 않을 것이다. 이러한 특징은 또한 혁신적 솔루션 오퍼링들이 해당 지역 고객과의 협력으로 확인되고 개발된 니즈에 대응하여 현지화되는 경향에 대해 설명해준다. 따라서 솔루션 개발은 중앙에서 지역으로, 그리고 지역에서 중앙으로 상호작용하는 프로세스이다.

3.2.1 성장과 효율성을 위해 사전에 정의되는 솔루션 구성

솔루션을 정의할 때 기업은 스스로 가치를 포착하고 고객을 위한 가치 창출을 보장해야 한다. 기업에게 있어 가치 포착은 비용 효율적 판매와 전달을 가능하게 하도록 충분히 표준화된 솔루션들이 준비되어 있다는 것을 의미한다. 또한 우수한 재무상의 차익과 수익, 건전한 자금운용의 관점에서 솔루션들에 투자된 자본을 최적화하고 있다는 것을 의미한다. 고객에게 있어 가치 창출은 솔루션이 자신의 가치 창출 과정에 어떤 혜택을 주는지 쉽게 이해할 수 있다는 것을 의미한다. 또한 해당 솔루션에 지불한 가격이 제공되는 혜택과 비례하는 것으로 여긴다는 것을 의미한다.

적시(just-in-time) 전달을 포함하여 장기적 솔루션 공급의 일환으로 제공 기업은 예를 들어, 고객 부지 근처에 창고를 유지하기로 결정할 수 있다. 그러나 이를 위해 기업은 일부 영업자본·경영자본(working capital)을 고정시켜야 할 것이다. 결과적으로, 고객은 제품 및 솔루션에 포함된 기타 서비스들뿐 아니라 제품을 쉽게 이용할 수 있게 됨에 따라 발생하는 재정적 절감에 지불하는 것이 된다. 기업은 솔루션에 가격을 책정할 때 분명히 이러한 혜택을 고려해야 할 것이다.

이처럼 잘 관리된 서비스들은 정확하게 가치를 기반으로 가격이 책정될 경우 공급자에게 높은 수익을 보장한다. 그러나 각 고객들은 솔루션의 가치에 대해 서로 다르게 평가한다. 위에 제시된 사례로 돌아가보면 창고 근처에 있는 기업의 일부 고객은 적시 전달을 필요로 하지 않을 것이며 따라서 창고 입지에 따라 제공되는 추가 서비스에 대해 비용을 기꺼이 지불하지 않으려 할 것이다. 따라서 일부 고객의 경우에는 단독 솔루션들이 모든 "부가기능(bells and whistles)"이 사양에 포함되는 대규모 범주의 솔루션보다 더 가치 있을 수 있다.

다양한 고객 및 세분고객에 더 효과적으로 솔루션을 마케팅하고 판매하기 위해 기업은 일반적인 고객 상황들에 대해 시범 솔루션들을 사전에 정의하기로 결정할 수 있다. 사전에 정의되는 솔루션들은 고객이 이용 가능한 솔루션들의 다양성을 이해하도록 돕는다. 이러한 솔루션들은 또한 고객이 시범 솔루션들 중 가장 적합한 솔루션을 선택할 수 있도록 돕는다. 사전에 정의된 솔루션들을 마케팅 하는 것은 여러 솔루션 구성요소들로 만들어질 수 있는 모든 솔루션 구성들을 설명하기보다 선택된 수의 솔루션 "패키지들"을 설명하는 것이 더 용이하다는 점에서 효과적이다. 또한 사전에 정의된 시범 솔루션(example solution)은 논의를 위한 명확한 출발점을 제공한다는 점에서 판매를 더 용이하게 만든다. 영업 인력은 사전에 정의된 시범 솔루션에서 고객에 특화된 구성으로 고객을 유도하기 위해 이러한 논의를 활용할 수 있다.

시범 솔루션들은 이용 가능한 기본 판매 품목들(BSIs)과 옵션들을 통해 고객의 개별 우선순위들에 따라 대량 맞춤화될 수 있다. 일부 고객은 솔루션을 확장하고 싶어 하지만 다른 고객은 솔루션을 축소하고 싶어 할 수 있다. 솔루션에서 BSI의 수를 줄이는 것은 고객에게 있어 더 낮은 가격으로 이어지지만 공급자는 이러한 축소로 절감되는 제품 및 전달 비용에 따라 여전히 차익을 유지할 것이다. 위에 창고 사례에서 적시 전달은 옵션이며 따라서 솔루션 범위에서 뺄 수 있기 때문에 BSI로 정의될 것이다.

사례 _ MacGregor : 서비스 제공의 표준화[9)]

MacGregor는 해양 분야에서 혁신적인 화물 운송(cargo flow)과 서비스 솔루션들의 공급 및 개발에 종사한다. 이 기업은 접근, 적하, 관리, 취급의 필수적인 화물 운송 기능들을 통일시킴으로써 특정 선박 형태들의 기능, 터미널 건설, 항만 체계, 해양 설비를 최적화하는 화물 운송 솔루션을 제공한다. MacGregor의 사명은 선박 소유주, 선박과 터미널 운영사, 조선소, 해양 고객에게 최적화된 화물 처리 및 화물 운송 솔루션들을 제공하는 것이다. 솔루션의 혁신적 설계와 기능은 전 세계적 서비스와 결합되어 고객 선박들, 대량 화물 처리 터미널, 해양 설비들의 안전, 성능, 비용 효율성에 기여한다.

이전에 MacGregor의 서비스 계약 오퍼링은 4개의 서비스 계약 패키지들로 구성되었으며 이 중에서 고객은 니즈에 적합한 패키지를 선택할 수 있었다. 문제는 기성품인 서비스 패키지들이 개별 고객의 니즈에 최적화되어 있지 않는다는 것이었다. 고객은 자신의 니즈에 정확히 맞추지 않는 이상 서비스 계약들을 구매하고 싶어 하지 않았다.

이러한 문제는 서비스 오퍼링을 표준화하는 것으로 해결되었다. MacGregor는 각 고객의 필요에 따라 솔루션에 포함되거나 배제될 수 있는 기본 판매 품목들을 만들어냄으로써 서비스 패키지들의 솔루션 구성 요소들을 모듈화했다. 이처럼 솔루션의 유연성을 향한 진보는 MacGregor에게 있어 상당히 개선된 판매 성과를 가져왔다. 회사는 이후 새로운 서비스 솔루션들의 개발과 시행에서 솔루션 모듈화(solution modularization)의 중요성을 추가적으로 인식했다.

9) 이 사례는 Vectia 멀티클라이언트 프로젝트(COINS 2009)와 MacGregor 웹사이트 (http://www.macgregor-group.com)에 있는 공개 정보를 바탕으로 함.

많은 기업이 MacGregor와 유사한 표준화와 상품화 방식들을 채택했다. 인원 운송(people flow; 에스컬레이터, 엘리베이터 등) 솔루션들로 유명한 KONE Corporation은 세 개의 다른 수준들－KONE Care Standard, KONE Care Plus, KONE Care Premium－에 따라 유지보수 계약을 제공하고 있다. Mitsubishi Caterpillar forklift 그룹의 일원인 "인트라로지스틱스(intralogistics) 솔루션" 기업 Rocla는 자사의 서비스 솔루션들을 기본(basic), 확장(extended), 프리미엄(premium) 케어 계약들로 마케팅 하고 있다. 이 세 개의 기업은 자사의 솔루션을 개별 고객의 상황 및 니즈에 맞추어 대량 맞춤화하는 역량을 개발했다. 세 기업들 모두 표준화되고 상품화된 솔루션 오퍼링이 허용하는 유연성으로 인해 견고한 솔루션 비즈니스 성장을 경험했다.

3.2.2 일회성(One-off)의 획기적 프로젝트에서 수익성 있는 솔루션으로 발전

솔루션 비즈니스는 고객 중심적이기 때문에 솔루션 라이프사이클 전체에 걸쳐 고객 참여의 필요성은 아무리 강조해도 지나치지 않다. 그러나 고객 참여가 자동적으로 필요에 따라 판매되고 전달되며 고객에 특화되는 일회성 프로젝트들을 의미하지는 않는다. 모든 솔루션이 특별할 경우 수익성 있는 솔루션 비즈니스를 창출하는 것은 매우 어렵다.

대신 기업은 중요 고객을 통한 "파일럿 솔루션 프로젝트(pilot solution project)"에서 얻은 핵심 교훈들을 적용하고자 노력해야 한다. 이에 따라 기업은 일회성 프로젝트에서 반복 가능하고 확장 가능한 솔루션 비즈니스로 전환할 수 있게 만들어주는 솔루션 역량을 체계적으로 구축할 수 있게 된다. 그림 3.4는 IBM이 새로운 솔루션을 개발할 때 취하는 단계들을 보여준다. 이 프로세스는 프론트 엔드(front-end: 고객 대응 부서)에 의해 시행되는 초기 시범 프로젝트에서 프론트 엔드와 백 엔드(back -end: 운영 부서) 양쪽에 의해 시행되는 표준화와 상품화 단계들을 거쳐 다양한 시장에서 솔루션의 광범위한 출시로 이어진다.

그림 3.4 IBM에서 솔루션 개발과 확장의 사례 (Vectia 멀티클라이언트 프로젝트(COINS 2009)와 IBM 웹사이트(http://www.ibm.com)에 있는 공개 정보를 기반으로 함)

어떤 시범 프로젝트들이 표준화와 상품화를 향한 출발점을 형성할 수 있는지 결정하는 것은 솔루션 개발의 결정적 측면이다. 모든 시범 솔루션들이 더 철저한 솔루션 개발로 나아갈 수 있는 것은 아니다. 즉, 많은 기업이 시범 솔루션들을 솔루션 개발의 다음 단계로 가져가지 않는 실수를 한다. 그 이유는 보통 솔루션 비즈니스에 대해 전용으로 책정된 R&D 예산이 결여되어 있으며 또한 공식 솔루션 개발 프로세스가 존재하지 않기 때문이다. 한 임원은 우리에게 다음과 같이 밝혔다. “나는 우리가 아웃소싱 서비스 비즈니스에서 40곳의 고객들과 40개의 시범 솔루션들을 개발했다는 것을 이제야 깨달았다. 우리는 정의된 모듈 요소들로 구성된 실제로 잘 개발된 솔루션들을 가지고 있지 않다. 따라서 우리는 솔루션 비즈니스에서 수익성과 성장에 있어 도전과제를 가지고 있다."

시범 프로젝트 단계에서 더 성숙한 솔루션 단계들로 솔루션이 진화하는 것 또한 그림 3.5에서 보이는 것처럼 여러 종류의 학습 메커니즘을 수반하는 일련의 단계들로 설명될 수 있다. 기업의 첫 번째 시범 프로젝트 동안 기업의 필수 학습은 프로젝트 기반의 학습(project-based learning)으로 이는 시범 프로젝트 자체에서 비롯된다(그림에서 시범 프로젝트 A). 차후 시범 프로젝트에서(시범 프로젝트 B), 기업은 프로젝트에서 프로젝트로 이어지는 학습(project-to-project learning)에 따라 추가적으로 교훈을 얻게 된다. 이러한 학습은 기록과 디브리핑(debriefings) 그리고 무엇보다 중요한 것은 이어지는 프로젝트들로 나아감에 따라 기업 인력이 갖게 되는 지식의 형태를 띠게 된다.

이러한 모든 초기 단계들 동안 기업은 특정 도구, 절차, 그리고 판매와 전달 당시에 프로젝트에서 기반으로 이어지는 학습(project-to-base learning)에서 얻은 주요 교훈을 확인하게 된다. 기업의 솔루션 역량 기반을 형성하는 BSI 정의를 비롯하여 이러한 요소들은 기업의 관리 체계 및 보관소 내에 기록되어야 한다. 솔루션 개발 R&D 노력들로 촉진되는 새로운 솔루션 판매와 전달을 포함하는(그림 3.5에서 솔루션 C) 더 성숙한 단계는 주로 기반에서 프로젝트로 이어지는 학습(base-to-project learning)을 기초로 하게 된다. 또한 기업은 이 시점에 이르러 이전의 솔루션 전달로 창출된 역량을 바탕으로 사전에 정의되는 시범 솔루션을 구축할 수 있다.

그림 3.5에 묘사된 여러 단계에 걸쳐 프로젝트 당 판매와 전달 비용은 감소하게 되며 시행의 품질은 증가한다. 그리고 이에 따라 고객은 가치 창출이 개선되며 솔루션 공급 기업은 수익성과 성장이 증가하게

된다.

3.2.3 글로벌에서 현지 솔루션으로- 그리고 현지에서 글로벌 솔루션으로

여러 시장과 비즈니스 문화에서 고객은 일반적으로 공급업체들과 어떻게 협력할 것인지에 대해 서로 다른 선호들을 갖는다. 이에 따라, 여러 형태의 솔루션들과 BSI에 대한 수요가 여러 시장에 걸쳐 상당한 차이를 보일 수 있다. 예를 들어, 주요 공급업체들과 아웃소싱 계약을 체결하는 것과 관련하여 독일 기업들은 스칸디나비아 기업들에 비해 훨씬 더 주저하는 경향을 보인다. 이와 같은 경우 제공 기업은 오직 자사의 솔루션을 현지 문화 및 수요에 맞추는 것을 통해야만 혜택을 얻을 수 있게 된다.

여러 지역에서 운영되는 기업의 역량 및 이용 가능한 자원들에서 나타나는 차이 또한 현지화된 솔루션(localized solution) 공급에 대한 필요성을 강조한다. 일반적으로 기업들은 전 세계 또는 현지에서 솔루션 판매와 전달을 위한 핵심 역량을 증대시키도록 설계된 프로그램을 중앙에서 관리 및 유지한다. 이러한 역량은 인력의 기술 및 경험 프로필, 지원 기능 및 역할, "중추적" 정보 체계들을 포함한다.

그러나 세계적인 글로벌 기업은 또한 보통 지역 고객에 대한 발전된 솔루션들의 판매와 전달을 지원하기 위해 소수 지역 중심지를 이용한다. 지역 중심지 내 솔루션 전달에서 희소한 전문가 자원들과 새로운 역량에 집중하는 것은 새로운 솔루션 범주에서 재정적으로 혜택을 얻고 성장하는 기업의 능력을 가속화시킨다. 특정 지역에서 고객에 대해 특정 솔루션 및 BSI의 가용성을 정의하는 것은 현지 판매 및 마케팅 팀들(판매 기회들에 대해 노력하는)과 글로벌 전달 관리자들(전달 역량에 대해 노력하는) 사이에 지속적 대화를 필요로 한다.

전통적으로 솔루션 개발과 솔루션 비즈니스 역량 구축은 하향식 과정 – 즉, 조직의 중심에서부터 시작하여 여러 지역에 잠재적 고객을 목표로 하기 위해 이동하는 과정으로 관리되어 왔다. 그러나 대기업은 여러 솔루션 범주를 제공하거나 주도적 고객과 솔루션을 공동 개발하기 위해 대응하는 여러 개발 센터를 가지고 있을 수 있으며 다양하고 수많은 혁신과 개발 활동들은 기업의 여러 지역에서 일어날 가능성이 높을 것이다. 이러한 경우에 솔루션 비즈니스 개발은 동시에 하향식과 상향식 과정을 수반한다.

3.3 수요 창출에서 성과 평가

자신의 기업/조직 혹은 부서의 성과를 평가하기 위해 다음 도표에서 가치 제안과 솔루션 구성 방식들에 대한 기술을 사용해 볼 수 있다. 기술들은 솔루션 비즈니스에서 성공한 기업에서 사용되는 '모범 사례' 혹은 역량으로서 볼 수 있다. 기술에 대한 응답은 기업의 개발 필요성에 대한 우수한 아이디어를 제공할 것이다.

자신의 조직에 이러한 사례가 결여되어 있다면 이러한 결과가 나오게 만든 특정 원인이 존재하는지 여부를 고려해봐야 한다. 예를 들어, 기업이 운영되고 있는 시장 및 산업에 모범 사례의 부재를 설명할 만한 원인이 존재하는가?

가치 제안	사용하지 않음	계획됨	시행됨
부문에 특화된 가치 제안들이 정의된다.			
판매 및 고객 관리의 역할은 고객이 제안요청서(RFP)를 보내기도 전에 고객과 선제적으로 협력하는 것이다.			
판매 및 고객 관리는 시장에서 새로운 성장 기회들을 식별한다.			
마케팅 캠페인 계획들은 판매 관리와 함께 개발된다.			
판매 관리는 최적의 잠재 고객의 특징들을 정의한다.			
솔루션 구성	**사용하지 않음**	**계획됨**	**시행됨**
여러 부문에 대해 사전에 정의된 솔루션 구성들이 준비되어 있다.			
구성의 문서화는 이전의 전달로부터 나온 결과를 바탕으로 한다.			
솔루션은 고객에 대한 가치에 따라 가격이 책정된다(원가 가산 방식이 아니라).			
세분시장/고객 및 개별 고객에 따라 가격들을 차별화하기 위한 지침들이 존재한다.			
고객을 위해 솔루션이 가능하게 하는 성과 수준이 명시된다.			
판매 및 고객 관리는 여러 솔루션들의 가용성에 대해 정기적으로 업데이트 된다.			

4 솔루션 판매 : 기회 포착에서 주문 달성으로

솔루션 개발 → | 수요 창출 → | 솔루션 판매 → | 솔루션 전달 →

고객 통찰과 기업 자원 결합 | 수요 창출과 판매 기회 확인 | 기회에서 주문으로 전환 | 고객 가치창출과 기업 가치 포착의 달성

상품화: 가치 연구 | 가치 제안 | 가치 정량화 | 가치 검증

표준화: 솔루션 계층구조 | 솔루션 구성 | 솔루션 도구 | 솔루션 배치

솔루션 플랫폼

전략 계획 | 경영 시스템 | 인프라 지원 | 인적자원 관리

이 장에서는 두 가지 관점에서 개별 솔루션 판매에 대해 논의한다.

- **상품화** : 고객이 구매 결정을 내리도록 돕기 위해 고객에 대한 가치 제안과 그 혜택을 어떻게 재무 방식의 설명으로 옮길 것인지에 대해 기술하고 보여줄 것이다.
- **표준화** : 솔루션 도구들 즉, 솔루션 컨피규레이터와 가치 정량화 도구들을 개발함으로써 표준화 방식들이 판매 프로세스를 지원하는 방식에 대해 설명할 것이다.

4.1 가치 정량화 : 재무 방식으로 설명하는 방법 습득

가치 정량화는 고객과 공급자 양쪽에 있어 제안되는 솔루션의 가치를 정량화하기 위해 이용되는 역량들 및 수행방식들과 관련된다.

이 섹션에서 우리는 가치 정량화 관점에서의 가치 판매에 대해 논의할 것이다. 가치를 판매하기 위한 판매 프로세스는 제품을 판매하는 것과 연관된 과정과 다소 다르다. 가치를 판매하는 것은 공급자(기업)와 고객 양쪽의 대표자들이 장기적 대화에 참여함으로써 프로세스 초기에 시작된다.

이러한 프로세스에 참여하는 기업측 대표자들은 처음부터 가치가 존재할 것이며, 최종적으로 이러한 가치가 전달될 것이라는 점을 설명하는 책임을 맡아야 한다. 이처럼 목표를 실현시키기 위해 노력하는 담당자들은 윈 플랜(win-plan), 가치 정량화 방법들과 같은 다수의 컨피규레이터들 및 방법들을 준비하는 것으로 도움을 얻을 수 있다. 이러한 도구들은 기업이 관련된 고객 특화 솔루션들을 구성하도록 도울 뿐 아니라 고객 특화 가치 제안들이 효율적으로 전달되는 것을 가능하게 만든다.

윈 플랜(win-plan)은 상품화와 가치 판매 맥락에서 핵심 도구이다. 이것은 고객의 중요한 비즈니스 문제들과 연관된 경제적 가치를 다룬다. 윈 플랜에 따르는 경우 고객의 의사결정권자들과 대화하는 기업의 대표자들은 고객의 중요한 비즈니스 문제들과 연관된 경제적 가치를 다룰 수 있게 된다. 우수한 윈 플랜은 솔루션이 고객에게 가져올 수 있는 가치를 확인하도록 설계된 비즈니스 사례 분석으로 뒷받침되는 플랜이다. 가치 정량화 도구들은 기업이 재무적인 언어로 솔루션을 설명하도록 지원한다.

4.1.1 윈 플랜으로 기회 관리

고객과 솔루션에 특화되는 윈 플랜에 대한 더 명확한 설명은 기회(opportunity)에서 주문(order)으로 전환하는 방법을 계획한다는 사실에 집중된다. 윈 플랜의 주요 목표는 특정 위험들과 비용 수준을 고려하면서 선택된 기회들을 관리하고 주문을 확보함에 따른 수익성을 극대화하는 것이다. 분석에서 얻은 정보를 기초로 하여 기업은 솔루션이 창출하는 가치를 정량화할 수 있으며 이후 가치 기반 가격정책에 이러한 정보를 활용할 수 있다.

기업은 보통 "집중 사례(focus cases)"라고 부를 수 있는 판매 사례들에 대해 윈 플랜을 준비한다. 이러한 것들은 판매 팀과 판매 관리가 사전에 정의된 판매 전략에 따라 활동하도록 보장한다. 플랜의 핵심 측면은 고객에 있어 관련된 가치 동인이 무엇으로 구성되는지 확인하는 것이다. 동인들은 제품 품질, 전달 사안들, 다양한 프로세스 비용, 시장 출시에 걸리는 시간, 공급업체 유연성, 서비스 지원, 공급업체 노하우, 신뢰를 포함한다.

윈 플랜은 일반적으로 다음과 같은 다수의 상호관련된 요소들을 가지고 있다.

- **고객 이해** : 윈 플랜의 전략적 목표는 고객과 관련된 가치 동인들을 확인하는 것이기 때문에 플랜은 고객 프로세스 중 어떤 부분들이 개선을 필요로 하는지에 대한 설명을 포함해야 한다. 또한 해당 프로세스와 관련된 재무 동인, 고객의 목표 및 도전 과제, 표현되거나 표현되지 않는 고객의 구매 기준도 확인해야 한다.
- **가치 제안** : 고객에 대한 이해를 바탕으로 기업은 가치를 해당 고객에게 전달하기 위해 윈 플랜을 이용한다. 다음과 같은 질문들에 답을 제공하

는 것으로 이를 수행한다.

- 고객에 대한 핵심 약속은 무엇인가?
- 고객의 문제에 빠르게 대응하는 솔루션의 주요 요소들은 무엇인가?
- 고객에 대한 재무적 영향은 무엇인가?

가치 창출뿐 아니라 가치 포착을 확보하기 위해 기업은 가격정책 논리를 윈 플랜에서 제시하고, 또한 이러한 가치가 기업의 비즈니스에 끼칠 영향을 고려해야 한다.

- **경쟁 분석** : 기업은 또한 경쟁 전망을 예상하기 위해 윈 플랜을 이용할 수 있다. 이는 수입, 비용 구조, 자본 지출, 판매 관련 위험들의 관점에서 기업 솔루션과 경쟁사 솔루션의 비교를 포함한다는 것을 의미한다. 경쟁 분석과 고객 이해를 성찰함으로써 기업은 당면한 특정 판매 사례와 관련된 강점, 약점, 위협, 기회들을 추가적으로 분석할 수 있다.
- **고객의 의사결정** : 고객의 구매 프로세스를 명확하게 파악하기 위해 기업은 또한 고객의 조직 내에서 핵심 인물들을 식별하고 이들의 역할을 비롯하여 무엇이 이들의 의사결정을 이끄는지 분석하는 데 윈 플랜을 이용할 수 있다. 또한 윈 플랜은 기업이 이러한 핵심 인물들에게 전달하고자 하는 주요 메시지를 수립하고 이러한 사람들과 기업의 현재 관계를 확인한다.
- **실행 계획** : 위에 언급된 요소들을 기반으로 하여 윈 플랜은 차후 조치들과 목표 결과들, 각 조치를 실행하는 데 필요한 자원, 추정되는 비용 투자 그리고 판매 사례를 쟁취하기 위해 이용될 전체 전략을 서술하는 실행 계획으로 마무리 되어야 한다.

사례 _ Nokia Networks : 효과적인 윈 플랜 개발[10)]

합작 투자인 Nokia Siemens Networks를 설립하기 전에 Nokia는 자체 네트워크 사업 부문인 Nokia Networks를 설립했다. 이 부문은 다양한 모바일 네트워크 제품, 서비스, 솔루션을 제공하는 산업의 상위 세 개 회사들 중 하나였다.

모바일 네트워크 인프라 솔루션을 판매하는 것은 Nokia Networks 비즈니스의 중심이었다. 주문에 의한 판매 기회를 제공하기 위해 고객 관리자는 다음과 같은 세 가지 노선에 따라 일해야 했다. 고객의 문제에 대한 기술 솔루션 개발, 솔루션에 의해 생성된 경제적 가치 입증, 고객의 의사결정 과정에 연루된 정치적 게임을 마스터하는 것이다.

세 개의 모든 노선들을 해결하기 위해 Nokia Networks는 각 판매 사례에 대한 포괄적인 윈 플랜의 개발이 필요했다. 윈 플랜은 전략 계획, 조치들의 조율, 계약 성사의 세 가지 주요 요소들로 구성되었다. 전략을 계획하는 것은 기본적으로 Nokia Networks가 경쟁사들에 비해 우세한 입지를 수립하고 판매 프로세스의 주요 단계들을 결정했다는 것을 의미했다. 회사는 또한 고객의 조직 내에서 중요한 이해당사자들을 열거했으며 이들 각각을 책임질 인력을 배정했다. 다음으로 회사는 고객의 의사결정 구조를 분석했으며 동시에 의사 결정 과정에서 어떤 주요 문제들이 존재하는지 확인했다.

판매 프로세스에서 필요한 단계는 고객이 솔루션 사용 준비를 마치기 원한 날짜에서부터 거꾸로 시작하는 방식에 따라 결정되었다. 따라서 지속적으로 계약 성사에 집중되었으며 모든 조치들이 이에 따라 계획되었다. 판매 프로세스에 따른 조치들은 빈번하게 회의를 열고 전략 계획을 업데이트 하고 판매 프로세스에 관련된 다른 사람들에게 브리핑을 하는 핵심 조직에 의해 지휘되었다.

통신 네트워크 솔루션 비즈니스 분야의 장기적 판매 주기로 인해 윈 플랜에서 조치들의 시기는 매우 중요했다. 예를 들어, 고객이 의사결정 과정을 연기한 경우 윈 플랜의 단계들은 조정을 필요로 했다. 조정 가능성의 중요한 측

10) 이 사례는 Nokia Networks의 전직 영업 이사였던 Mr. Timo Koistinen와의 인터뷰를 기반으로 함.

면은 고객 회의, 전화 통화, 이벤트들의 측면에서 지속적으로 최신 동향을 파악하는 활동이었다. 이 모든 것이 핵심 조직에 의해 조율되었다. 또한 윈 플랜은 지속적으로 변하는 고객의 관심 사안을 해결해야 했다. 최종 단계에서 고객은 주로 공급자에 특화된 위험을 평가했으며 이는 솔루션 개발과 가치 제안에 개인 수준의 관계 구축에 대한 강력한 초점이 수반되어야 한다는 것을 의미했다.
Nokia Networks의 윈 플랜 개발은 중요하고 복잡한 판매 사례를 성사시키기 위해 노력할 때 구조화된 접근을 갖는 것이 중요하다는 점을 부각시켰다. Nokia Networks의 사례에서 효과적인 윈 플랜은 원하는 결과에서부터 거꾸로 거슬러 올라가는 것으로 시작되었으며 이는 모든 사람들이 거래 성사에 지속적으로 집중하는데 도움을 주었다.

4.1.2 가치 정량화 - 솔루션에서 재무로 전환

가치 정량화의 주요 목적은 고객 비즈니스에 대한 공급자의 지식과 고객 비즈니스 성과 개선, 궁극적으로 주주 가치를 향상시키도록 돕는 솔루션을 제공하는 공급자의 능력을 고객에게 입증하는 것이다. 따라서 가치 정량화는 가격에서 비즈니스에 대한 영향으로 논의의 초점을 전환하는 탁월한 방식이다. 또한 가치 정량화는 고객이 이미 솔루션의 기술적 혜택에 대해서는 확신하나 재무적 예측들을 바탕으로 한 결정을 요구하는 상황에서 최종 의사결정을 내리는데 필요하다.

고객 중심의 가치 정량화가 실제로 수행하기 어렵다 하더라도 이는 노력해 볼만한 가치가 있다. 고객의 비즈니스에 끼치는 솔루션의 재무적 영향을 추정하고 보여주는 것은 고객에게 기업이 고객의 비즈니스와 재무에 대해 깊이 이해하고 있음을 확인시켜준다. 또한 정량화 과정은 기업이 고객의 비즈니스 및 재무 상황과 관련된 판매논의들을 확인하고

"재무와 관련하여 설명함으로써" 고객의 경영진과 신뢰를 쌓으며 고객에게 중요한 의사결정 자료를 제공할 수 있도록 지원한다. 이 모든 혜택들을 설명함에 따라 더 쉽고 더 빠른 계약 성사 및 판매 주기 단축의 결과를 가져올 수 있다.

기본적으로 가치 정량화에는 두 가지 접근들이 존재한다. 바로 제품 지향 접근(product-oriented approach)과 고객 지향 접근(customer-oriented approach)이다(그림 4.1 참고).

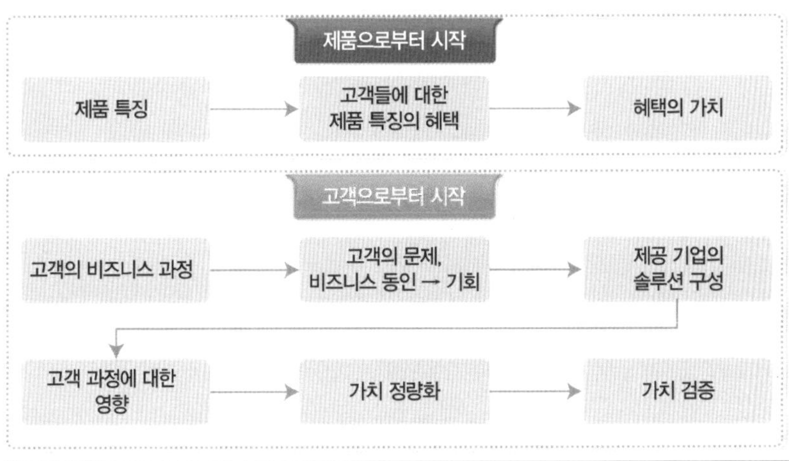

그림 4.1 가치 정량화에 대한 제품 지향과 고객 지향 접근들

제품 지향 접근은 제품의 여러 특징과 고객에 대한 이러한 특징의 혜택을 출발점으로 삼는다. 이러한 접근이 가진 가정은 제품 특징을 통해 충분히 고객에게 혜택을 확신시킬 수 있다는 것이다. 그러나 고객 지향 접근은 전체적으로 가치 판매에 초점을 맞춘다. 즉, 제안되는 새로운 솔루션의 시행이 고객 비즈니스에 끼치는 영향을 예측하는데 있어 제품 특징을 출발점으로 삼지 않는다.

고객 지향 접근을 적용할 때 기업은 각 고객에게 제공되는 가치의 정량화가 고객의 현재 비즈니스 프로세스들과 재무 상황에 대한 이해에 달려 있다는 것을 고려하여 다시 고객에 대한 깊은 이해에서부터 시작하게 된다. 기업은 비즈니스의 해당 분야들을 관리하는 고객의 방식, 비용 구조, 필요한 자원, 제안되는 솔루션이 만들어 낼 변화, 그리고 솔루션이 전달할 재무적 혜택에 대해 잘 알고 있어야 한다. 기업 솔루션의 가치를 정량화하는 실용적인 방법은 고객의 현재 상황과 솔루션이 만들어낼 새로운 상황을 비교하는 것이다(그림 4.2).

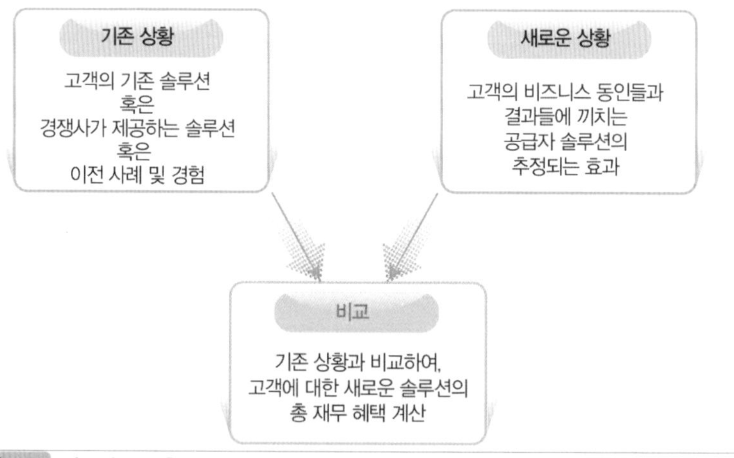

그림 4.2 비즈니스 영향 계산을 뒷받침하는 논리

기업이 가치 정량화를 위해 가장 자주 사용하는 방법은 수익 및 비용에 끼치는 효과 혹은 양쪽 측면에서 고객의 손익 계산서(혹은 손익, P&L)에 끼치는 솔루션의 영향을 추정하는 것이다. 이러한 접근은 수익 영향(profit impact)을 추정하고 이후 추정을 최종적으로 고객에게 요구되는 투자와 비교하는 것을 가능하게 만든다. 대부분의 경우 이러한 유형의 계산은 고객의 "최종 결산(bottom line)"에 끼치는 효과를 보여주기 때문에 가치를 보여주기에 충분한 수단이다.

그러나 우리는 여러 사례에서 P&L 접근이 충분치 않았다고 여긴다. 주주 가치 수준으로 논의를 가져가기 위해 제공 기업은 특히 잠재적 대차대조표 문제에 초점을 맞추며 재무 영향에 대한 포괄적 시각을 가져야 한다. 가치 정량화에 대한 포괄적 시각은 다음 네 개의 차원에서 고객의 상황에 대한 솔루션의 영향을 분석함에 따라 달성될 수 있다.

1. 수익 증대
2. 솔루션 라이프사이클 전 과정에서의 비용, 혹은 소유 비용 감소
3. 고객의 대차대조표에 끼치는 영향(예, 적은 고정 자본의 관점)
4. 고객의 총 비즈니스 위험에 대해 잠재적인 긍정적 영향

일부 고객의 경우 기업은 이러한 이해를 고객 비즈니스에 영향을 미치는 현금 흐름에 대한 장기적 시각으로 전환해야 한다. 가치의 계산은 마지막 소수점까지 정확할 필요는 없다. 중요한 요구사항은 기업과 고객 사이에서 논의되는 초점의 전환이다.

가치 정량화는 보통 계산의 배경이 되는 논리와 관련된 것들을 비롯하여 여러 추정을 기반으로 한다. 이러한 추정을 투명하게 만들고 고객의 비즈니스에 대한 솔루션의 영향에 대해 논의하는 것은 보통 정확한 수치보다 더 중요한 설득 요인이 된다. 따라서 가치 정량화 과정에 가능한 한 많이 고객을 참여시키는 것이 중요하다. 그러나 기업이 더 정확한 혜택을 정량화하기 위해 고객 내부의 재무제표를 공개하도록 만드는 것은 고객과 기업 사이에 충분한 신뢰를 필요로 한다.

잠재적 프로세스 혁신의 혜택에 관한 논의의 초기 단계에 기업이 비즈니스 영향 계산에 대한 사례들을 준비하는 것은 매우 유용하다. 고객

은 재무 정보의 공유가 혜택을 가져다 줄 것이라고 확신하지 않는 이상 보통 자신들의 재무 정보를 공급자와 공유하는 것에 대해 매우 주저한다. 일단 고객의 신뢰를 쌓게 되면 이들은 제공 기업에게 조직의 현재 재무 상황에 대한 명확한 청사진을 제공하고 기업의 추정들을 검증하고 제안되는 솔루션의 비즈니스 영향에 대한 자체 견해를 제공하는 역할을 하게 된다.

사례 _ Cargotec : 고객의 비즈니스에 대한 영향 추정[11)]

Cargotec은 120개국 및 750개 지역들에서 운영 중인 화물 처리 솔루션 공급자다. Cargotec의 솔루션들은 고객의 니즈에 따라 강하게 현지화된다. 2012년 Cargotec의 매출은 총 €3.3 billion(30억 3천만 유로)에 달했으며 대략 10,500명의 사람들이 회사를 위해 일하고 있다.

Cargotec 교육 아카데미는 Cargotec 터미널과 산업 장비에 대한 글로벌 기술 교육 부문이다. 이것은 아카데미 자체에서, Cargotec 교육 센터에서, 혹은 지역 현장에서, Cargotec 직원들과 딜러들 그리고 전 세계 고객에게 기술 교육을 제공한다.

Cargotec의 EcoDriving 개념은 장비를 운전할 때 운전사들의 수행능력 개선에 초점을 맞춘다. 단순히 새로운 기술을 학습함으로써 운전사들은 연료 소비를 줄이고 부품 수명을 늘리고 타이어의 마모를 줄이고 유지보수 비용을 최소화하는 귀중한 기여를 할 수 있다. 이러한 새로운 “절약 운전” 기술은 비용 효율을 전체적으로 극대화하고 환경 목표에 기여하고자 하는 Cargotec 고객 기업에 있어 필수적인 부분이다.

EcoDriving 개념은 또한 경제적 운전과 리프팅 기술이 운전 업무에 얼마나 다른 영향을 끼치는지 보여주는 “절감 계산기(savings calculator)”를 포함한다. 운전사들은 자신들이 연료 소비와 배출에 얼마나 영향을 끼칠 수 있

11) 이 사례는 Cargotec 웹사이트(http://www.cargotec.com)에 게재된 공개 정보를 기반으로 함.

는지 시험해볼 수 있다. 따라서 절감계산기는 고객 비즈니스에 대한 결과를 추정할 수 있게 만든다. 고객에 걸쳐 절감의 정도는 차이를 보이지만 5~10%가 일반적인 수치이다.

다시 한 번 이 Cargotec EcoDriving 툴은 다음 도표가 보여주는 것처럼 연료와 운영비용의 관점에서 고객에게 상당한 비용절감을 창출하며 또한 부정적인 환경 영향 가능성을 줄인다.

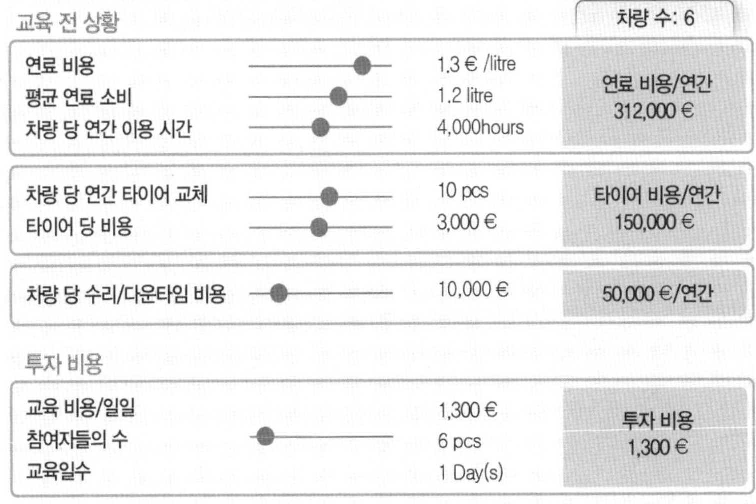

교육 이후 잠재적 절감

잠재적 절감(%)	연료	타이어
연간	15,600 €	7,500 €
월간	1,300 €	625 €
	수리	**총 절감**
연간	2,500 €	25,600 €
월간	208 €	2,135 €

총 절감 CO2	총 절감	상환 시간
31,200 kg	25,600 €	1개월

4.1.3 가치 기반 가격정책을 통해 개선되는 성과

다수의 연구들은 가격정책이 수익성 개선에 있어 가장 강력한 영향력을 끼친다는 것을 입증한다. 가격정책은 비용 절감 같은 다른 어떤 경영 지표보다 훨씬 더 큰 영향력을 갖는다. 일반적으로 세 개의 기본적인 가격정책 옵션들이 존재한다. 바로 비용 기반, 시장 기반, 그리고 가치 기반이다. 그림 4.3은 각각에 대한 간략한 설명을 제공한다.

가치 기반 가격정책은 위에 설명된 가치 정량화 노력들로 만들어지는 토대를 기반으로 한다. 고객이 성과 개선을 향해 도약하도록 장려하기 위해 기업은 가능한 전략적으로 솔루션 가격정책에 접근해야 하며 점차 가격을 솔루션 공급에 관련된 비용이 아니라 고객 가치에 연계시키는데 집중해야 한다.

가치 포착을 극대화하기 위해 기업은 그림 4.4에 묘사된 것처럼 가격 차별화를 만들어내고("가격 수립"), 가격정책을 관리하는("가격 확보") 두 가지 활동들을 가격정책 전략의 기반으로 삼아야 한다.

가격 차별화 창출(가격 수립)은 고객 가치와 시장 수준 가격들에 초점을 맞춘 연구로 시작된다. 시장 수준 가격들은 기준 가격 즉, 고객에게 차선책이 되는 가격을 보여준다. 기업은 고객과 각 고객의 가치 동인들에 대한 이해를 경쟁사와의 차별화를 만들어내는 기반으로 삼아야 한다.

비용 기반 가격정책	시장 기반 가격정책	가치 기반 가격정책
• 재료, 노동, 자본 경비를 포함하여, 생산된 제품과 서비스의 비용을 기반으로 한다. • 가격은 비용 + 마크업(mark up: 가격 인상폭)을 기반으로 계산된다.	• 시장에서(대체물이 포함된) 수요와 공급 사이에 균형을 기반으로 한다. • 생산되는 제품과 서비스의 비용은 항상 시장 가격과 연결되는 것은 아니기 때문에, 차익은 시장 가격에 따라 달라진다.	• 공급자의 솔루션이 고객에게 창출하는 가치를 기반으로 한다. • 고객 가치 정량화는 가치 기반 가격정책의 전제조건이다. • 훨씬 더 높은 차익의 가능성을 제시한다.

그림 4.3 기본 가격정책 옵션들

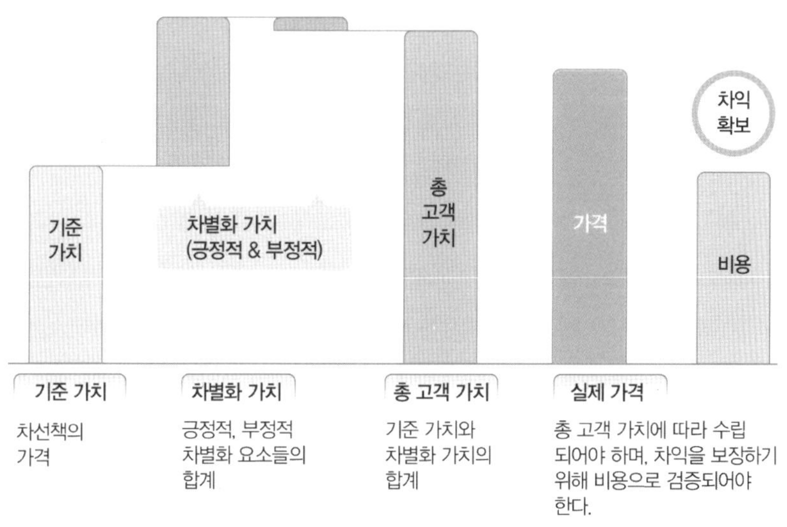

그림 4.4 차별화를 통한 가격 프리미엄

차별화 가치는 솔루션을 차선책과 구별하는 긍정적 요소와 부정적 요소들이 합쳐진 것이다. 즉, 솔루션은 고객에 대해 창출하는 가치이다. 이러한 차별화 요소들을 확인하고 가치기반 가격정책의 배경이 되는 논리를 결정할 때 기업은 다음 유형의 질문들을 고려해야 한다.

- 실제로 창출되는 가치는 어떻게 공유될 수 있는가?
- 달성된 비용 절감과 이에 따라 주당 매겨지는 가치를 측정할 수 있는가?
- 특정 기간에 창출된 새로운 수익 혹은 매출의 몫이 공급자에게 지불될 수 있는가?
- 예를 들어, 가격정책이 고객의 재고 회전율을 개선시키는 것과 연결될 수 있는가?
- 고객의 자산 일부를 인수하는 것으로 지불을 받을 수 있는가?

기업은 해당 솔루션을 전달하는데 있어 독점적 입지를 가지고 있는 경우에만 프리미엄 가격을 받을 수 있다. 가치 기반 가격정책은 표준 솔루션들에는 적용될 수 없다. 곧 경쟁사가 따라잡게 될 것이며 기업은 경쟁사와의 차별화를 유지하기 위해 새로운 혁신을 제공하는 압박감에 시달리게 될 것이기 때문이다.

일단 원하는 논리가 준비되면 기업은 판매팀에 고객에 대한 가치를 정량화하고 전달하는 데 도움이 될 가격정책과 판매 도구들을 갖추어야 한다. 또한 가격 수립에 대해 준비된 견고한 근거가 있어야 한다. 가치 정량화 접근을 사용하는 것은 기업이 고객과의 논의를 가격에서 제안되는 솔루션의 실제 혜택으로 인도할 수 있도록 만든다. 당연히 솔루션 자체는 고객의 니즈에 맞추어져야 하며 경쟁사와 차별화되어야 한다. 고객이 다른 경쟁사들의 모든 솔루션들이 동일한 가치를 제공한다고 인식하는 경우 논의의 초점은 가격으로 되돌아갈 것이다. 이러한 이유로 이상적인 것은 솔루션 차별화가 고객 프로세스들에 가져오는 독자적 개선들을 기반으로 하는 것이다.

결국 가격정책을 관리하는 것(가격 확보)은 판매와 전달 프로세스 전체에 걸쳐 가격정책 방식에서 잠재적인 체계적 편향을 확인하는 것으로 시작되어야 한다. 시정 조치가 필요한 경우 예를 들어, 가격정책 원칙을 시행하기 위해 할인과 준수 규칙으로 구성되는 명확한 가격정책 지침들은 이러한 조치를 시행하기 위한 하나의 수단을 제공한다. 가격 할인을 관리할 뿐 아니라 가치 포착을 극대화하고 가치 누출(value leakage)을 피하기 위해 이러한 프로세스에 관련된 모든 사람의 명확한 역할과 책임을 규정하고 가격정책 후속 조치에 대한 지표를 수립하는 것이 또한 필요하다.

사례 _ Parker Hannifin : 전략적 가격정책 프로그램

Parker Hannifin은 세계 최고의 모션과 제어 기술 및 시스템의 다각화된 제조업체이다. 회사는 광범위한 상업, 모바일, 산업, 항공우주 시장들에 정밀 엔지니어링 솔루션을 제공한다.

2001년 초 Donald Washkewicz는 Parker Hannifin의 새로운 최고경영자가 되었다. 직후 그는 이익과 차익의 덫에 빠져있는 상태에서 벗어나기 위해 회사가 가격정책 논리를 변화시켜야 한다는 결론을 내렸다. 회사는 전통적으로 강철 밸브에서 제트 엔진에 이르는 모든 800,000개 제품들에 대해 단순한 비용 기반 가격정책 논리를 적용했다. 이에 따라 각 제품의 가격을 생산과 전달 비용을 기준으로 계산했으며 이후 가격을 달성하기 위한 표준 백분율을 부가했다. 이러한 방법은 제품 개선들이 가격 프리미엄에 어떤 영향도 끼치지 못하는 상황을 초래했으며 비용 절감 노력은 가격 절감을 초래했다.

수익 손실을 만회하기 위해 회사는 제품 비용 대신 고객의 지불 의향을 기반으로 결정되는 가격에 따라 가격정책 논리를 수립하려는 목표를 가진 글로벌 전략 가격정책 프로그램에 착수했다. 첫 번째 조치들 중 하나는 Parker Hannifin 내에 새로운 역할들을 수립하는 것이었으며 이러한 역할들은 기업 수준에서 전략적으로 가격을 책정하는 부사장과 각 회사 부문들의 가격정책 관리자들이었다.

새로운 가격정책 접근은 특별히 단일 고객을 위해 만들어지는 약 절반의 제품과 함께 주로 맞춤 엔지니어링 제품으로 구성되는 전체 제품 범위를 분석해야 하는 필요성을 명확히 했다. 가격정책 논리를 합리화하기 위해 Parker Hannifin은 경쟁, 독자성 수준, 고객 가치 같은 요소들에 따라 제품을 범주화했다. “A” 품목들– 즉, 매우 경쟁적인 시장들에 판매되는 상품들의 가격들은 시장에 맞추어졌다. “B”, “C”, “D” 범주들은 부분적으로 차별화된 제품들에서 차별화에 따라 엔지니어링 되는 제품들에 이르기까지 차이를 두었다. 마지막으로 가장 좁은 범주들은 “특별(specials)”, “클래식(classics)” 범주들로 이들은 고객 적용에 대응하여 맞춤 설계되고 오직 Parker에 의해 생산되는 것들이었다. 2003년까지 제품 분석과 범주화, 현재 가격정책 검토를 바탕으로, Parker Hannifin은 대부분 제품들의 가격을 인상했다.
전략적 가격정책 프로그램의 시행은 도구, 템플릿, 새로운 역할, 교육에 의해 뒷받침되었다. 예를 들어, 유통업체들은 다양한 제품들의 독자적 특성과 가치 창출 요소에 대해 교육을 받았으며 이는 고객에게 더 높은 가격을 제시하는 이유를 정당화하고, 설명할 수 있도록 만들었다. 또한 회사는 각 고객에 대해 창출되는 가치를 측정하기 위한 역량을 개발했으며 고객 가치에 대한 체계적 후속조치를 수립했다. 고객 가치 측정으로 얻은 결과들은 다시 제품을 범주화하고 가격을 책정하기 위한 정보로 사용되었다.
전략적 가격정책 프로그램은 3%에서 60%에 이르며, 평균 5%인 가격 상승을 초래했다. 가장 의미 있는 가격 상승은 고객에 대해 창출되는 이러한 제품들의 높은 가치를 반영하기 위해 특별 범주와 클래식 범주에 있는 제품들에 적용되었다. Parker Hannifin에 따르면, 가치 기반 가격정책은 2002년 이후 수익을 미화 200 million(2억) 달러까지 신장시켰다. 투자된 자본에 대한 회사의 수익률은 2001년 7%에서 2006년 21%까지 상승했다.
주요 전환 및 원하는 비즈니스 영향을 기반으로 하여 Parker Hannifin은 지속적으로 전략적 가격정책 접근을 확장할 방법들을 찾고 있다. 확인된 수단들 중 하나는 가격정책을 고객에 대한 가치와 가격 프리미엄의 관점에서 가장 잠재력 있는 제품들을 확인하고 개발하려는 목표를 가진 혁신 프로세스로 통합하는 것이다.

4.2 솔루션 도구 : 판매 프로세스의 표준화

솔루션 도구들은 고객에 특화된 솔루션 구성을 개발하고, 솔루션의 입찰 및 가격정책 시 고객 대응 부서들을 지원하기 위해 이용되는 역량들 및 수행방식들과 관련된다.

솔루션의 효율적인 판매를 보장하기 위해 판매는 표준화되어야 한다. 일반적으로 솔루션 판매를 지원하기 위해 공급 기업은 판매 프로세스 동안 효율성과 효과성을 상당히 증가시키도록 돕는 다수의 도구들을 개발해야 한다. 솔루션 정의에 대한 지침 및 명확한 규칙은 기업이 전달할 수 없는 것을 판매할 수 없게 만든다. 또한 판매의 표준화는 판매 속도를 증가시키고 판매 프로세스 특히 입찰 단계 동안 필요한 자원의 양을 감소시킨다.

표준화의 가장 중요한 측면들 중 하나는 솔루션 컨피규레이터(configurator)들의 개발이다. 기업은 고객 솔루션들을 유연한 방식으로 구성하고 동시에 효율적인 전달을 확보하기 위해 이러한 도구들을 사용한다. 솔루션 컨피규레이터는 기업이 개별 고객 니즈에 대해 솔루션들을 맞춤형으로 대량 생산할 수 있도록 만든다. 또한 우수한 솔루션 컨피규레이터는 기업의 영업 인력이 기업의 전체 솔루션 오퍼링을 더 능숙하게 판매하는 것을 가능하게 만든다.

또한 일반적으로 기업은 효과적으로 솔루션 판매와 가치 기반 가격정책을 지원하기 위해 사전에 선별된 솔루션들에 대한 계약 모델들을 개발한다.

두 번째로 중요한 유형의 솔루션 도구는 가치 기반 가격정책(value pricing)이다. 원가 가산 방식의(cost-plus) 가격정책에서 가치 기반 가격정책으로의 전환은 새로운 체계적 가격정책 원칙의 개발을 필요로 할 수 있다. 가격정책 원칙은 솔루션이 고객과 기업에 대해 창출하는 가치를 확인하기 위한 정기적인 비즈니스 사례 분석에 의해 주도되어야 한다. 입찰 및 제안서의 초안을 작성하는 동안 지원을 제공하는 중앙 집중화된 입찰 부서를 개발하는 것은 잘 구성된 솔루션들을 확보하도록 도울 것이다. 이러한 입찰 지원은 보통 글로벌 부서 혹은 지역 중앙 부서에서 이루어진다.

솔루션 가격정책은 개별 제품의 가격정책보다 훨씬 더 까다로운 과정이기 때문에, 기업은 보통 비즈니스를 관리할 수 있는 경영진이 적절히 판매를 지원할 수 있도록 보장해야 한다. 솔루션과 개별 솔루션 구성요소들에 대해 업데이트 되는 표준 비용 정보는 비즈니스 경영이 제공할 수 있는 지원의 한 가지 방식이다.

4.2.1 솔루션 컨피규레이터

고객에 특화된 가치 제안들을 효율적인 전달에 연결하기 위해 기업은 보통 관련 고객에 특화된 솔루션들을 정의하고 제안하도록 돕는 전용 솔루션들을 개발한다. 고객의 현장에서도 고객의 상황에 가장 적합하게 실현 가능한 솔루션들이 정의되거나 구성될 수 있으며 이에 따라 반복적인 영업 방문이나 입찰 변경(tender-modification)을 위해 양측을 왕복해야 하는 필요성을 감소시킬 수 있다. 고객의 니즈에 대한 명확한 이해는 판매 부서가 기업의 가용 솔루션 오퍼링 중에서 적합한 솔루션을 찾고 가능한 가장 빠른 시간 안에 솔루션을 구성할 수 있도록 만든다.

솔루션 판매를 위한 컨피규레이터는 기업의 모든 기본 판매 품목(BSIs)과 옵션에 관한 정보 그리고 이용 가능한 BSI를 기반으로 솔루션을 정의하는 데 사용되는 규칙 및 지침들을 포함한다. 솔루션 컨피규레이터는 보통 사전에 정의된 일부 솔루션 및 솔루션 모델들을 포함한다. 컨피규레이터는 기업이 솔루션의 복잡함을 관리하면서 가격정책과 매출총이익 추정을 통합하도록 돕는다. 컨피규레이터는 부분적으로 입찰 과정을 자동화함으로써 판매 비용을 감소시킬 뿐 아니라 또한(그리고 동시에) 전달 가능한 솔루션 구성을 제공함으로써 품질을 확보한다.

기업은 솔루션 및 BSI와 관련된 기준 정보(마스터 데이터)를 관리하고 해당 정보를 쉽게 이용할 수 있도록 만들기 위해 솔루션 혹은 제품 정보 관리(PDM)를 이용한다. 기준 정보는 모든 제품들, 서비스들, 그리고 BSI와 솔루션들을 수립하기 위해 구성되는 소프트웨어에 대해 관련된 상품화 및 표준화 정보를 포함한다.

통일된 PDM 시스템은 여러 지역들에 걸쳐 여러 전사적 자원 관리(ERP) 시스템들을 사용하는 기업에게 있어 특히 중요하다. 이 경우 기업은 일반적으로 PDM 시스템에서 여러 ERP 시스템들로의 연결을 구축한다.

PDM 및 개별 컨피규레이터는 고객에 특화된 솔루션 구성과 입찰 문서들을 생산하는데 사용된다. 기업이 주문을 받는 경우 관련 인력은 전달을 위해 ERP 시스템에 솔루션 구성을 전송한다. PDM 시스템 또한 기업이 운영 중인 시스템 관리(installed base)를 버전 관리와 일치시키는 것을 가능하게 만든다.

PDM 시스템은 관계관리시스템(CRM)과 통합될 수 있다. 이 후자의 시스템은 고객 정보와 판매 사례들을 관리하는 시스템이다. 전체적인 목표는 정보의 이중 입력 필요성을 피하기 위해 시스템들 사이에서 판매 사례 혹은 솔루션 및 관련 정보의 원활한 흐름을 보장하는 것이다(그림 4.5 참고). 이러한 목표의 실현은 또한 작업 비용과 프로세스 동안 잠재적 결함들의 발생을 최소화한다.

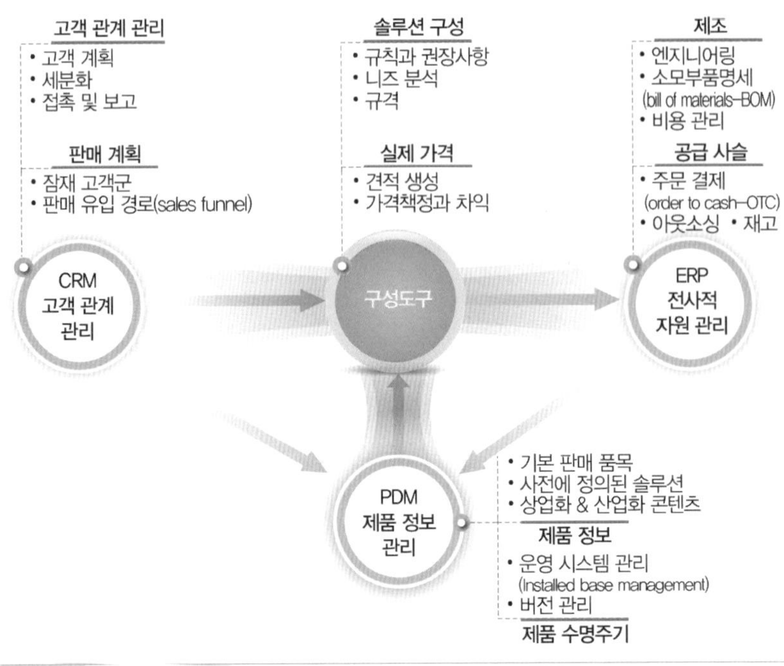

그림 4.5 컨피규레이터 및 기타 시스템 사이에 인터페이스

효율적인 도구들을 통한 솔루션 구성은 아래 설명된 바와 같이 많은 혜택들을 갖는다.

- **판매 프로세스의 가속화** : 복합적이고 가치 있는 제품 및 서비스로 구성되는 솔루션에 대해 견적을 준비하는 것은 공급자와 고객의 시스템 환경에 대한 기술적 지식을 필요로 한다. 영업 대표자 및 영업 팀은 기업 내에서 다른 기능을 책임지는 인력에게 지원을 요청하고 기술적 요구사항을 다루는데 시간을 보내야 할 수 있다. 따라서 견적을 작성하는 것은 시간이 소요되는 과정으로 효과적인 도구들의 도움으로 가속화될 수 있다.

- **기술적 전문성의 필요성 감소** : 컨피규레이터를 적용하는 것은 영업 담당자가 컨피규레이터로부터 필요한 정보를 받을 수 있기 때문에 고객의 니즈에 더 빠르게 대응할 수 있도록 만들어준다. 또한 컨피규레이터는 판매 단계 동안 필요한 기술적 전문성 수준을 감소시키기 때문에 영업 담당자의 프로필은 기술 전문가에서 솔루션 판매에 더 전문화 될 수 있다.
- **판매 주기 단축** : 즉시 이용 가능한 정보로 인해, 견적을 작성하는 데 드는 시간이 단축되며 이는 고객의 의사결정 과정을 가속화시킬 수 있는 혜택이 된다. 또한 구성되는 제품, 서비스, 솔루션이 즉시 처리될 수 있다. 최적의 경우에는 자동적으로 처리된다. 이에 따라 리드 시간은 더 짧아지고 전달 시간은 더 빨라진다.
- **기술적으로 정확한 견적** : 높은 수준의 기술 지식과 전문성을 필요로 하는 수동적인 솔루션 구성은 솔루션 구성에서 오류의 위험을 만들어낸다. 결국 부정확한 구성은 주문 처리, 엔지니어링, 제조, 전달 비용들을 증가시킬 수 있다. 컨피규레이터 사용은 기술적으로 정확한 견적을 보장하며 부적합성과 재작업으로 인한 품질 관리 비용을 줄여준다.
- **수익과 매출 증대** : 앞서 언급된 이유들로 인해 컨피규레이터는 보통 상당한 비용 절감을 가져오게 되며 솔루션 비즈니스의 수익성을 개선시킨다. 이 외에 명확하게 구조화된 솔루션 오퍼링이 준비된 경우에 유사한 맥락에서 컨피규레이터는 전체 제품, 서비스, 솔루션 포트폴리오의 판매를 촉진한다. 이상적으로 모든 영업 담당자들은 기술적 지식의 필요성 감소와 여러 BSIs 및 솔루션들과 관련하여 더 쉽게 이용 가능한 정보 및 이러한 요소들의 호환성으로 인해 모든 솔루션을 판매할 수 있게

될 것이다. 솔루션의 표준화된 모듈 구조가 훨씬 더 긴밀하게 기업의 체계들에 내재됨에 따라 광범위하게 특정화되는 전달로 발생하는 비용이 줄어들게 된다.

- **더 향상된 고객 만족** : 컨피규레이터는 고객에게 적합한 솔루션을 제공하는 것에서 비롯되는 수익성을 증가시키기 때문에 견적의 품질을 개선시키게 된다. 적합한 솔루션을 확인하는 것은 일반적으로 오퍼링과 연관된 기술적, 상업적 문제들에 대한 더 나은 이해로 인해 초래된다. 장기적으로 고객 만족도와 충성도는 강화될 가능성이 높다.

사례 _ 기계 회사 : 솔루션 컨피규레이터[12)]

사례 기업은 50개국 이상에서 판매, 서비스, 운송에 종사하는 글로벌 기업이다. 기업의 솔루션들은 전 세계적으로 판매와 운송 프로세스들을 통일시키고 현지에서 오퍼링을 맞춤화할 수 있게 만들어주는 모듈 구조를 기반으로 한다. 그리고 이 모든 것들은 전 세계적으로 시행되는 솔루션 판매 도구인 기업의 컨피규레이터를 통해 실현된다. 실제로 이것은 모든 비즈니스 및 세분시장에 대해 모든 기업 제품들과 서비스들의 입찰 및 주문을 수행하기 위한 소프트웨어 솔루션이다. 컨피규레이터는 회사의 글로벌 CRM 시스템과 ERP 시스템에 통합된다. 통합으로 인해 고객과 솔루션 정보를 여러 시스템에 중복 입력할 필요가 없다.

입찰 프로세스는 CRM 시스템에 기회를 추가하는 것에서 시작된다. 영업 담당자는 프로젝트, 계약, 장비 수준에 대한 정보를 검토하고 완성함으로써 입찰 준비를 시작한다. 프로젝트 수준에서 이는 어떤 종류의 사전 정의된 서비스 계약이 입찰되는지에 대한 정보의 추가를 의미한다. 장비 수준에서 영업 담당자는 부가 서비스 부품들을 추가할 수 있다.

12) 사례는 Vectia Growth Accelaration Program(2011)을 기반으로 함.

또한 어떤 것이 입찰되든 주문을 통해 최종적으로 고객에게 운송될 수 있도록 정의된 오퍼링에 부합하도록 솔루션 지침과 자료들이 컨피규레이터에 포함된다. 서비스 입찰은 장비 데이터와 서비스 정보를 사용하고 전 세계적으로 통일된 입찰 템플릿을 사용함으로써 구성된다. 이 외에 대량 할인과 지불 조건들의 관점에서 가격정책 지침들이 컨피규레이터에 저장된다. 영업 담당자는 수동으로 일부 가격 할인을 입력할 권한을 갖지만 각 판매 부서가 할인 제한을 정의했기 때문에 초과되는 경우 입찰 경쟁이 제한된다.
고객 승인 이후 입찰은 자동으로 주문을 생성하는 ERP 시스템으로 보내진다. ERP 시스템은 고객에 대한 제품과 서비스의 품질을 보장하기 위해 솔루션과 관련된 모든 기준 데이터를 포함한다.
모듈로 디지털화된 솔루션 구조와 컨피규레이터의 혜택들은 명확한 오퍼링과 몇 분 만에 최적으로 수행되는 빠르고 오류 없는 입찰 그리고 가격정책과 할인 원칙들로 구성된다. 단위로 구성된 품목들에서 효율적인 솔루션 구성 이외에 여러 시스템들의 통합은 판매 유입 경로와 자원 가용성의 관점에서 현실성 확인을 가능하게 하는 것 등의 여러 이점들을 제공한다.

4.2.2 가치 정량화와 가치 기반 가격정책을 위한 도구

고객에 대한 기업 솔루션의 재무적 가치의 정량화는 특히 영업 담당자의 재무 감각이 부족한 경우 어려운 일이 된다. 일반적으로 영업 전문가들은 손익계산서에 내재되어 있는 논리에 익숙하지만 고객의 손익계산서가 대차대조표와 어떤 관계가 있는지에 대한 지식과 관련하여 혹은 현금 흐름과 현재 손익 가치 계산들의 논리와 관련해서도 반드시 익숙하다고 말할 수는 없다. 그럼에도 불구하고 기업은 결국 최고 경영진에게 있어 가장 중요한 의사결정 기준이 되는 각 고객의 비즈니스 상황을 이해하기 위해 고객과 재무와 관련된 대화를 나누어야 한다.

영업 인력에게 기본적인 재무 교육을 제공하는 것 이외에 이들에게 고객 가치 정량화와 가치 기반 가격정책 도구들을 제공하는 것은 효과적인 솔루션 판매가 의존하는 재무적 감각을 수립하는데 효과적으로 도움을 줄 수 있다. 고객 가치 정량화 도구들은 또한 인력이 고객의 임원들과 상대할 때 구체적인 가치 추정을 하도록 돕는다.

그러나 주로 영업 팀들은 이러한 도구들을 개발할 준비를 거의 갖추고 있지 않기 때문에 영업 인력에게 가치 정량화 도구들을 제공하는 사람들은 솔루션 소유자들 및 솔루션 전문가들이 되어야 한다. 또한 여러 고객의 가치 동인들은 서로 다르기 때문에 도구들은 보통 복잡한 고객 사례들 동안 일부 맞춤화가 필요할 수 있다. 또한 가치 정량화 도구들은 보통 영업 인력의 기술적 역량을 넘어서는 복잡함의 수준에 도달하기 때문에 솔루션 고객에 대한 가치를 계산하는 과정 동안 영업 인력을 지원할 솔루션 전문가가 필요하다.

경험은 특히 새로운 가치 기반 가격정책 논리가 전통적인 원가 가산 방식의 가격정책을 대체하는 경우 가치 기반 가격정책의 논리(즉, 가격정책 스토리)가 영업 인력에게 명확하게 설명되어야 한다는 것을 보여준다. 이러한 설명들이 부재한 경우 영업 인력은 고객에게 설득력 있는 가격정책 메시지를 전달할 수 없을 것이다. 가격정책 논리가 크게 변화하는 사례로는 소프트웨어가 전체 솔루션에 포함된 무료 품목이었던 상황에서 소프트웨어 요소들과 업데이트들에 대해 가치 기반 가격정책을 수립해야 하는 경우를 들 수 있다. 많은 기업에서 진행되는 이와 유사한 변화로는 전통적으로 고객에게 무료로 제공되던 서비스들에 가격을 책정하는 경우가 있다.

보통 솔루션 비즈니스를 수립하는 경우 가치 정량화 도구로 정량화될 수 있는 고객 관련 가치 동인들이 상당히 많이 존재한다. 그림 4.6

은 전통적 제품 범위를 넘어서 오퍼링을 확대함으로써 솔루션 비즈니스에 진입하고자 결정한 금속 제품 기업의 사례를 보여준다. 이 기업은 또한 고객의 생산 프로세스를 지원하기 위해 설계되는 선제적 서비스를 개발하기로 결정했으며 어떤 경우에는 기업의 제조 공장들로 들여옴으로써 고객의 일부 생산 단계들을 인수하는 서비스들까지 지원한다.

그림 4.6이 보여주듯이 공급자의 솔루션은 고객의 많은 잠재적 가치 동인들에 긍정적으로 영향을 끼칠 수 있다. 가치 정량화 도구들을 구축할 때 기업은 가장 중요한 가치 동인들에 집중해야 하며 이러한 동인들이 기업의 실용적 정량화 모델들의 기반이 되어야 한다. 이러한 모델들은 일반적으로 영업 인력이나 솔루션 전문가들이 가치 창출 과정을 주도하는 고객 기업의 인력과 대화하는 동안 사용할 수 있는 엑셀(excel) 기반의 도구들이다. 생산 공간의 평방 미터, 특정 범주 인력의 업무 시간, 재고 가치 및 손실과 같은 가치 동인 입력값에서 고객 재무 가치 산출로의 정량화 도구 전환은 유로화와 달러로 고객의 단위 원가와 가격을 추정하고 이러한 것들을 가치 동인 입력값으로 곱하는 과정을 수반한다.

매출 증가	비용 절감	고정 자본 감소	위험 감소
• 새로운 고객들 • 새로운 시장들 • 새로운 제품들 • 더 큰 규모 • 더 높은 가격 • 더 높은 시장 점유율 • 더 높은 고객 점유율 (고객 구매 점유율) • 시장 출시 시간 단축 • 더 높은 품질	• 더 낮은 재료 소비 • 더 적은 노동량 • 도구 마모 감소 • 수율 증가 • 더 낮은 재료 비용 • 스크랩(scrap) 처리 감소 • 더 적은 제품 결함 • 계획되는 다운타임 감소 • 더 낮은 유지보수 비용 • 필요한 공간 감소	• 기계류 감소 • 필요한 공간 감소 • 더 긴 기계 수명 • 주기 시간 단축 • 재고 및 WIP(재공품) 감소 • 현대화 투자 필요성 감소	• 스크랩(scrap) 위험 감소 • 계획되지 않은 다운타임 감소 • 생산 지연 및 페널티 위험 감소 • 재고 감모손실 위험 감소 • 금속 가격 변동 위험 감소

그림 4.6 고객 가치 동인들의 사례

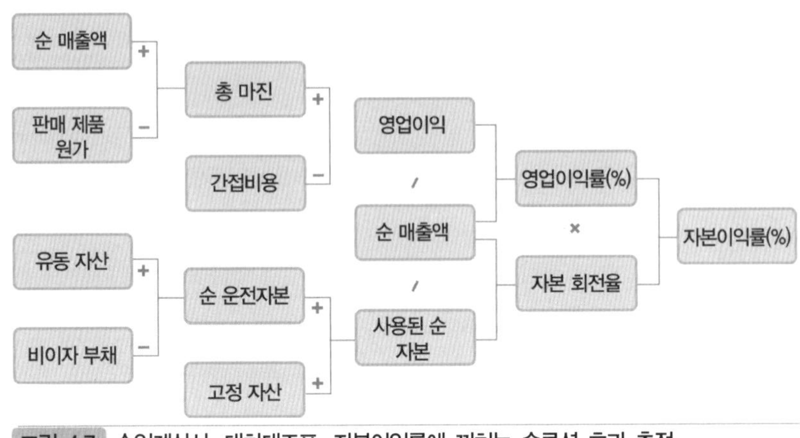

그림 4.7 손익계산서, 대차대조표, 자본이익률에 끼치는 솔루션 효과 추정

대부분의 가치 정량화 도구들은 공급자의 솔루션이 고객의 매출 및 원가 즉, 손익계산서에 끼치는 영향을 정량화하는데 초점을 맞춘다. 더 발전된 도구들은 또한 고객의 대차대조표에 대한 효과를 고려한다. 이러한 고려들은 고객의 영업이익률(백분율), 자본 회전율, 사용된 자본이익률(return on capital employed−ROCE) 같은 여러 재무비율들의 추정을 가능하게 만든다. 그림 4.7은 이러한 형태의 가치 정량화 도구를 보여준다.

많은 경우에 고객은 장기간에 걸쳐 솔루션 전달 계약에서 총 재무 가치를 경험할 것이다. 이러한 경우 재무 효과에 대한 현금 흐름 추정은 보통 고객에 대한 가치를 정량화하는 가장 좋은 방법이다. 정확한 도구가 제공되는 경우 인력은 현금 흐름의 정량화가 간단한 과정이라는 것을 발견하게 된다. 계산의 입력값들은 여러 기간들에 걸쳐 공급자의 솔루션을 채택함으로써 초래된 매출, 원가, 자산의 변화들이다. 현금 흐름 효과는 누적 할인 현금 흐름 곡선으로 가장 잘 계산된다(그림 4.8). 이 곡선이 양의 값으로 표현되는 경우 이 값은 솔루션의 순 현재 가치를 나타낸다. 곡선이 0의 값 이하로 떨어지는 경우는 회수 기간이 된다. 곡선의 가장 낮은 지점은 솔루션의 위험 수준을 보여준다.

가치 기반 가격정책의 시행은 또한 적합한 도구들의 사용을 통해 뒷받침되어야 한다. 솔루션 가격 책정은 이상적으로 고객 특화 솔루션 구성을 정의하는데 사용되는 것과 동일한 도구로 수행되어야 한다. 이러한 도구는 솔루션 컨피규레이터, PDM 시스템 혹은 기업의 ERP 시스템이 될 수 있다. 많은 ERP 시스템들은 시스템에서 부호로 처리되는 개체들에 대해 여러 가격정책 논리들을 정의할 수 있게 만들어준다. 자재표와 특정 솔루션의 작업 요소들에 대한 정의를 ERP 시스템으로 가져가는 것은 또한 원가 가산 방식, 고정 가격, 성과 기반 혹은 이러한 것들의 결합과 같은 가격정책 논리의 정의를 가능하게 만든다.

가치 기반 가격정책 논리의 시행과 관련하여 또 다른 중요한 도구는 계약 문서 모델이다. 이것은 예를 들어 가치 기반 가격정책 논리에 맞추어 조정되는 조건들을 제시한다. 계약 모델들은 또한 공급자와 고객이 필요한 책임들을 어떻게 공유할지에 대한 명확한 정의를 갖추어야 한다. 업무 분담이 보통 솔루션 전달 프로젝트 혹은 장기 계약의 수익성을 주도한다는 것을 고려할 때 제공 기업은 솔루션을 전달하는 단계에 범위가 점진적으로 증가되는 것(scope creep)을 피해야 한다. 대신 계약 기간 하에서 솔루션 범위를 확대하는 것은 추가 판매 및 수익을 위한 기회로 전환되어야 한다.

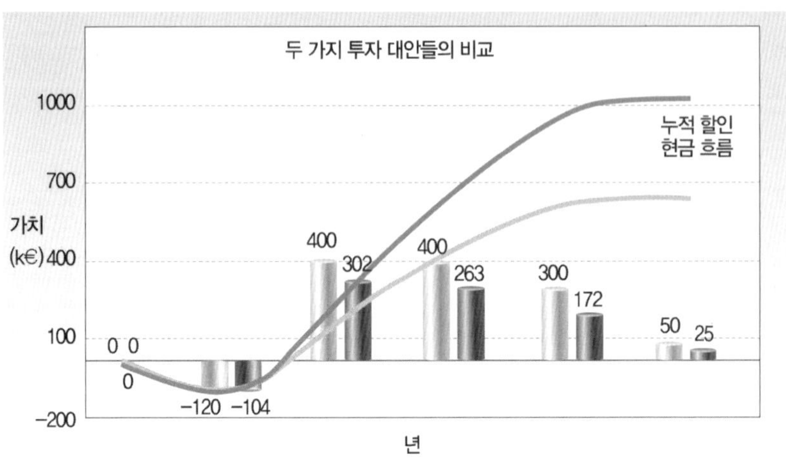

그림 4.8 현금 흐름 정량화 도구의 산출 사례

4.2.3 입찰 지원

복잡한 솔루션들을 판매할 때 기업은 판매 기회를 확인하고 고객 특화 가치 제안을 개발하고 정확한 솔루션을 정의하고 입찰을 준비하고 고객과 윈-윈(win-win) 계약을 협상하기 위해 필요한 모든 단계들을 수행하는 단독 책임을 맡기에는 개별 영업 인력의 기술과 경험이 충분히 견고하지 않다는 것을 발견하게 될 수 있다. 많은 다른 지원 형태들 이외에 영업 인력은 입찰 동안 "솔루션 역량을 가진" 전문가들로부터 효과적인 지원을 받아야 한다. 대부분의 경우 판매 전문가들은 기업이 고객에게 제의할 수 있는 전체 솔루션 포트폴리오를 달성하는 데 필요한 전문성을 제공하는 것이 불가능하다. 복잡한 솔루션들의 경우, 우수한 효과를 가진 솔루션 컨피규레이터를 이용할 수 있는 상황에서도 이러한 전문성 부족이 문제가 된다.

부족한 입찰 및 솔루션 판매 지원 자원들로 인해 문제가 발생하는 것을 방지하는 효율적인 방법은 판매 기회들의 특징에 따라 입찰 과정을 A, B, C 과정들로 차별화하는 것이다. 표준 장비 및 서비스에 대한 A 과정에서는 현지 판매 팀이 입찰을 수행할 것이다. 솔루션 판매 경우들에 대한 B 과정에서는 입찰 지원 부서가 이러한 과정에 대한 책임을 맡게 될 것이며 전문적 적용 및 새로운 개발을 필요로 하는 경우들에 대한 C 과정에서는 R&D 혹은 특별 태스크포스와 같이 다른 합당한 조직 부서들이 관여하게 될 것이다.

대부분의 경우 지원팀의 역할은 단순히 입찰 문서화를 돕는 것을 넘어 실제로 프로세스를 진행시키는데 중요한 영향을 끼치는 수준의 지원을 제공하는 것이다. 또한 이런 중앙 부서는 가장 적절한 성공적 참고 사례들 및 실현된 특정 결과들에 대한 최신 지식을 갖추고 있을 것이다.

우수한 입찰 지원과 효과적인 팀 협력을 통해 개별 판매 사례들의 판매 주기(sales cycle)와 총 판매 비용은 상당히 절감될 수 있으며 적중률은 증가될 것이다. 솔루션 입찰에 대한 전문적 지원은 전 세계적으로 계획될 수 있지만 점차 솔루션 비즈니스는 이러한 지원을 지역적으로 그리고 결국에는 고객이 위치한 현지에서 제공할 수 있어야 한다.

사례 _ Teleca : 전 세계적으로 이용 가능한 핵심 솔루션 역량 개발

Teleca는 모바일 기기와 무선 솔루션을 사용하여 산업에 소프트웨어 솔루션 및 서비스들을 공급하는 세계적인 전문 기업이다. 회사는 12개국에서 2,000 명의 직원을 두고 있다.

솔루션 비즈니스 역량을 위한 플랫폼 구축의 일환으로 Teleca는 전 세계적으로 이용 가능한 중요한 솔루션 비즈니스 역량을 개발할 책임을 맡은 중앙 집중화된 솔루션 관리와 입찰 관리 팀들을 두고 있다. 이 두 팀의 목적은 여러 국가들과 대륙들에 위치해 있는 판매 및 전달 조직을 지원하며 글로벌 자원으로 운영되는 것이다. 그리고 목표 대상은 고객 팀이 담당하던 고객 특화 오퍼링 및 입찰 관리에서 글로벌 입찰 관리 및 공통 Teleca 오퍼링으로 전환되었다. 또한 고객에 특화되는 팀들에서만 역량을 개발하는 것이 아니라 전 세계적으로 모든 고객 팀들이 핵심 역량을 이용할 수 있게 되었다. 즉, 글로벌 조직 전체에 걸쳐 여러 역량이 분산되는 것을 방지한 것이다.

글로벌 입찰 관리 팀은 제공되는 솔루션의 반복성을 증가 및 유지하고 고객 팀들에 의해 확인된 현재 기회들에 일일 지원을 제공하는 것에 초점을 맞추는 8명의 직원들로 구성된다. 글로벌 입찰 관리 팀은 또한 고객 참여의 질을 보장한다.

글로벌 솔루션 관리 팀은 5명의 인력으로 구성되었으며 이들의 역할은 새로운 동향, 차세대 핵심 기회들, 필요한 역량을 확인함으로써 시장이 흘러가는 방향에 초점을 맞추고 미래를 예측하는 것이다. 이들은 핵심 고객 비즈니스 계획 및 판매 계약들에 지원을 제공함으로써 현지에서의 판매 노력들을 가속화한다. 이들은 또한 전략적 의사결정과 Teleca의 오퍼링 개발에 조언을 제공하는 책임을 맡는다. 더 나아가 마케팅을 위한 핵심 메시지 및 콘텐츠를 개발하는 것 이외에 팀은 키노트(keynote) 프리젠테이션과 발표를 통해 회사의 포지셔닝을 지원한다.

기회와 입찰 관리에 대한 집중화된 지원을 통해, Teleca는 고객 시장의 새로운 세분시장들을 목표로 하는데 필요한 내부 역량을 창출할 수 있었다. 이러한 변화는 판매 사례 주기를 가속화하고 고객에 대한 기회를 선제적으로 포착하는데 필요한 요구사항을 강화했다. 이러한 능력은 또한 고객과의 질을 높이고 전체적으로 회사 내부에 더 많은 에너지를 창출했다.

4.3 솔루션 판매에서 성과 평가

기업/조직 및 부서의 성과를 평가하기 위해 다음 도표에 있는 가치 정량화와 솔루션 도구 사례를 이용해 볼 수 있다. 도표에 있는 기술들은 솔루션 비즈니스에서 성공한 기업에서 사용되는 '모범 사례' 및 역량으로 볼 수 있다. 기술에 대한 응답들은 기업의 개발 필요성에 대한 우수한 아이디어를 제공할 것이다.

조직에 이러한 사례가 결여되어 있다면, 이러한 결과가 나오도록 만든 특정 원인이 존재하는지 고려해봐야 한다. 예를 들어, 운영 중인 시장 및 산업에 모범 사례의 부재를 설명할 만한 원인이 존재하는가?

가치 정량화	사용하지 않음	계획됨	시행됨
고객 특화 가치 제안들이 고객의 비즈니스 문제들과 연결된다.			
고객의 의사결정권자들과의 대화는 중요한 비즈니스 쟁점들과 연관된 재무 가치를 다룬다.			
판매는 고객에 대한 솔루션 가치를 보여준다.			
고객 가치를 정량화하기 위한 동일한 도구들이 기업 전체에 걸쳐 사용된다.			
영업 인력은 고객 가치 정량화에서 전문가의 지원을 받을 수 있다.			
솔루션 도구	**사용하지 않음**	**계획됨**	**시행됨**
고객 솔루션을 유연한 방식으로 구성하기 위해 컨피규레이터가 사용된다.			
솔루션의 가치 기반 가격정책을 지원하기 위해 계약 모델들이 준비되어 있다.			
회사는 솔루션에 대해 체계적인 가치 기반 가격정책 원칙을 가지고 있다.			
비즈니스 사례 분석(공급자의 관점에서)이 수행된다.			
입찰 동안 지원을 제공하는 중앙 집중화된 입찰 부서가 존재한다.			
비즈니스 통제는 솔루션과 개별 솔루션 구성요소들에 대한 표준 원가 데이터로 판매를 지원한다.			

5 솔루션 전달 : 고객 가치 창출과 기업 가치 포착

이 장에서 우리는 두 가지 관점에서 개별 솔루션 전달에 대해 논의한다.

- **상품화** : 고객과 기업 양쪽이 창출된 가치를 검증하고, 문서화하는 역할에 대해 강조할 것이다.
- **표준화** : 솔루션 전달의 중요성을 강조하고, 판매가 아닌 비용 효율적인 전달과 관련된 솔루션 비즈니스 모델의 주요 문제들에 대해 설명할 것이다.

5.1 가치 검증 : 약속에 따른 전달

가치 검증은 고객과 제공 기업에 확인하고, 보고하기 위해 그리고 성공적 전달을 기록하기 위해 이용되는 역량 및 수행방식들과 관련된다.

성공적 솔루션 비즈니스는 기업에게 가치를 약속할 뿐 아니라 가치가 전달되는 것을 확인하도록 요구한다. 이는 기업 내 여러 기능들에 의해 이행되는 여러 활동들을 필요로 한다.

기업은 정기적으로 고객과 협력하여 실제 가치 검증을 이행해야 한다. 이 프로세스 동안 가치는 고객과 기업 양쪽에 대해(각각 가치 창출과 가치 포착) 확인되어야 한다. 가치 검증은 기업이 실제 고객 수익성(판매 및 고객 관리 비용을 포함하여)을 측정하고, 이행하도록 보장한다. 가치 검증의 핵심 역량은 벤치마크 데이터를 위한 저장소 구축이다. 이러한 저장소들은 솔루션 전달 프로젝트와 관련된 정보를 기업 전체에 걸쳐 공유할 수 있도록 만들어준다. 결국 이러한 프로세스는 기업의 다른 부분들에서 특정 고객을 위해 개발된 새로운 솔루션들을 사용할 수 있도록 만든다.

고객에게 가치를 보여주고, 전달할 수 있는 기업은 또한 위에 언급된 대로, 전달된 가치를 확인하는 능력을 갖추어야 한다. 이 장에서는 주문-전달 프로세스에 대한 정확한 입력 정보 확보와 가치 창출 및 가치 포착 사이의 명확한 균형 발견, 벤치마킹 정보 수집의 이점들을 부각시키는 관점에서 가치 검증에 초점을 맞출 것이다.

5.1.1 전달 프로세스에 대한 정확한 입력 정보 확보

우리는 품질 관리 연구를 통해 기업에서 가장 비용이 들어가는 품질 문제들의 근본 원인을 판매에서 발견할 수 있다는 것을 알게 되었다.

이러한 비용들은 보통 판매와 운영 사이에 커뮤니케이션 부족으로 인해 발생하며, 솔루션이 정의상 비교적 복잡한 개체들이라는 것을 고려할 때, 이러한 문제는 일반적으로 솔루션 비즈니스 맥락에서 부각된다.

이러한 문제들을 극복하기 위해 기업은 자신들의 판매 프로세스가 자동적으로 주문-전달 프로세스에 대한 정확한 입력 정보를 확보하는 것에서 출발해야 하며, 특히 고객에 대해 이루어지는 약속들을 명시해야 한다. 전달 운영이 신속하게 이루어질 수 있도록 기업은 정보를 배포하고, 계약 의무들을 인수인계하는 데 있어, 판매에서 전달에 이르는 체계적인 프로세스가 필요하다.

판매 프로세스를 표준화하는 것은 효율적인 전달에 있어 필수적이다. 판매와 전달에서 반복성을 달성하는 한 가지 방법은 프로세스 초기에 판매에서 전달까지 입력되는 정보를 표준화하는 것이다. 입력 정보가 초기에 표준화되어야 한다면 고객 특화 맞춤화(솔루션은 항상 어느 정도 특정 고객에게 맞춤화 된다)는 나중에 이루어지는 것이 바람직하다. 이러한 접근은 솔루션 범위가 전달 프로세스가 처음부터 변경되거나 추가되는 것을 방지할 수 있다. 솔루션 판매 프로세스의 초기 단계에 입력 정보를 표준화하는 것은 각 고객의 니즈를 상세하게 정의하고 제공되는 솔루션의 목표와 원하는 산출 결과들에 대해 명시함으로써 수행될 수 있다.

표준화는 또한 표준화된 솔루션 구성요소들을 바탕으로 상세한 솔루션 구성들을 만들어내는 솔루션 컨피규레이터 견적 요청 도구들을 활용함으로써 달성될 수 있다. 이러한 솔루션 컨피규레이터는 일반적으로 규칙을 기반으로 한다. 이는 이러한 도구들이 고객에 대한 옵션들을 제한하고, 오직 기업이 효과적으로 전달할 수 있는 솔루션 구성들만을 허용한다는 것을 의미한다. 솔루션 판매에서 표준화와 반복성은 영업 인력과 판매 프로세스에 관련된 다른 핵심 인력이 기업이 현재 역량의 한계 내에서 판매하고 전달할 수 있는 솔루션 프로젝트들과 솔루션 구성들에 대해 인식하는 결과를 가져온다.

사례 _Schneider Electric : 초기에 이루어지는 표준화와 후기에 이루어지는 맞춤화[13]

Schneider Electric은 에너지 관리 분야의 글로벌 전문 기업이며, 또한 에너지 효율성의 선두 기업 중 하나이다. 기업은 에너지 사용을 최적화하기 위해 설계된 기술과 통합 솔루션들을 제공한다.

Schneider Electric은 솔루션 전달 프로젝트에서 차익 변동의 주요 원인이 일반적으로 개별 프로젝트 동안 고객의 니즈 변화에 있다는 것을 알게 되었다. 이러한 변화는 보통 설계, 아웃소싱, 제조, 시험에서 불필요한 업무의 중복과 추가 비용을 초래한다.

재무 차익에 상당한 개선을 가져오기 위해 Schneider Electric은 고객의 입력 정보를 높은 수준으로 표준화했으며 목표 및 원하는 산출 결과들을 명시했다. 또한 회사는 표준 구성요소들과 컨피규레이터로 솔루션 규격을 만들어냈으며, 고객 입력 정보를 표준화하고 계약 체결 시점에 고객에 대한 옵션들을 제한하기 위해 견적 요청 도구들을 사용했다. Schneider의 솔루션 맞춤화는 전달 프로세스 후반에 여러 불필요한 추가 변경들이 발생하는 것을 방지한다.

판매 프로세스 초기에 입력 정보를 표준화하고 전달 프로세스 후반에 맞춤화하는 것은 Schneider Electric이 전달 프로세스 동안 변동과 수정들의 발생 감소, 특수 전달 운영의 감소, 범위의 점진적 증가(scope-creep) 감소, 표준화로 인한 솔루션의 전체 품질 상승, 솔루션 판매의 수익성 증가를 비롯한 다수의 혜택들을 발견할 수 있도록 만들었다.

13) 사례는 2009년 1월 Strategic Account Management Association(SAMA)의 회장이자, CEO이며, Schneider Electric의 전직 임원이었던 Bernard Quancard와의 인터뷰를 기반으로 함.

5.1.2 가치 창출과 가치 포착 사이의 균형 발견

우리가 이 책의 초반에 논의했던 것처럼 솔루션 비즈니스로의 전환에 대한 근거는 고객이 기업의 솔루션을 사용할 때 창출되는 가치를 확보할 수 있다는 아이디어를 기반으로 한다. 따라서 제공되는 솔루션이 기업과 고객 양쪽에 가치를 창출한다는 것을 확인하는 것은 성공적인 솔루션 비즈니스의 중요한 결정요인이다. 전통적으로 기업 내 판매와 마케팅 팀들은 교환이 고객에게 유리하도록 보장하는 것에 초점을 맞추었던 반면, 운영과 재무 부서들은 관계가 기업에 얼마나 더 나은 혜택을 줄 것인지 발견하는 것에 초점을 맞추었다.

예를 들어, 고객에 대한 가치를 확인하는 것은 고객이 더 많은 서비스, 더 나은 보장, 늦은 지불 혹은 더 낮은 가격을 제공 받았는지 여부를 판단하는 것으로 수행될 수 있다. 기업의 가치 포착을 확인하는 방법들은 가격 상승, 솔루션 판매 규모 증가, 고정되는 자본 감소, 기업 내 부문들 및 고객과의 관계 강화, 고객의 참여로 얻은 교훈 등을 포함한다.

시간이 흐름에 따라 기업과 고객이 상호작용을 하는 동안 공동으로 창출되고 형성된 전체 가치는 '관계 가치'로 부를 수 있다. 그림 5.1에 묘사되어 있는 것처럼 관계 가치의 필수적인 관리 측면은 가치가 기업(가치 포착)과 고객(가치 창출) 사이에 어떻게 공유되는지 판단하는 것이다. 그러나 고객이 관계가 자신들에게 가치가 없다고 여기는 경우 장기적인 가치 포착은 불가능하다는 점에 유의하는 것이 중요하다. 따라서 가치 창출은 가치 포착의 전제조건이다.

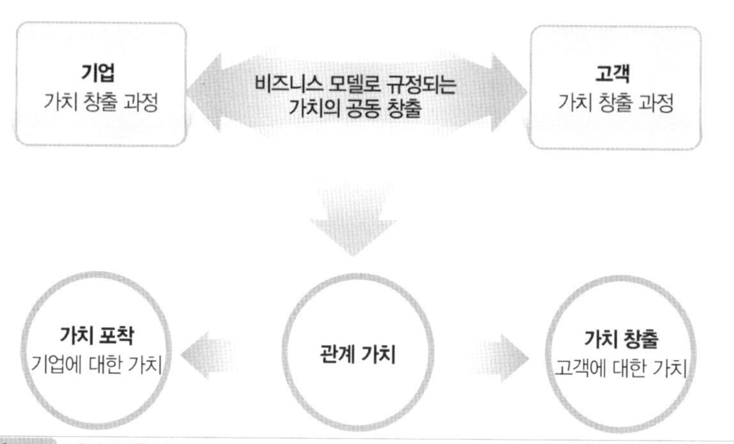

그림 5.1 가치 창출과 가치 포착

솔루션은 고객과 기업 양쪽에 가치가 창출되는 지점을 발견하는 것에 따라 좌우된다. 우리는 이 지점을 그림 5.2와 같이 도표로 설명할 수 있다. 그림에서 A 지점은 가치 창출 수준이 가치 포착을 극대화하는 지점이다. C 지점은 고객에게 과도하게 높은 가치가 창출되는 지점이다. B 지점은 고객에게 과도하게 낮은 가치가 창출되는 지점이다.

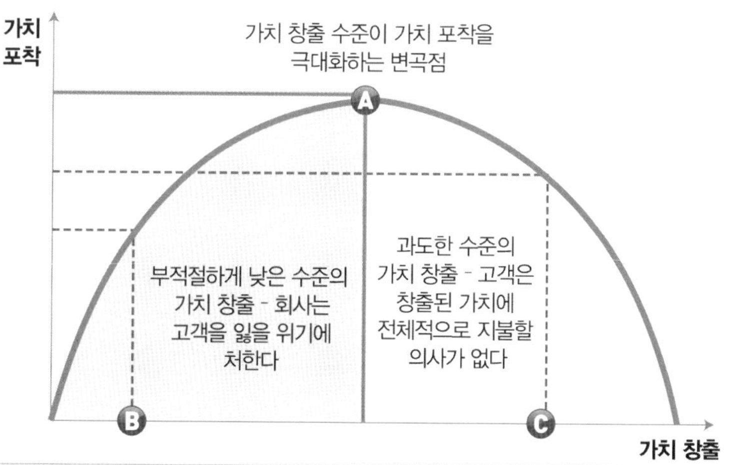

그림 5.2 가치 창출과 가치 포착 사이에 균형 발견

기업도 마찬가지로 상당한 가치를 확보할 수 있다면 고객에 대한 과도한 가치 창출도 허용될 수 있을 것이다. 그러나 기업이 너무 많은 가치를 창출하면 이러한 부가가치를 요청하지 않으며, 지불할 의사가 없는 고객에게 투자를 하는 결과가 초래될 수 있다. 기업이 특정 고객에게서 적합한 가치를 확보할 수 없는 경우 가치 창출의 수준을 변경해야 할 것이다. 이를 달성하는 것은 일반적으로 제공되는 솔루션 범위의 재조정을 필요로 하며, 이는 보통 더 적은 솔루션 구성요소 혹은 더 낮은 수준의 서비스 제공을 의미한다.

고객이 너무 적은 가치 창출을 경험하는 경우는 기업은 자신들의 니즈에 더 적합한 오퍼링을 가진 경쟁사들에게 고객을 빼앗길 위험에 처하게 된다. 그러나 기업이 이러한 고객이 장기적으로 가치 있는 고객이라고 고려한다면 적극적으로 위험을 최소화해야 한다. 기업은 가치 창출의 수준을 높이는 것으로 이를 달성할 수 있다. 더 완비된 솔루션을 설계하는 것은 이를 달성하는 한 가지 방법이다.

비즈니스의 중심 목적이 주주 가치를 증대시키는 것이라는 점을 고려할 때 고객 관계를 통해 발생하는 가치 포착은 당연히 주주 가치에 영향을 끼칠 것이다. 기업이 여러 귀중한 고객 관계를 가지고 있는 경우 그리고 가치 포착을 증대시키도록 이러한 관계를 유지할 수 있는 경우 회사의 주주 가치 역시 상승하게 된다.

사례 _ DHL : 가치 창출과 가치 포착의 측정[14)]

DHL은 글로벌 고객 관리 프로그램을 통하여 고객에 대해 창출되는 가치와 기업에 의해 확보되는 가치를 평가하는 매우 체계적인 접근을 가진 기업의 사례를 제공한다.

DHL은 성장 가치가 높은 산업을 식별하는 것으로 시작한다. 그리고 회사는 이러한 산업에서 가장 수익성이 높은 고객을 선택하기 위해 다섯 가지 기준을 이용한다. 첫 번째 기준은 기존 매출 혹은 미래 매출 잠재력으로 측정되는 DHL에 대한 고객의 가치이다. 두 번째 기준은 고객이 어떤 관리를 원하는지의 관점에서 DHL이 고객의 니즈를 파악하는 것이다. DHL은 오직 글로벌 기준에서 자신들이 관리할 수 있는 고객 그리고 자신들이 가치를 확보할 수 있는 고객만을 선택한다. 세 번째 기준은 파트너십 적합성으로 불린다. DHL은 단순한 거래 관계를 넘어서는 수준에서 고객과 관계를 맺기 위해 이러한 적합성을 중요하게 간주한다. DHL은 다음과 같이 말한다. “장기간 동안 함께 하지 못하거나, 장기적으로 기꺼이 관계를 맺을 의향이 없는 고객에게 투자하는 것은 가치가 없다.” 네 번째 결정 기준은 고객에게 높은 가치를 지닌 것을 DHL이 제공할 수 있는가에 달려 있다. 마지막 기준은 DHL이 각 산업에서 최고 기업에 집중하는 것이다.

DHL은 또한 DHL과 고객 사이에 가치 창출 가능성을 분석한다. DHL에 따르면 궁극적으로 가치 창출은 고객의 성공을 측정하는 기준이기 때문에 고객은 회사와 가치 창출 가능성에 대해 논의하기를 원한다.

DHL과 고객은 매출 증대 비용 절감과 관련하여 협력함으로써 각자의 주주가치를 창출할 수 있다. DHL은 더 예측 가능한 매출원, 교차 판매, 새로운 제품 및 서비스 제공, 고객의 추천을 활용함으로써 추가 수익을 확보할 수 있다. DHL의 비용 절감은 물류 분야에서 규모의 경제, 판매 비용 절감 및 기타 규모이 기회들을 통해 발생할 수 있다.

14) 이 사례는 2003년 10월 SAMA 컨퍼런스에서 DHL의 Tim Harford에 의한 발표를 기반으로 함.

DHL의 고객은 고객 만족 증가, 부서 가용성 증가, 신뢰성 및 품질보증에 대한 전념, 지리적 거점 확대 등을 통해 매출을 증대시킬 수 있다. 또한 고객은 재고 감소, 공급 사슬 관리 비용 감소, 최적화된 운송 및 운영비용을 통해 추가 비용 절감을 달성할 수 있다. DHL에 따르면 가치 포착을 다루는 것과 연관된 주요 도전은 "목표 수치에 도달하고, 고객과의 신뢰 및 관계 수준에 도달하는 것으로, 이에 따라 해당 정보를 고객과 공유하고 고객이 옳은 결정을 내리도록 도울 수 있게 된다."

5.1.3 벤치마킹 정보 수집 : 성공의 기록

가치 판매는 영업 인력이 솔루션 전달과 관련된 배치(deployment) 및 배치 후 활동에 종사해야 한다는 것을 의미한다. 이에 따라 영업 팀은 제시되는 고객 특화 가치 제안이 실제로 전달되는 것을 확인할 책임을 갖는다. 성공적인 솔루션 전달에 대한 기술(description)을 수집하는 것 또한 중요하다. 이러한 기록은 시장의 다른 세분고객 및 세분시장에 대해 시행되는 솔루션 개발, 판매, 전달 활동들 동안 참고사항(사례 정보)을 제공한다.

비즈니스 영향 사례들 또한 벤치마크로 사용될 수 있다. 고객 자체 및 관련 산업의 전형적인 비용 구조와 관련된 정보를 벤치마킹 하는 것은 매우 강력한 판매 도구가 될 수 있다. 사례 및 벤치마킹 정보는 경영 성과에 대한 대표적 사례들을 기업에게 제공한다. 이에 대한 사례는 다음과 같다. "대표적으로 이 산업에서 우리는 15퍼센트까지 수익률을 증가시키고, 5퍼센트까지 재공품(생산 공정 중에 있는 미완성 제품, work-in-process)을 줄일 수 있었습니다. 따라서 귀사의 사례에서는 2퍼센트의 자본 이익률 개선을 가져올 수 있습니다."

또한 기업은 고객의 비즈니스를 개선시키기 위한 기회들을 확인하는데 벤치마킹 정보를 활용할 수 있다. "귀사 산업에 대한 우리의 경험을 바탕으로 할 때, 평균 유지보수 비용은 평균적으로 판매의 2퍼센트입니다. 이러한 평균으로 평가해 볼 때, 귀사의 비용은 높은 편입니다. 우리는 이러한 비용을 20퍼센트까지 절감하도록 도울 수 있습니다."

고객 사례 기록 보관소(repository)는 기업에게 조직 전체에 걸쳐 솔루션 판매들과 관련된 정보를 공유하고 수집하는 수단을 제공한다. 이러한 종류의 저장소는 범주화 및 검색 기능들을 포함하는 것이 이상적이며, 이에 따라 인력이 쉽게 해당 정보에 접근할 수 있도록 해야 한다. 내부 관점에서 사례 저장소는 조직 내에서 우수한 방식과 관련된 경험을 공유하는 효율적인 방식이다. 외부 관점에서는 최상의 성공 사례들과 고객 추천들은 효과적인 마케팅과 판매 지원 목적을 위해 정보를 제공한다.

기업은 사례 수집을 위한 체계적 프로세스가 준비되어 있어야 하며, 사례 기록은 전달 단계와 동시에 또는 그 직후에 생성되는 것이 이상적이다. 또한 참고 사례들을 생성할 때, 해당 업무를 담당하는 인력은 양보다 질이 중요하다는 것을 유념해야 한다. 저장소가 여러 목적들에 초점을 맞춘 사례들을 포함하고, 사례들이 기업의 오퍼링들에 대한 포괄적 관점을 함께 제공하도록 보장하는 것이 중요하다. 따라서 사례 저장소는 참고 사례들을 위한 라이브러리로서 또한 지식 관리 플랫폼으로써 기능을 한다. 일부 기업은 영업 인력이 사례 저장소에 기여하는 경우 보상을 제공한다.

사례 _ SKF : 고객 가치 관리[15)]

SKF Group은 롤러 베어링, 씰, 메카트로닉, 서비스 및 윤활 시스템과 관련된 제품, 솔루션, 서비스의 글로벌 공급업체이다. SKF는 세 개 부문인 산업, 서비스, 자동화로 구성되며 이러한 부문들은 고객 시장의 대략 40개의 다른 부문들에서 운영된다. SKF는 130여개국에서 운영되고 있으며 대략 40,000명의 직원을 두고 있다. SKF는 고객 가치 관리 분야에서 선구자로 인정받고 있다. 기업은 1997년에 가치 중심 전략을 시행했다. 고객 가치 창출에 대한 집중은 판매와 수익성의 측면에서 기업의 성장을 상당히 신장시켰다.

고객 가치 창출로의 초점 전환에 따라 SKF는 영업 인력에게 회사가 어떻게 가치를 창출하는지 이해하고, 이러한 이해를 고객에게 전달할 수 있도록 돕는 도구들을 제공해야 했다. 예를 들어 SKF가 고객의 총 소유 비용(total cost of ownership)을 어떻게 최상으로 절감시킬 수 있는지 판단하기 위해, 기업은 고객의 프로세스들에 대한 이해를 얻어야 한다. 이러한 지식은 제공되는 솔루션이 고객의 여러 제품, 서비스, 생산에 끼칠 재무 영향을 기업이 확인할 수 있도록 하며 또한 이를 고객에게 설명할 수 있도록 만든다.

이러한 점에서 SKF의 첫 번째 방안들 중 하나는 Documented Solutions Program™ 이라 불리는 도구의 개발이었다. 이 도구는 SKF가 고객이 제공

---

15) 이 사례는 Todd Snelgrove에 의한 키노트 프리젠테이션(ISBM 연간 겨울 총회 2008), 그리고 다음 웹사이트: http://www.skf.com; http://www.investors.skf.com; http://evolution.skf.com의 공개 정보를 기반으로 함.

하는 관련 정보를 가져온 후, 이러한 정보를 바탕으로 SKF 솔루션이 고객을 위해 실현시킬 잠재적 절감을 계산할 수 있도록 했다. 도구는 전 세계에서 거의 20,000곳의 고객과 협력하며 얻은 경험을 기반으로 개발되었다. 이러한 광범위한 데이터 저장소는 SKF가 특정 사례들과 관련하여, 그리고 고객 프로세스들의 여러 단계에서 총 소유 비용을 빠르고 정확하게 측정할 수 있도록 만들었다.

SKF는 또한 회사가 여러 산업들의 고객 니즈를 이해할 수 있도록 만들고, 이러한 산업들 내에서 고객을 위한 벤치마킹을 시행할 수 있도록 만들어주는 역량 및 지능형 도구들을 개발했다. 이러한 도구들 중 하나는 SKF가 Client Needs Analysis이라고 부르는 설문조사 시스템이다. 이 설문조사는 응답자들에게 40~50개의 산업 질문들에 답하도록 요청한다. 회사는 이후 벤치마킹 목적을 위해 이러한 응답들을 수집한다. 설문조사는 고객에게 무엇보다 유지보수 전략 및 작업 관리의 측면에 대한 정보를 제공하도록 요청한다. 이후 프로그램은 해당 정보와 산업 특화 요인들과 관련된 입력 정보를 통해 각 고객 상황에 대한 니즈 기반 분석을 만들어낸다. SKF는 고객에게 자신들이 얼마나 효율적으로 제품을 생산하며, 동일한 산업 내 다른 기업에 비해 어떻게 에너지를 활용하는지 보여주기 위해 이 정보를 이용한다.

고객 니즈 분석(Client Needs Analysis)은 SKF가 고객의 운영 효율을 개선시키도록 도울 수 있다는 것을 고객에게 확신시키는 정교하고 구조화된 접근의 사례이다. 이 프로그램은 SKF의 고객이 자신들의 산업에서 얻은 벤치마킹 정보와 모범 사례 및 통계 기반 데이터를 이용하는 것이 어떻게 자신들의 상황에 대한 기업의 이해를 도울 수 있는지 볼 수 있도록 돕는다.

여러 종류의 도구와 방법들을 제공하는 것 이외에 SKF는 필요한 교육을 제공함으로써 영업인력이 고객과의 논의에서 얻은 지식과 통찰을 활용하도록 돕는다. 영업 인력은 도구 사용 방법뿐 아니라 고객과의 논의 초점을 기술 사안에서 재무적 가치로 옮기는 방법에 대해 교육 받는다.

5.2 솔루션 배치 : 성과와 수익 전달

솔루션 전달은 고객의 운영 및 프로세스들에 솔루션 공급자의 합의된 장기적 성과를 전달하기 위해 이용되는 역량들 및 수행방식들과 관련된다.

솔루션 비즈니스 신뢰성의 초점은 고객에게 제시한 약속을 이행하는 솔루션을 전달하는 것이다. 솔루션이 실제로 약속을 이행하는지 확인하기 위해 기업은 전달 단계에서 필요 정보를 고객에게 제공하고 고객으로부터 이와 관련된 피드백을 받을 수 있도록 명확히 정의된 의사소통 프로세스들을 갖추어야 한다. 또한 기업은 정기적으로 전달 상태를 모니터링 하고, 전달의 특정 측면에 문제가 생길 위험이 존재하는 경우 선제적으로 시정 조치들을 계획해야 한다. 솔루션 전달 단계에서 초점은 솔루션의 기술적 성과뿐 아니라, 고객의 운영 및 비즈니스 성과에 끼치는 영향에 맞추어져야 한다. 기업과 고객은 솔루션의 전달에 따라 고객에게 창출되는 가치를 검증하고 추가적으로 강화할 수 있도록 후속 조치 및 핵심 성과 지표(KPIs)를 공동으로 개발해야 한다.

정의상 솔루션은 본질적으로 장기적인 특성을 갖기 때문에 기업은 솔루션이 고객의 프로세스에 통합되고(내재되고), 고객이 솔루션을 사용하는 동안 가치가 창출되도록 보장해야 한다. 단기적 혹은 장기적으로 가치가 창출되는 동안 솔루션 공급자가 고객 내재화(embeddedness)를 강화할 수 있는 많은 실용적 방법들이 존재한다. 고객과의 지속적인 상호작용을 확보하는 장기간의 계약들은 단지 시간이 흐름에 따라 전달되는 솔루션들의 범위를 증가시키는 주요 수단들 중 하나일 뿐이다. 따라서 시간이 흐름에 따라 상호작용뿐 아니라 통합을 강화하는 기술적 수단이 중요하다.

솔루션은 보통 파트너(외부 공급사)의 네트워크를 통해 전달된다. 계약 모델 및 솔루션 전달에 사용되는 실제 절차들과 관련하여 각 파트너의 역할이 확실하게 규정되어야 한다. 파트너들 사이에 인터페이스와 의사소통 형태가 고품질의 투명성을 가진 솔루션 전달을 보장하도록 특정 통합 역량을 갖추어야 한다. 외부 공급자는 솔루션 공급자의 비즈니스 프로세스와 IT 시스템에 긴밀하게 연결되어야 한다. 이상적인 것은 공급자의 모듈 및 BSI와 마찬가지로 파트너인 각 공급자의 전달 모듈 및 BSI가 표준화되는 것이다.

5.2.1 약속 이행 및 전달

고객 지향 솔루션을 전달하는 것에 있어 중요한 측면은 판매 프로세스 동안 체결된 계약에 합의된 기능성과 가치가 고객에게 제공되도록 보장하는 것이다. 기업은 가능한 판매 단계 초기에 혹은 이보다 더 빠른 솔루션 정의 단계에서 고객에게 약속을 확실하게 명시해야 한다. 솔루션을 개발하는 책임을 맡은 기업의 부서들은 일반적으로 전달 프로세스를 감독하기에는 역량과 능력이 부족하기 때문에 전달을 책임지는 인력은 영업 팀에 기업의 전달 능력과 전달 시기에 대한 정보를 지속적으로 제공해야 한다. 이에 따라 고객에 대한 전달 약속이 현실에 맞추어 명시되고 이행될 수 있게 된다.

전달 단계에 기업은 공급되는 제품의 품질과 서비스 그리고 고객과 합의된 전달 "이정표(cornerstone)" 목표들이 준수되도록 보장해야 한다. 또한 고객의 가치 창출을 이끌도록 합의된 고객 KPI를 지속적으로 모니터링 하는 것이 필요하다. 기업의 가치 포착 관점에서 비용 효율적이고 수익성 있는 전달은 필수적이다. 솔루션의 표준화는 가치 창출과 가치 포착을 위한 기업과 고객 양쪽의 목표를 지원할 것이다.

솔루션 전달을 표준화 하는 것은 전달 프로세스 활동들을 일원화한다. 이러한 맥락에서 "전달"은 제품과 서비스의 전달뿐 아니라 통합과 관련되기 때문에 광범위한 의미를 갖는다. 솔루션 공급자가 전달하는 여러 모듈 사이 그리고 전달되는 솔루션 콘텐츠와 고객의 프로세스 및 시스템 사이에서 통합은 필수적이다. 솔루션과 여러 모듈을 표준화시킴으로써 공급자는 각 솔루션 전달에 있어 중복으로 인한 시간 낭비를 방지할 수 있다. 표준화의 부재로 인해 여러 국가와 지역에서 많은 지점들이 동일한 서비스를 중복하는 문제는 글로벌 기업에서 공통적으로 나타난다.

우리가 앞서 논의했듯이 BSI와 솔루션이 부호화된 개체로 디지털화되는 경우, 솔루션의 판매뿐 아니라 전달을 지원하는 다양한 정보가 이러한 개체에 첨부될 수 있다. 전달과 관련된 모든 사람들에게 적합한 교육 및 디지털 정보에 대한 접근을 제공하는 기업은 운영 중인 여러 지역에서 동일하게 솔루션을 전달할 수 있게 된다. 고객의 관점에서 여러 지역에 걸쳐 동일한 솔루션이 전달되는 것은 매우 중요하다. 더 나아가 많은 다국적 기업이 체결하는 솔루션 전달과 관련된 표준화된 글로벌 계약은 고객이 어디에 있든 동일한 전달을 보장한다. 글로벌 표준 전달 프로세스가 존재하지 않는 경우 즉, 솔루션과 여러 구성요소들이 표준화되지 않은 경우에는 고객에게 제시한 약속을 이행하고, 솔루션 전달을 고객의 기대에 맞춤화 하는 것은 실제로 매우 어려운 일이 된다.

솔루션 공급자에게 있어 솔루션 전달을 일원화하고 디지털화하는 것은 상당한 비용 절감을 보장한다. 한 글로벌 서비스 기업은 비즈니스를 분석한 후, 서비스 전달 표준화의 가장 큰 이점이 (a) 고객의 현장으로 가기 전에 서비스 업무를 준비하고, (b) 서비스 방문으로 얻은 정보를 고객뿐 아니라 기업 내 여러 부문들에 보고함으로써 상당히 시간을 절약하는 것에서 비롯된다는 것을 발견했다. 이 사례에서 총 비용 절감은 총 업무 시간 대비 10% 이상에 달했다.

기업 내에서 솔루션 전달과 관련된 모든 사람들에게 솔루션의 표준화된 기술 규격 및 성능, 명시된 고객 운영 및 전체 비즈니스에 끼치는 영향에 관한 정보가 제공되어야 한다. 전통적으로 매우 기술적이고 업무 지향적(task-oriented mindset) 사고방식을 가진 전달 중심조직의 경우, 고객의 운영 및 비즈니스 성과에 초점을 맞추는 것은 이른바 도전적 목표(stretch goal)의 수립과 준수를 가능하게 하기 때문에 특히 유용하다. 합의된 고객 KPI는 이러한 도전적 목표에 따라 지속적으로 측정되어야 하며, 이에 따른 발견은 기업 내 모든 관련 인력에게 빠르고 확실하게 전달되어야 한다. 이러한 과정은 고객과 협력하는 공동 측정, 보고 활동 및 후속 절차를 필요로 한다.

전달과 관련된 프로세스는 전달의 성과를 고객과 함께 체계적으로 검토하고 관리하는 프로세스다. 이를 수행하는 가장 효과적인 방법들 중 하나는 단순한 직접 대면 형태 혹은 전화 회의 형태를 통해 정기 회의의 일정을 계획하는 것이다. 이러한 회의에서 기업과 고객 양측의 대표자들은 중요한 고객 KPI, 공동 KPI, 공급자 KPI의 성과를 공개적으로 검토한다. 필요한 경우에는 시정 조치가 결정될 수 있으며 새로운 목적/목표가 정의될 수 있다.

다음의 고객 사례는 이러한 정기 검토의 혜택을 보여준다. 이 사례는 기업의 시스템 전달 및 산업 고객과의 유지보수 계약을 포함한다. 계약은 물류 시스템의 가용성을 보장하기 위한 것이었다. 처음에 고객측 운영 관리자는 시스템이 운영되지 않는 시기에 기업측 인력으로부터 시스템 관련 정보를 받았기 때문에 시행되는 시스템과 신뢰성에 만족하지 못했다. 고객측 운영 관리자의 이러한 부정적 인식은 공급자의 유지보

수 인력이 실제 99% 이상인 시스템 가동시간(uptime)에 정기적으로 보고하게 됨에 따라 완전히 바뀌게 되었다.

주목해야 할 또 다른 중요한 사안은 솔루션의 전달이 일반적으로 문제 및 기회 식별, 솔루션 정의, 판매, 전달의 모든 차후 단계들 동안 고객과의 지속적인 관계를 관리하는 효과적 수단들을 필요로 한다는 것이다. 솔루션 판매 단계에 가능한 신속하게 판매와 전달 자원 사이의 효과적인 협력을 보장하는 것은 매우 중요하다. 한 고위 영업 임원은 다음과 같이 말했다. "복잡한 시스템 전달의 경우, 고객은 항상 전달 주문에 서명하기 전 전달을 책임지는 우리측 프로젝트 관리자를 신뢰할 수 있을지 확인하고 싶어 한다." 따라서 고객 지향 솔루션을 판매하고 전달할 때, 기업은 고객에게 전달되는 콘텐츠뿐 아니라 솔루션이 어떤 인력에 의해 어떤 방식으로 전달될 지 결정하는 것이 중요하다는 것을 유념해야 한다.

5.2.2 고객 내재화 증가에 따른 가치 창출 지원

솔루션 공급자는 일반적으로 장기간에 걸쳐 고객과 긴밀히 관계를 맺음으로써 높은 수준의 고객 내재화를 얻고자 노력한다. 솔루션 요소 및 솔루션의 반복되는 전달은 계약 기간 전체에 걸쳐 공통적인 경향을 갖는다. 솔루션이 고객의 비즈니스 프로세스에 긴밀하게 통합되도록 보장하는 것은 고객의 아웃소싱 프로세스 측면에서도 중요하다. 고객과 공급자에게 어떠한 가치도 창출하지 않는 틀에 박힌 반복을 줄이기 위해서는 솔루션 공급자의 BSI는 고객의 ERP 시스템에 코드 항목으로 입력되어야 한다. 이러한 접근 방식은 자동화된 BSI의 주문을 가능하게 하며 불필요한 중복을 줄일 수 있다는 것을 의미한다. 통합은 전체 솔루션 판매 및 전달 비용을 절감하는 것으로 솔루션 비즈니스 플랫폼에 투자하는 방식의 중요한 사례이다. 전자 송장(e-invoicing)은 고객과 솔루션 공급자 사이에서 빠르게 증가하고 있는 통합 분야이다.

고객의 가치 창출 과정을 지원하는 한 가지 효과적인 수단은 솔루션 공급자와 고객의 인력 사이에 지속적인 상호작용을 수립하는 것이다. 공급자와 고객 사이에 기술 서비스 및 유지보수 계약 같은 장기적 지원 계약은 계약 범위가 작은 경우에도 최소한 초기 단계에서는 이러한 형태의 상호작용을 가능하게 한다. 효과적인 협력은 보통 협력 계약의 범위를 확대시킨다.

"성과 계약(performance contracts)"은 지속적으로 이루어지는 솔루션 전달의 특별한 범주이다. 일반적으로 성과 계약에 제시되는 목표는 고객의 가치 창출 프로세스의 명시된 분야에서 지속적인 개선을 달성하는 것이다. 이러한 개선은 정의된 고객 KPI에 따라 측정된다. 성과 계약을 관리하는 것은 핵심 프로세스 동안 고객과의 긴밀한 협력을 필요로 할 뿐 아니라 관계를 더 깊이 있게 만들고 새로운 혁신과 비즈니스 기회를 확인하기 위한 기회를 만들어낸다.

기업이 고객의 가치 창출을 지원하고 고객 내재화를 증가시킬 수 있는 한 가지 효과적인 방법은 기술 시스템 수준에서 지속적이고 자동화된 방식으로 고객과의 접촉을 발전시키는 것으로 이러한 접촉은 고객에게 전달되는 솔루션과 기업의 지원 시스템 및 자원 사이에 인터페이스에 결합된다.

사례 _ Heidelberg : 원격 서비스로 지원되는 우수한 고객 서비스[16)]

Heidelberg는 독일의 인쇄기 공급업체로, 장비 전달 계약에 표준 기능으로 포함되는 장기 보증 계약에 체계적으로 고객을 참여시킴으로써 솔루션과 고객 프로세스 사이에 효과적 통합을 보장한다. 이러한 보증 기간 동안에 고객은 Heidelberg 서비스들의 가치를 인식하게 되고, 이에 따라 인쇄 운영을 크게 개선하는 것으로 간주되는 예비 부품 및 소비재 전달을 촉발시킨다. 보증 기간 동안 매우 성공적인 협력이 일어날 경우에는 고객이 Heidelberg와 장기 서비스 계약을 체결할 가능성이 매우 높아진다.
Heidelberg는 새로운 인쇄기의 표준 기능으로 Heidelberg의 원격 서비스 통신 기능을 포함하는 방식으로 보증 서비스 및 계약 기반 서비스를 장비 비즈니스와 통합한다. 이러한 방식을 통해 Heidelberg는 매우 짧은 시간 내에 고객에게 다양한 서비스를 제공할 수 있다. 인쇄기 상태의 모니터링(물론 고객이 설정에 접근할 수 있는 경우에만 가능함), 필요 조치에 대한 자문 제공, 인쇄 품질 개선을 위한 인쇄기 설정 조정이 서비스에 포함된다.
현재 주요 장비와 시스템 공급자들은 고객의 가치 창출을 지원하고, 자체 솔루션 비즈니스를 성장시키기 위해 점차적으로 원격 모니터링, 진단 및 기타 서비스들을 제공하고 있다.
높은 수준의 고객 내재화를 달성하고 여러 고객의 특정 솔루션 니즈를 해결하는 것은 솔루션 프로젝트 및 장기 계약에서 거의 항상 어느 정도 고객에 특화된 통합을 필요로 한다. 그러나 이러한 필요성을 유념하면서 기업은 앞서 설명된 것처럼 반복적 통합 업무들을 모듈화된 BSI로 표준화시키고자 노력해야 한다. 이러한 접근은 공급 기업이 특정 고객 시스템 환경을 "표준" 기능으로 다루면서 오직 사례별로 특화된 기준에 따라 다양한 시스템 환경에 통합을 제공하도록 만든다. 그러나 기업은 솔루션 전달 단계에서 반복적이고, "틀에 박힌" 통합 업무에 가장 중요한 R&D 자원을 사용하지 않도록 주의해야 한다. 중요한 자원은 지속적으로 수익성 있는 솔루션 비즈니스 성장에 필요한 확장성을 가진 새로운 BSI와 솔루션을 개발하기 위해 유보되어야 한다.

---

16) 이 사례는 Heidelberg 웹사이트(http://www.heidelberg.com)의 공개 정보를 기반으로 함.

높은 수준의 고객 내재화를 달성하고 여러 고객들의 특정 솔루션 요구들을 해결하는 것은 솔루션 프로젝트들 동안 그리고 장기 계약들에 걸쳐 거의 항상 어느 정도의 고객 특화 통합 작업을 필요로 한다. 그러나 이러한 가능성을 유념하면서 기업들은 앞서 설명된 것처럼 반복적 통합 업무를 표준화된 BSIs로 산업화시키는 목표를 가져야 한다. 이러한 접근은 제공 기업이 특정 고객 시스템 환경을 "표준" 특징들로 바라보고 오직 사례별로 다른 시스템 환경에 통합을 제공하도록 만든다. 그러나 기업은 솔루션 전달에서 반복적이고, "틀에 박힌" 통합 업무에 가장 중요한 R&D 자원을 사용하지 않도록 주의해야 한다. 이러한 중요한 자원은 지속적으로 수익성 있는 솔루션 비즈니스 성장에 필요한 새로운 확장 가능한 BSI들과 솔루션들을 개발하기 위해 유보되어야 한다.

5.2.3 파트너 네트워크 관리

제품 비즈니스에서 솔루션 비즈니스로 전환할 때, 기업은 보통 자체 제품과 서비스뿐 아니라 광범위한 파트너 네트워크의 제품과 서비스까지 포함하는 솔루션을 개발한다. 따라서 이러한 네트워크를 성공적으로 관리하는 것은 솔루션 공급자의 기본적인 역량이다. 전체 솔루션의 중요 요소로서 써드파티 요소는 BSI, 혹은 전체 솔루션의 하위 솔루션으로 관리되어야 한다.

네트워크 파트너와의 협력은 선제적이고 체계적인 관리 활동을 필요로 한다. 특히 중요한 솔루션 요소들과 관련하여 이러한 협력은 장기 계약으로 이루어져야 한다. 이에 따라 모든 당사자들이 이러한 중요 요소에 투자할 수 있게 된다. 파트너 활동은 조직 내 여러 기능 및 수준에서 관리되어야 한다. 정기적인 일간, 주간 회의 및 월별, 분기별 계획, 이에 따른 후속 회의들은 기술, 운영, 재무 성과와 관련된 특정 KPI를 정의하는 프로세스에서 전형적으로 이루어지는 것들이다. 후자의 프로세스는 사실을 기반으로 한 명확한 방식으로 협력을 관리할 수 있다.

네트워크 파트너와의 협력이 다수의 거래들을 포함하는 경우, 공동 판매 및 마케팅 활동, 공급 수요 계획, 주문, CAD 도안 같은 기술 정보의 공유 등을 신속히 처리하기 위해 양쪽 회사들의 IT 시스템도 통합되어야 한다. 공급자는 네트워크에서 주문되는 모든 품목(BSI)의 "목록을 만들고(catalogue)", 이러한 품목을 ERP 시스템에 코드로 입력하는 경우, 주문 프로세스의 효율성이 크게 개선된다는 것을 인식하게 된다.

사례 _ STX Finland : 공급자 네트워크의 경쟁 우위[17)]

STX Finland는 유람선과 연안 선박에 초점을 맞추는 국제적인 조선 기업이다. 전 세계 최대의 유람선인 Allure of the Seas처럼 더 크고 복합적인 선박을 건조하기 위해 회사는 조선소에 있어 경쟁 우위의 근본적 원천이 되는 체계적인 공급자 네트워크 관리 구조를 개발했다.

STX Finland는 자체 기술 및 네트워크를 가진 전문화되고, 독립적인 기업과의 긴밀한 협력으로 혜택을 얻고 있다. 이러한 혜택들은 네트워크에 존재하는 방대한 노하우와 유연성에서 파생된다.

네트워크에서의 협력은 가장 먼저 공통의 가치 및 목표를 기반으로 하며, 두 번째로는 합의된 프로세스와 계약, 그리고 세 번째로 STX Finland와 네트워크 파트너 사이에 통합되어 있는 엔지니어링 업무와 최종 문서화에 대한 공통 IT 플랫폼을 기반으로 한다. STX Finland는 공급자들의 모든 모듈과 하위 솔루션(sub-solution)을 자체 정보 시스템 내 디지털화된 항목들로 관

17) 이 사례는 STX Finland의 Timo suistio와의 인터뷰, Vectia 멀티클라이언트 프로젝트(COINS 2009)를 기반으로 함.

리한다.
파트너와 STX Finland 사이의 통합 운영 이외에 STX는 네트워크 파트너들에게 선박 자동화, 추진, 승강기 시스템, 또는 전체적으로 완비된 호화 캐빈과 같은 특정 비즈니스 분야에서 세계적인 혁신 리더가 될 것을 요구한다. 따라서 파트너들은 자체 운영을 혁신시키고 지속적으로 발전시키며 생산성을 개선시키고자 노력한다.
성공적인 혁신은 전체 네트워크에 걸쳐 STX Finland와 공급자들 사이에 개방적 협력을 필요로 한다. STX는 더 나아가 파트너들에게 상당한 자원 및 자금을 지속적으로 혁신 활동에 투자할 의지와 능력을 요구한다.

위의 사례에서 우리는 네트워크 파트너 BSI의 디지털화가 수익성 있는 솔루션 전달에 있어 필수적이라는 결론을 내릴 수 있다. 물론, 디지털화는 네트워크 파트너 스스로에 의해 이행되어야 한다. 디지털화와 부분적으로 자동화된 커뮤니케이션은 동일한 솔루션 전달을 향해 노력하는 공급자들의 대규모 네트워크에 의한 효과적이고, 비용 효율적인 솔루션 전달을 가능하게 하는 핵심 요인이다.

외부의 네트워크 파트너를 이용하는 솔루션 공급 기업에게 있어 전통적인 문제는 낮은 이익률이다. 경쟁으로 인하여 네트워크 파트너의 콘텐츠와 관련된 솔루션 공급자의 이익률은 일반적으로 자체 콘텐츠의 이익률보다 낮다. 이에 따라, 전체 솔루션의 EBIT 수준(earnings before interest and taxes: 이자와 세금 공제 전 이익)은 솔루션 공급자의 전체 목표치보다 더 낮은 경향을 보인다. 이를 피하기 위하여 솔루션 공급 기업은 광범위한 솔루션 범위에서 초래되는 상당한 고정비용을 추가하지 않고, 계약에 따라 책임지는 모든 통합 업무에 대해 높은 가격과 차익을 확보해야 한다. 기업이 이러한 성과를 달성하지 못하는 경우는 전체 "포괄 계약(umbrella agreement)"에 따라 네트워크 파트너와 고객 양쪽에 병행되는 직접 청구 방식을 도입하는 것이 타당한 옵션이라는 것을 발견하게 될 것이다.

5.3 솔루션 전달에서 성과 평가

기업/조직 및 부서의 성과를 평가하기 위해 다음 도표에 있는 가치 검증과 솔루션 전달 사례를 이용해 볼 수 있다. 도표에 있는 기술들은 솔루션 비즈니스에서 성공한 기업들이 사용하는 '모범 사례' 및 역량으로 볼 수 있다. 기술에 대한 응답들은 기업의 개발 필요성에 대한 우수한 아이디어를 제공할 것이다.

조직에 이러한 사례가 결여되어 있다면, 이러한 결과가 나오도록 만든 특정 원인이 존재하는지 고려해봐야 한다. 예를 들어 운영 중인 시장 및 산업에 모범 사례의 부재를 설명할 만한 원인이 존재하는가?

가치 검증	사용하지 않음	계획됨	시행됨
판매 프로세스는 주문-전달 프로세스에 대한 정확한 입력 정보를 보장한다.			
계약을 이행하는 전달에 따라 신속한 전달 운영이 가능하다.			
고객에 대해 창출되는 가치는 정기적으로 확인된다.			
고객 수익성이 체계적으로 측정되고, 이에 따라 후속 조치가 취해진다.			
솔루션 전달 프로젝트 참고 사례들이 기록보관소를 통해 공유된다.			
새롭게 개발된 솔루션(특정 고객을 위해 개발된)은 다른 고객에게도 판매될 수 있는 표준화된 방식으로 기록된다.			
솔루션 전달	**사용하지 않음**	**계획됨**	**시행됨**
커뮤니케이션 프로세스는 기업이 전달 동안 적시에 정보를 얻거나, 제공하는 것을 가능하게 한다.			
전달이 모니터링 되며, 전달 프로세스에서 위험이 감지되는 경우 선제적 시정 조치가 취해진다.			
네트워크 파트너의 역할이 계약 모델과 템플릿에서 명확하게 정의된다.			
파트너와의 커뮤니케이션 및 인터페이스 방식이 명확하게 정의된다.			
솔루션 개발은 고객의 장기적 가치 창출을 지원한다.			

6 솔루션 플랫폼 : 지속 가능한 성공을 위한 토대

	솔루션 개발	수요 창출	솔루션 판매	솔루션 전달
	고객 통찰과 기업 자원 결합	수요 창출과 판매 기회 확인	기회에서 주문으로 전환	고객 가치창출과 기업 가치 포착의 달성
상품화	가치 연구	가치 제안	가치 정량화	가치 검증
표준화	솔루션 계층구조	솔루션 구성	솔루션 도구	솔루션 배치
솔루션 플랫폼	전략 계획	경영 시스템	인프라 지원	인적자원 관리

솔루션 비즈니스에서 지속 가능한 성공은 다음과 같은 네 가지의 역량 및 수행방식들로 구성되는 솔루션 비즈니스 플랫폼에 대한 투자를 필요로 한다.

- **전략 계획** : 솔루션 비즈니스에서의 성공은 전략적 초점을 필요로 한다. 최고 경영진은 솔루션 비즈니스의 목표를 정의해야 하며, 기업은 수익성 및 매출 성장에 끼치는 재무 영향을 확보해야 한다.
- **경영 시스템** : 솔루션 비즈니스의 논리는 제품 비즈니스의 논리와는 매우 다르다. 따라서 동일한 방식으로 관리, 계획, 통제 및 측정이 수행될 수 없다.
- **인프라 지원** : 솔루션 비즈니스는 고객 정보(customer intelligence) 역량, 입찰 및 계약 관리, 전사적 자원 관리 형태의 정보 및 커뮤니케이션 기술, 제품 정보 관리 시스템, 고객 관계 관리 시스템의 지원을 필요로 한다.
- **인적자원 관리** : 솔루션 비즈니스의 기술 프로필 요구사항은 영업 인력의 재무 감각 개선에 초점을 맞춘다.

6.1 전략 계획 : 솔루션 비즈니스를 최우선으로 설정하기

솔루션 비즈니스로 전환하는 것은 기업 전략의 정의를 요구한다. 특히 최고 경영진은 기업의 장기적 재무 성장 및 수익성에 긍정적이고 의미 있는 영향을 끼치도록 솔루션 비즈니스 전략과 목표를 정의하고 수립해야 한다. 또한 경영진은 솔루션 비즈니스의 초점이 되는 시장 및 세분시장을 정의하고, 비즈니스 목표를 포함하여 부문에 특화된 전략들을 개발해야 한다.

어떤 기업도 단 하나의 솔루션 공급을 통해 솔루션 비즈니스로 전환할 수는 없다. 따라서 솔루션 비즈니스에서 성공을 바라는 기업은 솔루션 포트폴리오의 개발과 관리를 핵심 수행으로 삼아야 한다. 이는 개발할 솔루션 유형, 솔루션 투자 및 포기, 출시 목표 및 아웃소싱 여부에 대한 결정을 내려야 한다는 것을 의미한다. 솔루션 포트폴리오 관리의 중요한 측면은 기업이 체결하는 여러 솔루션 계약들과 연관된 전체 위험을 평가하는 것이다.

6.1.1 비전과 목표 : 솔루션 비즈니스를 최우선으로 설정하기

솔루션 비즈니스로의 전환은 기업 전략의 정의를 요구한다. 전환은 주로 최고 경영진에 의해 주도되기 때문에 이들은 솔루션 비즈니스의 역할을 강조하는 명확한 전략 및 목표를 가져야 한다. 경영진은 다음과 같은 질문을 통해 솔루션 비즈니스로 전환하는 이유를 스스로와 기업 내 모든 사람들에게 명확하게 설명해야 한다. 기업을 전체적으로 성장시키는 것이 목표인가, 아니면 특정 분야를 성장시키는 것이 목표인가, 혹은 원활한 주기적 비즈니스를 위해 더 안정적인 현금 흐름을 달성하는 것이 목표인가?

경영진은 또한 수립된 목표가 달성될 수 있도록 만드는 동인들에 대해 명확히 해야 한다. 특히 목표에 도달하기 위해 기업이 조직으로서 해야 하는 것을 확인해야 한다. 순전히 제품 기반인 기업이 서비스 비즈니스를 개발하는 경우에는 또한 지표의 변화가 필요하다. 성공 지표는 기업의 전체 전략에서 도출되어야 하며, 올바른 가치 동인들을 기반으로 해야 한다.

사례 _ Fujitsu Services : 다듬어지지 않은 비전(wild vision)에서 우수하게 확립된(well-established) 솔루션으로[18)]

1990년대 중반, 핀란드의 Fujitsu Services는 아웃소싱 서비스에 대한 초기 전략을 개발했다. 이러한 서비스는 기업 고객이 더 이상 간혹 비효율적이며, 능숙하지 않은 자체 IT 부서들을 가지고 있어야 할 필요가 없다는 것을 의미했다.
Fujitsu는 처음에 비즈니스 진행 방법에 대한 명확한 비전을 가지고 있지 않았지만, 이러한 서비스가 전체 오피스 인프라를 다루어야 한다는 것은 알고 있었다. 초기 단계에 "office infra from the plug"라는 전략 슬로건까지 개발했다. 직후에는 Patja라는 서비스 브랜드를 제시했으며, 이는 매트리스를 뜻하는 핀란드어였다.
초기 비전은 실현 방식에 대한 몇 가지 원칙들을 포함했다. 첫 번째 원칙은 서비스 구매의 편리함이었으며, 두 번째 원칙은 고객과의 용이한 협력이었다. 이러한 원칙들에 따라 Fujitsu Services는 고객의 IT 프로세스를 전체적으로 책임지게 되었으며, 고객은 IT운영과 유지보수라는 비핵심 프로세스에서 자유로워질 수 있었다. 세 번째 원칙은 고객에게 안전한 솔루션이었다. 즉, 서비스를 관리하고 고객과 협력하여 성과에 대한 후속 조치를 시행하기 위한 명확한 절차와 지표들이 있어야 했다. 마지막 원칙은 재무 관점에서 고객이 청구서를 보고 놀라게 되는 일이 없어야 했다. Patja는 매달 워크스테

18) 사례 출처 Kaario(2009), fujitsu 웹사이트(http://www.fujitsu.com)의 공개 정보

이션마다 확정된 금액에 따라 청구되었다.
시장에서 Patja는 빠르게 성장하지 못했다. IT 서비스를 아웃소싱한다는 생각은 1990년대에는 낯선 것이었으며, 잠재 고객은 이 분야에 경쟁사가 없는 것을 위험 요인으로 여겼다. 서비스의 원래 출시 시기는 IT 아웃소싱의 성장보다 훨씬 더 앞서 있었다. 그러나 2000년대 말, Patja는 핀란드에서 가장 인정 받는 아웃소싱 브랜드가 되었다. 혁신에 대한 초기 투자, 솔루션과 시장의 개발은 Fujitsu Services에 멋진 성과를 가져다 주었다.

6.1.2 선택과 집중을 통한 솔루션 비즈니스 성장의 가속화

비전 목표 이외에 시장 및 세분시장(segment)의 우선순위를 정하는 것은 솔루션 비즈니스의 전략적 계획 수립에서 핵심 요소 중 하나이다. 제품 판매에서 서비스 솔루션 판매로 비즈니스 모델을 전환하는 경우, 기업은 현재 비즈니스 모델을 변경하거나, 현재의 비즈니스 모델과 병행하여 새로운 비즈니스 모델을 관리할 수 있는 역량을 개발해야 한다. 물론 변화는 공급 기업 내부에서 일어나지만 솔루션을 구매하고 이러한 솔루션을 내부 프로세스에 적용함으로써 혜택을 얻기 위해 고객도 프로세스 및 운영을 솔루션 구매에 맞추어 조정해야 한다는 인식이 필요하다. 그러나 모든 고객이 솔루션을 구매할 수 있는 것은 아니다. 특히 복잡한 라이프사이클을 가진 솔루션의 경우는 구매하려 하지 않을 것이다. 기업에게 있어 솔루션에 투자하도록 이러한 고객을 설득하기 위해 시간을 보내는 것은 자원의 낭비가 될 것이다.

따라서 솔루션 비즈니스 개발은 적합한 고객 시장 및 세분시장을 찾고, 우선순위를 매기는 것으로 시작되어야 한다. 새로운 시장을 발굴하거나 또는 매우 세밀화된 수준으로 구체화해서 고객 세그먼트 및 지리적 위치 등에서 전통적 시장 정의를 넘어서는 새로운 시장을 개발해야 할 수 있다. 잠재적 시장과 성장 기회들을 성공적으로 파악하는 것은 시장 정의를 얼마나 세밀화 시킬 수 있느냐에 달려 있다. 이러한 요구사항을 또 다른 식으로 표현하자면 시장들을 다양한 관점들에서 바라볼 수 있도록 범위를 확대해야 한다. 이러한 접근은 성장 기회에 대한 유익한 분석을 도출할 것이며 솔루션에 대한 시장의 수용 정도를 확인시켜줄 것이다.

원하는 시장을 구체적으로 파악하는 데에는 개방성과 고객 중심 사고방식을 필요로 하며 이러한 과정은 해당 솔루션의 특징들에 초점을 고정해 놓아야 한다. 이러한 형태의 접근은 솔루션이 제공 기업에 성장과 수익성을 제공하는 데 있어 특히 성공 가능성이 높은 시장 및 세분시장을 판단하는데 도움을 준다. 시장 파악 기준은 예를 들어 가치 사슬에서의 세부 위치, 가치 네트워크에서 여러 유형의 행위자들, 고객 프로세스 단계들, 고객의 에너지 소비와 비용의 절감과 같은 전체 및 세부 니즈와 관련될 수 있다.

그러나 기업은 솔루션을 모든 사람에게 판매할 필요는 없다. 시장을 좁히는 것은 더 구체적인 비즈니스 계획과 견고한 목표 수립에 대한 추진력을 제공한다. 또한 판매, 시장 형성, 솔루션 개발의 측면에서 더 집중된 자원 할당을 촉진한다. 시장 선택을 좁히고 실행 초점을 선택에 맞추어 조정하는 것은 더 빠른 시장 진입을 가능하게 하고 솔루션의 상용화를 가속화한다.

사례 _ Wärtsilä : 시장 선택을 통한 성장 발견[19)]

핀란드 헬싱키에 본사를 둔 Wärtsilä는 해양 및 에너지 시장에 라이프사이클 전력솔루션을 제공하는 세계적인 기업이다. 이 회사는 70개국의 170개 지역에 약 18,000명의 직원을 두고 있다.

수년에 걸쳐 Wärtsilä는 비즈니스 개발 및 선박설계에서 선박 재활용에 이르기까지 해양 라이프사이클 솔루션을 제공하는 역량을 발전시켜 왔다. 이러한 솔루션은 매출 성장, 리스크 관리, 운용선단 최적화, 비용 예측성의 측면에서 고객을 지원한다. 선박 엔진을 판매하는 전통적 제품 비즈니스와 비교하여, Wärtsilä의 솔루션 비즈니스 접근은 가치 사슬에서 회사의 입지를 솔루션 공급자로 전환했으며 비즈니스의 다양성을 증가시켰다.

회사에게 가장 성장잠재력이 있는 분야를 파악하고, 최고의 부가가치를 제공할 수 있는 대상고객 집단을 확인하기 위해 Wärtsilä는 기업의 라이프사이클 솔루션 비즈니스 접근 방법을 통해 혜택을 얻을 가능성이 높은 해양산업 시장들을 조사하는 체계적인 방법을 개발했다.

Wärtsilä는 라이프사이클 솔루션 오퍼링의 판매 전망을 예측하기 위한 도구와 방법들을 갖추었지만 최적의 시장 전망들에 전념하는 선제적 접근 방법이 결여되어 있었다. 비교적 적은 자원이 새로운 라이프사이클 솔루션 비즈니스 접근에 할당됨에 따라(그러나 야심찬 성장에 대한 기대가 존재했다) Wärtsilä는 접근을 포기하고 대신 적중률을 높일 수 있는 목표들에 판매 노력을 기울여야 한다는 것을 알게 되었다.

결과적으로 회사는 성장을 보여주거나 보여줄 가능성이 높은 것으로 정의된 시장들 내에서 특정시장 영역에 맞는 솔루션을 선별하고, 설계하기 위한 구조화된 방법을 개발했다. 이에 따라 회사의 전통적 시장들을 넘어 솔루션 비즈니스 접근이 고객과 공급자 양쪽에 성장과 수익성을 창출할 것으로 고려되는 특정 시장들을 우선으로 분석에 착수했다. 해양 시장을 설명하고 범주화하기 위해 다양한 혁신적 차원들을 이용하는 것에서 시작하고 이후에는 이러한 차원들을 십여 개의 세분시장들로 좁혀 나감에 따라 Wärtsilä는 소

19) 사례는 Peter Hanstein, Warsila(2011)와 Wartsila 웹사이트(http://www.wartsila.com)의 공개 정보를 기반으로 함.

구성과 경쟁 등의 측면에서 확인된 성장성 있는 세분시장들을 분석할 수 있었다. 마지막으로 Wärtsilä는 이러한 세분시장 영역들을 우선 목표로 할 부문과 나중에 목표로 할 부문으로 범주화했다.
이러한 마케팅의 단계를 거침에 따라 Wärtsilä의 라이프사이클 솔루션 부문은 단기적으로 집중하게 될 시장들로 구성된 시장 성장 포트폴리오를 구성했다. 이 포트폴리오는 또한 중기적으로 성장을 달성하는 것과 장기적으로 시장을 형성하는 것을 지향했으며 이에 따라 자원이 할당되었다. 예를 들어 라이프사이클 솔루션 부서는 각 성장시장 부문의 책임자를 지명했고 시장 형성 방식에 대한 계획을 정의했다. 따라서 책임 부문은 현재의 초점 시장을 선택할 수 있을 뿐 아니라 미래에 시장 선택을 선제적으로 수정하고 성장시키기 위한 도구를 활용할 수 있었다.

6.1.3 솔루션 포트폴리오 관리

일단 기업이 목표 시장 및 세분시장을 선택하게 되면 솔루션 포트폴리오가 선택된 세부부문에 실제로 적합하도록 보장해야 한다. 이러한 프로세스는 명백히 반복적 프로세스이다. 즉, 가장 먼저 출시될 솔루션을 정의한 후, 기업은 솔루션 중심 관점에 따라 시장을 선택하고, 반대로 시장 관점에 따라 솔루션을 선택하게 된다. 그러나 앞에서 강조했듯이 솔루션 비즈니스로의 전환은 특히 단 하나의 솔루션을 제공하는 것만으로 성공하기는 어렵다. 이에 대한 확실한 대안은 솔루션 포트폴리오를 갖추고 이를 세심히 관리하는 것이다.

기업 내에서 포트폴리오 관리를 책임지는 인력은 기업 전략 팀의 일원이어야 한다. 이들은 어떤 솔루션을 개발하거나, 포기할 것인지, 어떤 것에 투자해야 하는지, 새로운 솔루션들을 언제 출시할 것인지, 어떤 것을 아웃소싱 할 것인지와 같은 다양한 결정들을 내려야 할 것이다. 또한 이들은 목표들을 수립하고, 솔루션 규모 및 고객 만족도를 모니터링 하고, 개별 판매 사례 및 판매 유입 경로와 관련된 위험들을 개선해야 한다. 대기업은 보통 이러한 위험들 외에 대규모 프로젝트 및 장기 계약들과 관련된 위험들을 평가하고 관리하기 위한 전용 위험 관리 프로세스가 준비되어 있다. 그러나 그럼에도 새로운 솔루션 범주와 관련하여 동시에 진행되는 여러 판매 및 전달 업무에서 초래되는 총체적 위험 노출을 관리하기 위한 절차 및 도구를 갖추고 있지 않을 수 있다. 이러한 종류의 위험을 관리하지 못하는 것은 종종 솔루션 기업의 위험 관리에 있어 취약점이 된다. 철저한 위험 관리는 판매 유입 경로에 있는 계약들과 이미 전달 단계에 있는 계약들을 포함한다.

따라서 기업은 솔루션 범주의 개발 및 역량 증대의 초기 단계에서부터 새로운 솔루션의 가용성을 체계적으로 관리해야 한다. 이러한 방식은 솔루션이 고객 계약에 명시된 대로 이행되지 않거나, 솔루션 전달 비용이 초과되는 위험에 노출되는 것을 방지한다. 위험을 모니터링 하고 관리하는 것은 올바른 질문을 필요로 한다. 그리고 이에 대한 해답은 판매와 전달 도중 발생할 수 있는 위험을 예방하기 위한 의사결정에 정보를 제공할 것이다.

효율적이고 현실적인 포트폴리오 관리는 경쟁 우위의 원천이다. 솔루션에서 무엇을 뺄 것인지 혹은 기존 솔루션들을 개선하거나, 새로운 솔루션들을 개발하는 데 필요한 자원을 언제 제공할 것인지와 관련된 어려운 결정들을 필요로 할 수 있다. 포트폴리오 관리는 무엇보다 자원 할당과 관련된다. 대부분의 기업은 인력, 시간, 재무 또는 이 셋 모두의 관점에서 제한된 자원을 가지고 있다. 기업이 매출과 성장의 측면에서 최상의 잠재적 성과를 거두려면, 이러한 자원을 여러 솔루션들에 효과적으로 할당하는 것이 분명히 필요하다. 포트폴리오 내에서 새로운 솔루션들의 성공적 내부 및 외부 출시는 책임, 주요 업무, 일정을 설명하는 명확히 정의된 출시 프로세스를 필요로 한다.

글로벌 환경에서 솔루션 포트폴리오를 관리하는 것은 일정 수준의 중앙 집중식 통제를 필요로 한다. 이에 따라 현지 조직들이 일회성 솔루션들을 독자적으로 개발할 수 있도록 허용하는 대신 전략 센터가 무엇에 초점을 맞추고, 무엇을 개발할 것인지에 대한 개요를 만들어내고 전략적 평가에 맞추어 현지의 계획들을 조정해야 한다.

사례 _ UTC : 통합 빌딩 솔루션[20)]

United Technologies Corporation(UTC)는 Carrier 공조 시스템, Hamilton Sundstrand 항공우주 산업 시스템, Otis 엘리베이터와 에스컬레이터, Pratt & Whitney 항공기 엔진, Sikorsky 헬리콥터, UTC 화재 & 안전, UTC Power 연료 전지와 전력 시스템을 제공하는 다각화된 글로벌 기업이다. 2010년에 이 회사는 71개국에서 208,200명의 직원을 두고 있다.
최근 UTC는 다양한 제품과 운영에 걸쳐 시너지와 통합 가능성을 모색하기 시작했으며 차후에는 다양한 상품의 회사들의 활동들을 통합할 수 있도록 하는 제품 전략을 시행했다. 이에 따라 회사는 전통적 제품 포트폴리오 관리 기반에서 솔루션 포트폴리오 관리 및 혁신에 초점을 맞춘 통합 비즈니스로 전환했다. 회사는 차세대 솔루션들을 지원할 수 있도록 개발되는 기술들을 찾아내고 이러한 기술들을 현재의 기술들과 통합하는 것을 지향하는 연구에 착수하고 있다.
통합 솔루션 구축을 통해 UTC는 고객이 건물에서 에너지 효율과 성능을 개선시키기 위해 사용할 수 있는 다양한 종류의 기술들과 중요 시스템들의 플랫폼을 개발했다. UTC에 따르면 에너지 재생 승강기(regenerative lift), 자가 발전, 에너지 효율적 냉난방, 화재 감시반, 기업 보안의 통합은 건물들의 에너지 소비를 70%까지 절감할 수 있다. 이러한 에너지 절감의 상당한

20) 이 사례는 다음의 공개 정보들을 기반으로 함: http://buildingsolutions.utc.com; http://www.utcr.utc.com; http://www.ctbuh.org

부분이 건물 기술을 건물 내에 필요한 모든 다양한 종류의 정보 시스템들과 통합하는 것으로 달성된다. 따라서 UTC는 건물 요소들, 설비, 센서, 자동화 시스템들의 온도 및 제어가 가능한 통합을 개발하는 방법에 초점을 맞추고 있다. 여기에 통신 네트워크가 난방, 환기, 냉방 시스템을 비롯하여 엘리베이터, 비상발전 공급 및 소방과 연결된다.

에너지 절감 솔루션 이외에 UTC의 통합 시스템 포트폴리오는 다양한 종류의 혁신들을 적은 시간과 적은 비용으로 실현시키도록 설계된 모델링 방식들로 구성된다. 이 회사의 냉난방 공조 시스템 부서의 모듈식 설계는 설치 및 유지보수를 더 쉽고 효율적으로 만든다.

통합 빌딩 솔루션과 에너지 절감 혁신기술과 함께 UTC는 더 지속 가능한 건설 및 특히 오늘날 신흥 시장들에서 점차 증가하는 글로벌 도시화를 향한 대규모 추세에 대응하는 것을 목표로 하고 있다. 비전과 기업의 장기적 성장을 지원하도록 제품 및 서비스 포트폴리오의 입지를 다지기 위하여 UTC는 솔루션 포트폴리오를 체계적으로 전환시켰다. 회사는 첨단 기술, 에너지 효율성, 환경 요구기준에 대한 준수를 반영한 제품 및 서비스들에 투자하면서, 낮은 성과를 보이는 비 핵심 자산들을 제거함으로써 포트폴리오를 능동적으로 재구성하고 재정비했다. UTC는 더 나아가 시장 조사와 제품 제공 규모를 확대함에 따라 포트폴리오를 강화했다.

6.2 경영 시스템 : 솔루션 비즈니스에서의 성공 지원

이 장의 앞부분에 언급한 것처럼 솔루션 비즈니스의 배경이 되는 논리는 제품 비즈니스의 논리와 뚜렷한 차이를 보인다. 따라서 솔루션 비즈니스는 제품 비즈니스와 동일한 방식으로 관리, 계획, 통제 및 측정될 수 없다. 솔루션 비즈니스에서의 성공을 측정하기 위해 제품 비즈니스를 측정하는데 사용되는 것과 동일한 지표들을 사용하는 것은 명백히 잘못된 방향으로 이끌 수 있다. 따라서 솔루션 비즈니스에서 성공을 바라는 기업은 이에 따라 경영 시스템을 개발하는 것에 투자해야 한다.

첫째, 기업은 조직 설계를 고려해야 한다. 영업 기능은 R&D, 운영, 재무, 마케팅, 고객 서비스와 같은 다른 기능들과 효율적으로 협력할 수 있는 방식으로 설계되어야 한다. 또한 이것은 세분고객 및 핵심 고객의 입장에서 고객 차원이 조직 구조에 분명하게 반영되도록 한다는 것을 의미한다.

둘째, 솔루션 비즈니스는 보통 새로운 역할 및 책임의 수립을 필요로 한다. 대표적인 새로운 역할들은 솔루션 관리자, 솔루션 아키텍트(architect), 솔루션 통합 엔지니어이다. 특히 현재의 역할들과 새로운 역할들에 내재된 책임들이 관련된 모든 사람에 의해 명확하게 이해되고, 이러한 이해를 통해 각 기능부서와 지역 조직에 걸친 효과적 협업이 가능해야 한다. 또한 계획과 통제에 관해서는 기업이 사용하는 핵심 조치방안들이 솔루션 비즈니스에 적합해야 한다.

6.2.1 솔루션 비즈니스 조직

솔루션 비즈니스로 전환하는 동안 기업은 동시에 더 고객 중심적인 조직 구성을 개발해야 한다. 그림 6.1은 이 프로세스 동안 기업이 취해야 하는 세 가지의 대표적 단계들을 보여주고 있다. 조직이 세분고객을 중심으로 구성될 때 최종 지점에 도달하게 된다.

- **1단계 – 솔루션은 영업에 머무르고 있다 :** 솔루션 중심의 조직으로 발전하는 과정에서 기업은 보통 "솔루션은 영업에 머무르고 있다"는 개념을 출발점으로 삼는다. 즉, 영업 및 고객 관리 팀이 솔루션을 담당하게 된다. 이러한 팀들은 매우 고객 지향적이지만 이 단계에서 솔루션 상품화와 표준화를 개발하는 데 필요한 역량 및 프로세스가 준비되어 있지

않다. 이러한 구조가 갖는 단점은 솔루션의 반복성을 지원하지 않는다는 것이다. 이에 따라 높은 판매 및 전달 비용, 일정하지 않은 품질, 핵심 인물들에 의존하는 것으로 특징지어진다. 또한 판매 거래들은 보통 사업 단위에 국한되어 있다. 이러한 상황은 보통 기업이 다른 회사들과 합병을 했거나, 다른 회사를 인수했거나, 혹은 인수된 후 첫 번째 단계에서 취하는 행동방식이기도 하다.

- **2단계 - 솔루션 사업 단위** : 이 단계는 솔루션 개발과 관리 업무들을 수익과 손실을 책임지는 하나 또는 여러 개의 솔루션 사업 단위들에 할당하는 것을 포함한다. 각 단위의 업무는 하나 또는 다수의 제품 및 서비스 구성항목과 외부협력사를 통해 수행될 것이다. 이 단계 동안 솔루션 상품화를 지원할 지표와 소유권을 명확히 결정해야 한다. 이 외에 기업은 솔루션에 대한 명확한 정의를 내리고 기업 전체에 보급해야 하며 내부의 이전 가격(transfer-pricing) 및 부분 최적화(sub-optimization) 문제들을 식별하고 해결할 수 있어야 한다. 이러한 계획을 시행하는 것은 단지 사업 단위별 손익 관리를 하는 대신 사업 단위 간 인센티브 공유방안의 수립을 필요로 한다.
- **3단계 - 세분시장/고객에 특화된 솔루션 비즈니스 단위** : 이 단계는 효율적 고객 중심과 관련된다. 손익을 책임지는 부문에 특화된 솔루션 사업 단위의 역할은 해당 세분고객의 니즈에 상응하는 솔루션을 개발하고 관리하는 것이다. 제품 및 서비스 사업 단위의 역할은 특정 세분시장 내에서 고객의 입력 정보를 바탕으로 제품과 서비스 모듈(BSI)을 개발하는 것이다. 이러한 접근은 상품화와 표준화를 지원하지만, 지역 영업 및 고객 관리 네트워크 조직과 세분시장/영업 조직이 중복될 수 있는 위험이 존재한다.

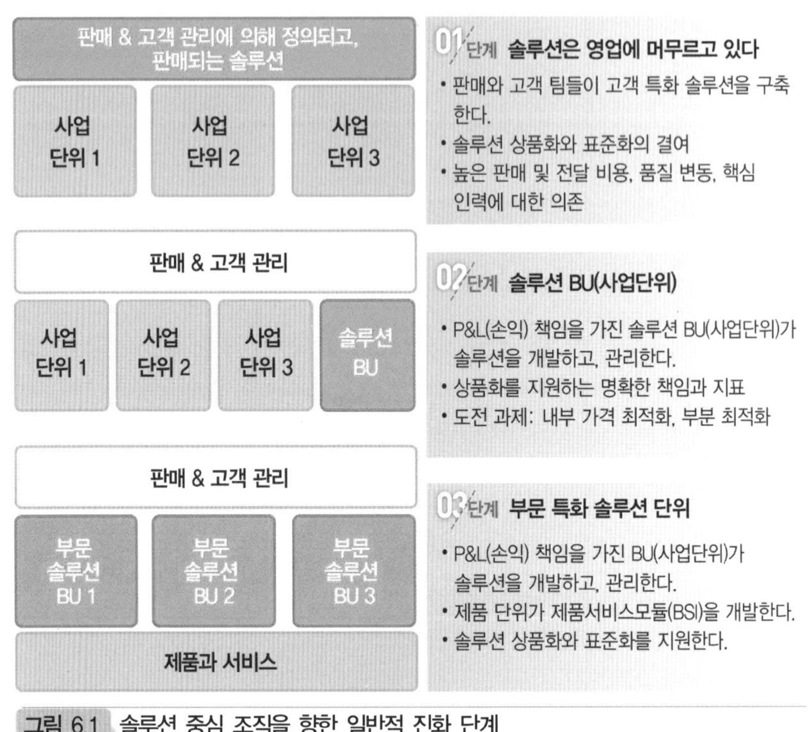

그림 6.1 솔루션 중심 조직을 향한 일반적 진화 단계

성공적 솔루션 비즈니스는 고객 중심의 일선조직(customer-oriented front end), 효율성 중심의 후선조직(efficiency-oriented back end), 전략 센터(strategic center)라는 세 가지 요소들을 갖춘 조직 모델을 따른다.

고객 중심의 일선조직은 보통 고객 및 시장 운영(customer and market operation-CMO) 또는 고객 대응 단위로 불린다. 일선조직은 세분시장에 따라 조직되며, 이러한 세분시장과 관련된 고객 중심 솔루션들을 개발하는 책임을 맡는다. 일선조직은 고객 비즈니스 문제들,

솔루션 판매 및 고객 관리, 가치 정량화, 솔루션 시스템 통합, 프로젝트 및 프로그램 관리와 관련된 중요한 역량을 갖추어야 한다. 일선조직 인력의 주요 목표는 성장, 프리미엄 가격, 솔루션 수익성을 확보하는 것이다.

효율성 중심의 후선조직은 보통 사업 단위(BU)로 구성되며, 효율성 및 품질에 초점을 맞춘다. 후선조직은 제품, 소프트웨어, 서비스 그룹 범주들을 중심으로 조직된다. 핵심 역량은 기술적 우수성, 운영 효율성, 제품 및 서비스 관리, 제품 및 서비스 개발과 관련된다. 주요 목표는 품질, 비용 효율성, 기본 판매 품목(BSI)의 수익성에 집중된다. 이상적인 것은 후선조직 단위들 또한 외부협력사 판매 품목을 관리하는 것이다.

전략 센터는 집중화된 솔루션 플랫폼 구축에 중점을 둔다. 센터는 솔루션 비즈니스에 대한 전반적인 전략을 책임진다. 또한 시장 및 세분시장을 정의 및 선택하고, 회사가 전략적으로 반드시 따야 할 수주전(must-win battles)들을 관리하고, 자원 및 주요 투자를 할당하는 책임을 맡는다.

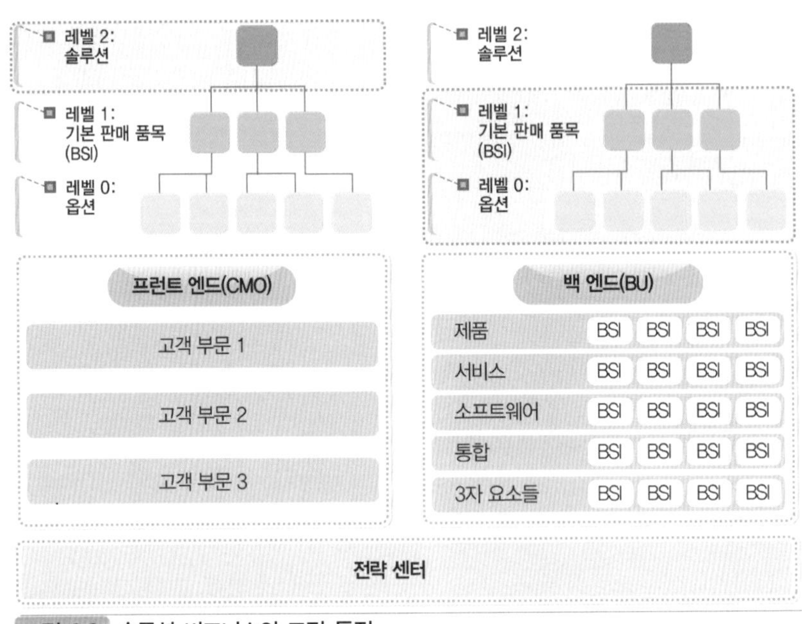

그림 6.2 솔루션 비즈니스의 조직 특징

6.2.2 역할과 책임

조직 구조를 발전시키는 것 외에 솔루션 비즈니스로 전환하는 기업은 직원들의 모든 새로운 역할들을 수립해야 한다. 그림 6.3은 솔루션 비즈니스에 있어 중요하지만, 전통적 제품 비즈니스에서는 찾아보기 어려운 몇 가지 역할들을 보여주고 있다. 이러한 역할들의 명칭은 자연스럽게 기업마다 다르지만 모두가 솔루션 비즈니스에 필요한 기술, 역량, 책임들을 포함한다.

역할	책임
솔루션 포트폴리오 책임자	• 솔루션 개발 관리 • 상품화와 표준화를 위한 투자 및 자원 할당
솔루션 관리자 (상품화)	• 고객 중심 마케팅과 판매 자료 • 고객 가치 • 솔루션 구성을 위한 규칙 및 지침 • 솔루션 개발과 라이프사이클 관리
모듈, 혹은 기본 판매 품목 책임자 (표준화)	• 품질과 비용 효율성 • 라이프사이클 관리 • 솔루션 적합성과 통합 호환성 • 경쟁력 - 세계적인 수준
컨설턴트, 혹은 수석 컨설턴트	• 고객 비즈니스와 재무에 대한 이해 • 고객의 비즈니스에서 문제와 기회 확인 • 높은 수준의 가치 정량화
솔루션 아키텍트	• 고객 솔루션을 제품, 서비스, 소프트웨어로 구성된 솔루션으로 전환 • 자체 및 외부협력사 솔루션 요소들의 솔루션 구성 • 시스템 통합
입찰 지원/입찰 관리자	• 집중화된 입찰 관리와 분산화된 입찰 관리 • 지식 관리 활용, 우수 사례의 솔루션 확산, • 리스크 관리

그림 6.3 솔루션 비즈니스 인력의 주요 역할

사례 _Nokia Siemens Networks : 독자적으로 정의된 솔루션 판매의 역할들[21)]

Nokia Siemens Networks(NSN)는 Nokia Networks와 Siemens COM Division의 캐리어(carrier) 관련 사업자 합병을 통해 2007년에 설립되었다. NSN은 조직 구성과 핵심 프로세스들에서 명백히 나타나듯이 고객 중심의 오랜 전통을 가지고 있다. NSN은 솔루션 판매와 전략적 고객 관리를 매우 성숙한 단계까지 발전시켰으며 솔루션 판매 프로세스와 연관된 활동들, 관련 역할, 의사결정 지점에 대한 견고한 정의를 개발했다.

21) 이 사례는 Nokia Siemens Networks의 Ilkka Pukkila와의 인터뷰(2009), Vectia 멀티클라이언트 프로젝트(COINS 2009)와 Karrio(2009)를 기반으로 함.

솔루션 판매 접근법이 진화하는 동안 NSN은 여러 접근 단계를 통해 세 가지의 핵심 역할이 함께 솔루션 판매 및 이후 프로젝트들을 주도하는 고유한 구조를 개발했다. NSN은 이러한 업무 방식을 "Tricorn"이라고 불렀다. 세 개의 역할들은 수석 컨설턴트, 솔루션 아키텍트, 그리고 프로젝트 관리자였다.

수석 컨설턴트의 역할은 각 고객의 최고경영자(CEO) 및 비즈니스 경영진과 상호작용하는 것이었다. 수석 컨설턴트는 고객의 비즈니스 문제들과 고객의 비즈니스 성과를 개선시키기 위한 잠재력을 가진 기술 및 서비스 솔루션들을 확인했다. 따라서 수석 컨설턴트의 주요 관심사는 고객의 비즈니스 지표들이었다.

솔루션 아키텍트의 역할은 고객의 최고기술경영자(CTO)와 상호작용하는 것이었다. NSN이 전달하고, 고객의 환경에 통합시킬 수 있는 정확한 기술 솔루션을 정의하는 책임을 맡았다. 즉, 솔루션 아키텍트는 비즈니스 솔루션을 특정 고객의 시스템 환경에 적합한 복합적 기술 솔루션으로 전환시켰다. 따라서 솔루션 아키텍트는 고객의 기술적 환경에 초점을 맞추었다.

프로젝트 관리자는 이미 판매 단계에서부터 Tricorn 팀의 일원이었다. 이 사람은 고객의 최고 정보관리 경영자(CIO), 혹은 운영 부서와 상호작용하는 것이었으며, NSN이 약속한 것을 전달할 수 있도록 솔루션 규격을 정하는 동안 필요한 자원과 역량이 준비되어 있는지 확인했다. 프로젝트 관리자는 또한 각 솔루션이 개별적으로 체결한 계약에 따라 전달되었는지 보장하는 책임을 맡았다. 따라서 프로젝트 관리자의 목표는 솔루션의 기술적 성과 이외에 이러한 것에 대한 최종 고객의 경험을 포함했다.

더 작은 규모의 계약들에서는 Tricorn의 여러 역할이 한 사람에 의해 수행되었지만 전체 논리는 동일하게 유지되었다.

6.2.3 솔루션 비즈니스에서의 성공 측정

솔루션 비즈니스로 전환하는 많은 기업은 제품 비즈니스의 오랜 역사를 가지고 있으며, 이에 따라 자신들의 성공 지표를 구축했다. 그러나 이러한 기업은 새로운 역량을 구축하고 조직을 솔루션 비즈니스에 부합하도록 재구성하기 위하여 성공을 측정하는데 사용되어 온 지표를 변화시켜야 했다. 기업이 제품을 평가하는 데 사용되는 것과 동일한 지표에 따라 지속적으로 솔루션을 측정하는 경우에는 편향된 결론을 도출하게 될 가능성이 매우 높다.

또한 새로운 솔루션 비즈니스가 지속적으로 전통적인 제품 비즈니스에 사용되어 온 것과 동일한 기준에 따라 측정하는 경우에는 경영진으로부터 결코 필요한 관심을 받지 못할 수 있다. 제품에 사용되는 것에서 솔루션에 사용되는 것으로 측정 지표의 방향을 변화시키는 경우, 특히 네 가지의 요소들이 다루어져야 한다(그림 6.4 참고).

1. **제품 차익** : 제품 비즈니스는 일반적으로 매출 차익(매출 백분율로 측정되는)을 측정하는 것에 크게 초점을 맞춘다. 다양한 BSI로 광범위하게 구성하는 경우 전체 매출 차익이 약간 낮아질 수 있지만, 솔루션 매출은 전체적으로 더 큰 규모를 창출하며, 종종 기업의 전체 수익(유로, 혹은 달러로 측정되는)을 개선시키게 된다. 따라서 솔루션 비즈니스의 성과는 매출(top-line) 성장과 수익(bottom-line profit) 증대를 지원하는 능력의 관점에서 측정되어야 한다.

2. **수익(Bottom-line)** : 솔루션 구성에 서비스 요소를 추가하는 것은 제품 공장 및 다른 물리적 인프라에 대한 대규모 투자를 필요로 하지 않는다. 서비스 비즈니스는 제품 비즈니스에 비해 훨씬 덜 자본 집약적이기 때문에 고정 자본의 상당한 증가 없이도 성장이 달성될 수 있다. 일부

장비 제조업체들은 자신들의 서비스에 대해 선금을 청구하는 경향을 가지고 있기 때문에 사용 자본액이 마이너스인 상태로 서비스 비즈니스를 운영할 수 있다. 따라서 자본이익률(ROCE)은 솔루션 비즈니스에 대한 우수한 지표가 된다.

3 **현금 흐름 :** 제품 비즈니스는 현금 흐름의 측면에서 예측 불가능한 경향이 있다. 솔루션 비즈니스는 장기적 특성으로 인하여 더 안정적이고 예측 가능한 현금 흐름을 제공한다. 장기 계약은 잠재적으로 더 낮은 제품 차익을 대체할 수 있기 때문에 솔루션 비즈니스를 담당하는 임원은 장기 계약에 따라 개선되는 현금 흐름에 대한 예측 가능성을 주시해야 한다. 따라서 솔루션 비즈니스를 지속적으로 발전시키고 유지하는 데 필요한 서비스 요소들에 투자하는 것이 가치 있다는 것을 발견하게 될 것이다.

4 **고객 지표 :** 솔루션 비즈니스는 고객 중심적이고 고객과 기업 양쪽에 대한 장기적 가치 창출을 지향하기 때문에 실제 고객 수익성을 측정하는 지표와 고객에 대한 가치 창출 및 솔루션 공급자에 대한 가치 포착 양쪽을 측정하는 지표에 대한 필요성이 존재한다. 그림 6.5는 공급자와 고객 양쪽에 대한 가치를 측정하는 솔루션 비즈니스 핵심성과지표(KPI)의 일부 사례들을 보여준다.

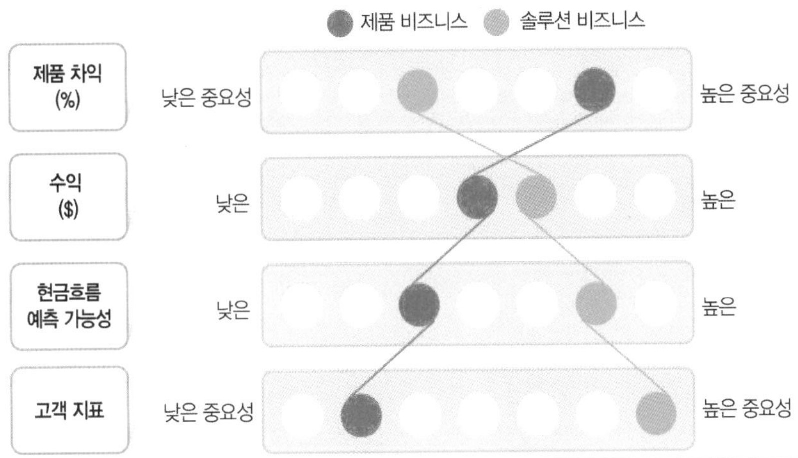

그림 6.4 제품 비즈니스 지표들과 솔루션 비즈니스 지표들의 비교

솔루션 비즈니스에 적합한 성공지표를 개발하고자 노력하는 기업은 다음과 같이 다수의 다른 문제들 또한 직면하게 된다.

- **솔루션 수준의 수익성 결여** : 매출과 수익성은 솔루션 수준이 아니라 품목 수준으로 인식된다. 솔루션 수익성이 측정되는 경우, 종종 EBIT(이자와 세금 공제 전 이익)가 아닌 총 차익 수준에서 측정된다.
- **이전 가격(transfer pricing)** : 내부의 이전 가격 문제는 간혹 제품 사업 단위가 개별 제품(BSI)의 판매에 대해 내부 솔루션 사업 단위로부터 간접적으로 인센티브를 받는 것이 아니라 고객에게서 직접 받는 경우와 같이 중요한 문제들을 초래할 수 있다.
- **창출된 고객 가치에 대한 제한적 이해** : 고객의 특정정보에 대한 제한된 접근은 일반적으로 어려운 일이다. 기업은 고객과 신뢰 관계를 구축해야 한다. 고객은 솔루션이 자신의 비즈니스에 끼치는 직접 및 간접

영향을 측정할 수 있는 관련 지표들을 가지고 있지 않기 때문에 공급자는 솔루션이 어떻게 가치를 창출하는지 측정하는 데 어려움을 겪을 수 있다.

- **솔루션 비즈니스로 전환하는 모든 기업을 위한 보편적 지표의 부재:** 지표는 기업의 전략과 솔루션이 제공되는 세분고객 및 세분시장과 관련되어야 한다. 확인된 시장의 세분시장이 시작 단계에서부터 성숙 단계에 이르기까지 서로 다른 발전 단계들에 놓여 있는 경우, 공급자는 이러한 단계들에 적합한 지표를 사용해야 할 것이다. 또한 개별 고객마다 차이를 보일 수 있으며(예, 현지 고객에서부터 글로벌 고객에 이르기까지) 따라서 각 고객의 상황에 적합한 지표가 필요하다.

공급자에 대한 가치	고객에 대한 가치
• 솔루션 판매와 매출 성장 • 솔루션 수익성과 ROCE: 프로젝트 수익률, 분기별 수익률, 연간 수익률, 라이프사이클 수익률 • 세분고객/세분시장의 지갑점유율 • 판매용 물량 점유율(포착률) • 고객 충성도/이탈율	• 솔루션에 대한 만족 • 전달/서비스에 대한 신뢰 • 서비스 가용성 • 고객 시스템 유효성 • 시스템 성능(예, 가용성/가동시간, 산출, 생산성, 수율) • 불만청구 • 재무가치

그림 6.5 공급자와 고객 양쪽에 대한 가치를 측정하도록 설계된 솔루션 비즈니스 KPI들

6.3 인프라 지원 : 효율적인 판매와 전달 지원

솔루션 비즈니스와 연관된 프로세스는 새로운 형태의 인프라 지원을 필요로 한다. 첫째, 새로운 비즈니스 및 고객 정보 수집 역량을 개발하는 것이 중요하다. 기업은 비즈니스 및 시장과 관련된 정보를 수집할

수 있도록 만들어주는 전문적 자원을 갖추어야 한다. 이러한 비즈니스 및 시장 정보 자원은 시장 점유율, 동향 분석, 경쟁사 정보를 제공함으로써 판매를 지원한다. 이러한 정보는 외부와 내부 출처들로부터 수집되어야 하며, 공통적으로 이용 가능한 데이터베이스에 저장되어야 한다.

둘째, 솔루션 계약을 작성하는 것은 일반적인 제품 구매 계약을 작성하는 것보다 훨씬 더 복잡하고 많은 시간이 소요되는 과정이다. 따라서 솔루션 비즈니스에 종사하는 기업은 입찰 및 계약 관리 인프라를 구축해야 한다. 기업은 일반적으로 중앙집중식 라이브러리(library)에서 이용할 수 있는 계약서 템플릿을 갖추고 있으며 계약과 관련된 협상의 경우 템플릿 형태의 법적 지원과 중앙 집중식 법률 자문을 제공한다.

셋째, 필요한 정보 통신 기술 지원은 전사적 자원 관리 시스템(ERP), 제품 정보 관리 시스템(PDM), 고객 관계 관리 시스템(CRM)에 초점을 맞춘다. 솔루션 판매는 상호 기능적 프로세스이기 때문에 기업은 모든 기능들이 접근하고 이용할 수 있는 고객 관계 관리 시스템을 개발해야 한다. 솔루션 전달을 위해 구성요소를 디지털화하고 ERP에 입력하는 것이 효율적이다.

6.3.1 비즈니스와 고객 정보

비즈니스 및 고객 정보는 솔루션 비즈니스를 위한 인프라 지원 구축에 있어 결정적 역할을 하며 특히 글로벌 경영에서 중요한 역할을 한다. 외부 정보 출처들에 의해 뒷받침되며 우수하게 기능하는 중앙 비즈니스 정보 기능은 회사가 시장, 고객, 경쟁, 기술 개발들에 대한 최신 정보를 따라잡는데 있어 필수적이다.

중앙 집중식 비즈니스 정보 기능을 수립하는 것 외에 기업은 고객에 대한 일상적인 비즈니스 활동을 하는 동안 쉽게 접근 가능하고, 사용될 수 있도록 지속적으로 관련 비즈니스 정보를 수집하고, 저장하고, 분석하기 위한 효과적 방법을 개발해야 한다.

CRM 시스템은 전체 고객 대응 조직에서 적절하게 구현되는 경우에는 매우 효과적인 고객 정보의 저장소가 된다. 현재 상태의 업데이트 판매 사례에 특화된 윈 플랜(win-plan), 판매 유입 경로를 포함하는 고객 비즈니스 계획은 고객의 전략적 우선순위와 운영상의 문제들에 관한 필수 정보를 기록하기 쉽게 만든다. 고객의 니즈를 충족시킬 가능성이 높은 솔루션을 제안하고 정의할 때 그리고 판매 상황에서 문제들에 직면했을 때 이러한 유형의 정보를 수중에 갖추고 있는 것이 매우 중요하다.

그러나 솔루션 비즈니스 목적에 관련된 고객 정보는 CRM 시스템에 저장될 수 있는 정보로 한정된다. 고객과의 지속적인 일상적 상호작용은 솔루션 비즈니스의 매우 전형적인 측면이며 따라서 고객 정보는 단지 CRM뿐 아니라 여러 IT 시스템을 통해 접근 가능하게 만드는 것이 이상적이다. 예를 들어 일일(daily) 전달, 고객 현장에 상주, 혹은 고객 생산 시스템에 대한 온라인 원격 연결을 포함하는 고객과의 상호작용은 솔루션 공급자가 다량의 고객 정보를 이용할 수 있도록 만든다. 이러한 정보는 여러 KPI에 대해 분석되고 집계될 수 있다. 또한 추가적으로 고객의 운영을 개선시키는데 필요한 기반을 제공한다.

일반적으로 다양한 고객 운영을 통해 축적되는 데이터와 KPI는 글로벌 규모에서 다양한 고객의 성과에 대한 벤치마킹을 가능하게 하는 데이터베이스에 저장된다. 이러한 방대한 정보는 또한 기업이 개별 고객에게 성과 데이터를 제공할 수 있도록 만들며, 이에 따른 피드백은 공급자와 고객이 추가적으로 고객의 프로세스를 개선시키기 위해 협력하는데 도움을 준다.

운영 수준에서 지속적인 고객과의 일대일 상호작용은 고객의 최신 상업 및 조직 정보를 생성한다. 이러한 이유로 고객 현장에 상주해야 하는 판매 계약들은 솔루션 비즈니스에 종사하는 기업이 큰 관심을 갖는 부분이다. 이러한 상주를 통해 얻은 정보는 판매와 전달뿐 아니라 새로운 혹은 기존 솔루션을 개선하는데 필요한 입력 정보를 제공한다.

고객 조직의 여러 계층 및 기능에 걸쳐 이루어지는 정기적인 연간, 분기별, 월간, 주간 회의와 같은 체계적 고객 관리는 또한 솔루션 비즈니스 성장을 지원하는 비즈니스 및 고객 정보를 수집할 수 있는 견고한 플랫폼을 제공한다.

파트너 기업과의 협력을 통해 접근하는 비즈니스 및 고객 정보는 시장의 동향과 고객 니즈에 대한 이해를 얻는데 필요한 수단이다. 글로벌 파트너는 글로벌 시장에 대한 이해를 보완하는 측면에서 가치가 있는 반면, 현지 파트너는 고객의 현지 문제에 대한 이해를 매우 효과적으로 추가할 수 있다. 또한 파트너는 경쟁사에 관한 정보를 얻을 수 있는 우수한 채널이 되는 경향이 있다.

6.3.2 입찰과 계약

명확히 정의된 계약 모델은 솔루션 비즈니스에서 필수적인 표준화 도구이다. 높은 품질을 가진 계약은 관련된 모든 당사자의 책임을 명확히 규정하며, 이에 따라 높은 고객 만족 및 가치, 솔루션 공급자의 수익성에 기여한다.

솔루션 공급자가 계약 관리와 관련하여 범하는 공통적 실수는 이전에 성사된 계약을 새로운 계약에 대한 모델로 삼는 것이다. 이러한 관행은 이전 계약의 잠재적 실수를 반복하는 위험을 가지고 있기 때문에 기업은 다양한 고객과의 계약을 통해 얻은 실용적 경험을 바탕으로 하나 이상의 대안적 “계약 모델”을 지속적으로 업데이트하는 방식으로 계약을 관리해야 한다. 이러한 방식은 동일한 실수를 한 번뿐 아니라 계속해서 반복하게 될 가능성을 방지한다.

계약 관리와 관련하여 또 다른 우수한 방식은 가능한 계약의 법적 부분과 솔루션 전달 및 목표 정의 부분을 분리하는 것이다. 법적 부분은 일반적으로 다양한 고객과의 계약에 걸쳐 비교적 표준으로 유지될 수 있는 반면, 솔루션 정의 부분은 각 개별 고객의 특정 상황 및 니즈에 따라 구성되거나 “맞춤형 대량 생산”이 될 수 있다.

입찰 및 계약에서 솔루션에 대한 기술은 솔루션에 포함되는 각 기본 판매 품목(BSI)에 대한 기술을 포함한다. 우수한 기능의 입찰 시스템은 해당 판매 사례에 대한 개별 솔루션 구성을 정의한 후 자동으로 적합한 기술 및 규격을 생성한다. 계약의 법적 부분과 솔루션 정의 부분을 관리하기 위한 인프라는 솔루션과 BSI를 다양한 장소, 국가, 대륙에서 복제해야 하는 솔루션 기업에게 있어 매우 중요하다.

입찰과 계약 문서에 존재하는 또 다른 필수 요소는 계약 기간 동안 책임이 공유되는 방식에 대한 명확한 기술이다. 전달 범위를 세심하게 정의하고 관리하는 것은 공급자와 고객 사이의 원활한 협력의 전제조건이며 솔루션 비즈니스의 수익성에 있어 절대적인 중요성을 갖는다. 책임을 공유하는 것은 솔루션의 전달 단계뿐 아니라 개발과 사용 단계에서도 중요하다. 일정과 반응 시간의 관점에서 활동 시기가 입찰과 최종 계약에서 명확하게 제시되어야 한다.

입찰서와 계약서 관리 중에 필요한 고객 역량 및 이와 관련된 명확한 기준을 개발하는 것이 중요하다. 예를 들어 복잡한 솔루션 전달의 경우 잠재 고객은 중요한 인적 자원의 가용성과 역량 관점과 인프라와 관련된 특정 요구사항을 충족시킬 수 있는지 여부의 관점에서 평가될 수 있다. 또한 솔루션 전달을 가능하게 하기 위해 파트너를 요청하는 것이 필요할 수 있다. 이러한 기준은 솔루션 판매 프로세스 동안 특정 단계에서 점검되어야 한다.

솔루션 공급자의 조직에서 솔루션 판매 및 전달 역량은 또한 지역과 국가에 따라 뚜렷한 차이를 보일 수 있다. 이러한 이유로 기업은 지역에서 판매 및 전달 역량의 강화를 관리하도록 설계되고, 명확히 정의된 전달 프로세스와 정보 시스템을 갖추어야 한다.

계약이 명확히 정의되고 효과적으로 전달되는 경우에도 성공적 솔루션 판매 및 시행을 위해 프로젝트 혹은 계약 관리자의 역할이 중요하다. 복잡한 솔루션의 경우 프로젝트 혹은 계약 관리자가 영업에서부터 전달에 이르기까지 그리고 전달에서부터 고객의 가치와 솔루션 공급자의 수익성을 보장하기 위한 고객 운영 지원에 이르기까지 전 단계에 걸쳐 계약을 관리하는 것이 이상적이다.

사례 _기계 및 서비스 공급자 : 수익성 있는 자산 계약 생성[22)]

사례 기업은 국제적인 기계 및 서비스 제공업체이다. 이 회사는 수년간에 걸쳐 다양한 고객 니즈를 충족시키고 서비스 비즈니스를 성장시키기 위해 독자적인 수익 논리 및 실행 모델과 함께 다양한 종류의 지역 서비스 계약을 개발했다. 기존의 서비스-계약 모델을 일치시키고, 솔루션 비즈니스 니즈를 충족시키도록 모델을 적합하게 맞춤화하기 위해 회사는 계약 모델 개발에서 다음 같은 접근 방법을 이용하기로 결정했다. 바로 다양한 고객 니즈 및 역량에 맞추어 차별화되면서 전 세계적으로 통일된 계약 모델이었다. 목표는 전 세계적으로 서비스 비즈니스의 성장을 달성하고 기존 고객의 지갑 점유율을

22) 이 사례는 Vectia 멀티클라이언트 프로젝트(COINS 2009)를 기반으로 함.

높이고 계약 기반 서비스 비즈니스의 수익성을 개선시키는 것이었다.
고객 기반 분석과 세분화는 다양한 서비스 계약 모델 및 계약 범위를 정의할 수 있는 견고한 기반을 제공했다. 가치 기반 계약 모델의 실행 가능한 기회를 확인하기 위해 포괄적인 분석이 필요했다. 또한 계약 기간 동안 고객의 설치 기반 규모가 변경되거나 혹은 계약 범위를 벗어나는 손해가 발생하는 경우에 일어나는 이른바 "범위의 점진적 증가(scope-creep)"를 방지하기 위한 메커니즘이 계약에 포함되어야 했다. 회사는 자체 및 고객의 역할과 책임을 정의하고, 선제적으로 관리해야 한다는 것을 깨닫게 되었다.
정의되고, 검증된 계약 모델을 활용하는 것 외에 회사는 서비스 계약을 체결하기 전과 후에 취해야 하는 특정 조치를 확인했다. 각 계약을 체결하기 전에 판매 단계 동안, 회사는 예를 들어 고객의 전략적 적합성을 비롯하여 회사 및 고객의 역량이 특정 지역에서 적합한지 여부의 관점에서 계약 실행 가능성에 대한 깊이 있는 검토를 수행했다. 이러한 검토에 따라 회사는 고객 니즈와 수익성의 관점에서 제안되는 서비스 계약을 최적화했다. 또한 회사는 특정 고객 및 지역에 사용할 수 있는 적합한 서비스 계약 형태를 확인했다.
계약을 체결한 이후의 조치들은 회사와 고객이 공유하는 이익을 증대시키고, 합의된 일정에 따라 정의된 역량을 발전시키도록 보장하는 것에 초점을 맞추었다.

6.3.3 정보 통신 기술

정보 통신 기술(ICT)을 사용하는 것은 솔루션 비즈니스 분야에서 큰 규모를 가진 조직에 있어 필수적이다. BSI와 솔루션을 디지털화하는 것은 기업이 운영되는 여러 지역, 국가, 대륙에서 동일한 제품, 서비스, 솔루션이 균일한 방식으로 판매되고 전달될 수 있도록 보장하기 때문에 솔루션 비즈니스에서 확장성의 토대가 된다.

솔루션 비즈니스에 있어 최적의 ICT 플랫폼은 그림 4.5에서 보이는 것처럼 솔루션 개발, 솔루션 라이프사이클 관리, 판매, 전달, 고객 지원, 재무 관리를 위한 여러 개의 통합 시스템들로 구성된다. 이러한 시스템 통합이 상당한 투자를 의미하는 것은 사실이지만 수동으로 데이터를 입력하는 동안 빈번하게 발생하는 오류로 초래되는 비용을 비롯하여 중간에 이루어지는 수동 입력들로 인한 막대한 비용을 방지하는 유일한 방법이기도 하다.

사례 _KONE : 통합된 전체 사슬(Full-Chain) 솔루션[23)]

장비와 모듈 조립 서비스를 제공하는 것과 연관된 복잡한 구조로 인해, KONE은 최근에 견적과 주문을 생성하기 위한 중심 수단으로서 Camos 사의 제품 컨피규레이터(configurator)를 활용하기로 결정했다.

Camos는 독일 소프트웨어 기업으로 컨피규레이터 분야의 선두 제공업체이다. 제품 구성 소프트웨어는 가격 견적을 만들고, 재사용할 때 그리고 견적을 바탕으로 고객 주문을 생성할 때 다양한 제품 및 서비스의 복합 구성을 가능하게 한다.

KONE의 CRM 및 ERP 시스템과 원활하게 통합되고 전 세계적으로 시행되는 경우 제품 컨피규레이터는 고객으로부터 주문을 받고 가격을 생성하는 것으로 KONE의 판매 전문가들을 지원할 것이다. KONE은 특히 소프트웨어가 전통적 시스템보다 훨씬 더 빠르게 견적을 생성한다는 점을 고려할 때 컨피규레이터가 생산성을 높이고 상당한 시간 절약을 가져올 것이라고 기대한다. 또한 컨피규레이터가 불필요한 데이터 입력 및 중복 작업 업무에서 영업 인력을 해방시킴으로써 효율을 높일 수 있을 것이라고 기대한다. 더 나아가 KONE은 간소화된 주문 입력과 손쉬운 제품 구성 및 유지관리가 불필요한 업무를 줄여주기 때문에 컨피규레이터의 사용이 우수한 운영을 보장할 것이라고 예상한다.

KONE은 전 세계적으로 시스템을 출시하고 있으며 문서 및 프로세스의 일치를 목표로 하고 있다. 회사는 이러한 변화들이 사업에 큰 이득을 가져올 것이라고 기대한다.

23) 이 사례는 다음 출처를 기반으로 함: http://www.camos.de.com과 http://www.kone.com

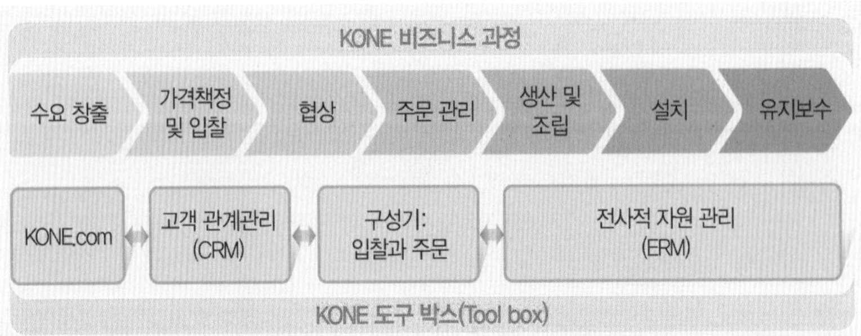

최적으로 통합된 ICT 환경은 높은 수준의 투자와 장기적인 개발을 요구한다. 여러 기업에게 있어 비즈니스 기능을 훨씬 더 어렵게 만드는 대표적인 장애물은 바로 오랜 기간에 걸쳐 이루어지는 일련의 인수과정으로 발생하는 매우 분산된 ICT 환경이다. 그러나 통합된 전사적 자원 관리(ERP) 시스템을 구축하기에 적합한 시기가 되면 종단에서 종단으로 이어지는 전체 가치 사슬에서 다른 요소들이 ICT 발전을 인도하는 로드맵에 추가될 수 있다.

양단간 글로벌 ICT 플랫폼이 가진 이점은 여러 지역 및 대륙에 있는 개별 팀들에 동일한 고객 솔루션 사례에 따라 협력할 기회를 제공한다는 것이다. 고객과 함께 협력하는 고객 팀은 브라질에 있을 수 있으며, 입찰 지원 팀은 인도에, 고객 솔루션을 전달하고 지원하는 프로젝트 팀은 여러 국가들에 있을 수 있다.

솔루션 비즈니스에서 일반적으로 개발되는 ICT 플랫폼 요소 중에는 계약 모델의 데이터베이스, 성공적인 고객 사례 및 추천서의 저장소, 필수 비즈니스 정보 요약이 있다.

수많은 실시간 통신 플랫폼은 "모바일 업무"를 지원한다. 물류 솔루션에 관련된 프로세스에서 모든 단계는 지속적으로 문서화될 수 있으며 즉각적인 운송 계약 변경을 가능하게 할 수 있다. 고객 현장에 있는 인력은 온라인으로 접속할 수 있으며 또한 모바일 기기를 통해 중요한 비즈니스 정보를 업데이트할 수 있다.

실시간 모니터링과 고객 프로세스들에 대한 제어를 가능하게 하는 ICT 플랫폼은 고객과 솔루션 공급자 모두에게 생산성의 이점을 제공한다.

첨단 솔루션 비즈니스 기업이 사용하는 디지털 정보에 최근 추가된 중요한 정보는 바로 BSI와 솔루션에 연결된 시청각 정보이다. 예를 들어 솔루션 전달을 지원하는 영상 자료는 다양한 지역과 지역과 국가의 관련된 모든 사람들에게 효율적으로 배포될 수 있다. 더 효율적인 커뮤니케이션의 혜택을 제공하는 것 외에도 영상 자료의 사용은 필요한 통역 업무의 양을 줄여준다. ICT 플랫폼은 고품질의 효율적인 솔루션 비즈니스의 근간이 된다. 솔루션 비즈니스의 수익성에 끼치는 플랫폼의 영향은 실제로 상당하다. 또한 ICT 플랫폼은 고객과 경쟁사에게 가시화되지 않기 때문에 경쟁 우위를 제공할 수 있다.

6.4 인적자원 관리 : 적절한 기술 보유

모든 비즈니스에서 그러하듯 솔루션 비즈니스는 필수적인 경험을 갖추고 기술 프로필을 가진 인력에 의해 시행된다. 비즈니스의 각 기능에는 특정 기술 프로필 요구사항을 가지고 있다. 따라서 기업은 솔루션 비즈니스와 관련된 모든 역할에 대한 기술 프로필을 정의해야 한다.

영업 인력의 경우에 가장 중요하게 프로필에 추가되어야 하는 기술은 바로 재무 감각이다. 솔루션을 판매하는 것은 특히 고객 측의 의사결정권자들이 보통 재무에 대한 견고한 배경을 가지고 있기 때문에 재무 기술을 필요로 한다. 고객의 비즈니스와 핵심 프로세스를 이해하는 것은 또 다른 중요한 솔루션 비즈니스 기술이다.

기업은 상여금 제도를 솔루션 비즈니스 전략에 맞추어 조정해야 한다. 이러한 제도는 영업 사례 개발 혹은 솔루션 개발에 참여하는 것처럼 상호기능적 팀워크를 재조정해야 한다.

교육 및 개발 지원 또한 솔루션 비즈니스 요구사항에 맞추어 조정되어야 한다. 이에 따라 기업은 직원들에게 고객 가치 정량화, 설득력 있는 고객 지향 가치 제안, 솔루션의 표준화와 같이 솔루션 비즈니스의 특정 주제들에 관한 지식을 증가시키는 것을 포함하는 체계적 교육을 제공해야 한다. HR 전략과 역량 개발 역시 솔루션 비즈니스 목표와 전략에 맞추어져야 한다.

6.4.1 여러 역할에 대한 기술 프로필

솔루션 비즈니스와 이러한 비즈니스에 대한 새로운 역할의 출현을 위한 발전 경로를 촉진하는 것 외에 기업은 이러한 역할들을 담당하는 사람들이 수행하는 데 필요한 기술 및 역량 수준을 갖추도록 보장해야 한다. 효과적인 조직을 구성하고, 상호 기능적으로 일하며, 솔루션 비즈니스 프로세스의 여러 단계를 다루기 위하여 다음의 포괄적 역량을 갖춘 인력이 이상적이다.

- **시장과 세분시장에 대한 견고한 이해** : 고객 비즈니스 이슈에 대한 철저한 이해는 솔루션 비즈니스의 전제조건이다. 성공적인 솔루션 비즈니스 기업은 더 쉽고 더 빠르게 이러한 기술을 이용하기 위해 일반적으로 전략적 세분시장을 선택한다. 이후 이러한 세분시장 중 단 하나 또는 몇 개에 초점을 맞추는 핵심 인력을 확보한다. 또한 기업은 보통 고객의 산업에서 핵심 인력 자원을 모집함으로써 조직의 시장 이해를 높인다.
- **컨설팅과 재무 기술** : 고객 프로세스에 재무적 부분을 포함한 유익한 영향을 제공할 수 있는 솔루션을 제공하는 경우 기업은 컨설팅 접근 방법을 통해 고객과 소통해야 한다. 고객 비즈니스에 대해 제안된 솔루션의 재무 효과를 분석하고, 전달하는 것은 이러한 컨설팅에 있어 절대적으로 필수적인 부분이다. 그러나 기업에서 대부분의 사람들, 특히 영업 배경을 가진 사람들은 이를 수행하는 법을 배우는 것이 매우 어렵다는 것을 발견하게 된다. 영업 인력이 기술적 우수성의 관점에서 솔루션의 혜택을 주상하는 것만으로는 충분치 않다. 궁극적으로 고객은 제안된

솔루션을 진행할지 여부에 대해 재무적 이익을 기반으로 결정하기 때문이다. 대부분의 경우 영업 인력은 솔루션의 대차대조표와 현금흐름 효과들을 이해해야 한다. 오직 매출과 비용 효과만을 가지고 논의하는 것으로는 충분치 않다.

- **고객 관계 기술** : 제품, 서비스, 혹은 솔루션의 라이프사이클 전체에 걸쳐 기업은 고객의 구매 인력뿐 아니라 기업 조직의 최고 경영진 그리고 특정 품목의 사용자들과도 관계를 구축할 수 있어야 한다. 고객의 상황과 우선순위들을 이해하고 솔루션을 정의하고 가치 제안을 창출하고 솔루션을 판매 및 전달하는 솔루션 개발의 전체 프로세스는 고객 및 공급자 조직의 여러 기능들과 계층들에 관련된 사람들 사이에 우수한 커뮤니케이션 기술을 필요로 한다. 관계 구축 기술은 성공의 필수불가결한 부분이다.

- **프로젝트와 위험 관리 기술** : 강력한 제품 및 거래 서비스 비즈니스 배경을 가진 기업은 실용적, 체계적, 선제적인 프로젝트 기반의 위험 관리 문화에 부합하는 업무 방식을 채택하는 것이 매우 어렵다는 것을 발견한다. 그러나 이러한 기술은 기업, 고객, 그리고 (궁극적으로는) 파트너의 환경 및 일정에 걸쳐 이루어지는 통합과 관련하여 매우 중요하다. 견고한 프로젝트 관리는 외부 공급자와 기업의 관점에서 선제적으로 위험과 수익을 관리하기 위한 핵심 기술이다. 프로젝트에 비해 장기적으로 지속되는 계약과 관련된 솔루션 비즈니스에서 필요한 기술은 계약 및 프로그램 관리 기술이다.

- **자사 및 파트너의 오퍼링에 대한 지식** : 인력들 사이에 자사 및 파트너 기업의 솔루션 오퍼링에 대한 지식 결여는 보통 솔루션 비즈니스 성장에 있어 심각한 병목 현상을 야기한다. 이용 가능한 오퍼링에 대한 필

요 지식을 얻는 것과 관련된 문제는 대부분의 사람들이 안주하려 하고, 자신의 관점에서 알고 있는 제품 및 서비스들에 대해 논의하고 싶어 한다는 점을 고려할 때 간과되어서는 안 된다. 솔루션 비즈니스는 또한 직원들에게 전체 솔루션 오퍼링을 다룰 수 있도록 다방면에 대한 지식을 갖추도록 요구한다.

- **시스템 통합 기술** : 시스템 통합은 솔루션 비즈니스에서 매우 중요한 기술이다. 시스템 통합은 공급자의 여러 솔루션 요소뿐 아니라 고객의 환경과 파트너들에 의해 제공되는 솔루션 요소들에 있어서도 필요하다. 공급업체에서 이용 가능한 시스템 통합 기술들은 고객과 최종 파트너들의 상응하는 기술보다 더 높은 수준에 있어야 한다. 그렇지 않을 경우, 공급자는 부품 공급업체의 위치로 내몰릴 위험에 놓이게 되며 고객은 더 넓은 범위의 포괄적 솔루션에 관심을 갖는 대신 '이익이 되는 요소만 뽑아 가져가려는' 태도를 보이게 된다.
- **기업가적 기술과 사고방식** : 솔루션 비즈니스로의 전환은 기업 측면에서(특히, 리더들 측면) 기업가적 추진력을 필요로 한다. 솔루션 혁신 및 개발과 관련된 프로세스 동안에 고객 및 파트너들과 중요한 단계를 공동 창출하는 기술을 개발하고 고객에 맞추어 새로운 단계들이 취해져야 한다. 고객의 비즈니스 프로세스와 사용 가치에 초점을 맞추는 고객 중심 접근은 강력한 제품 및 거래 서비스 비즈니스 배경을 가진 사람들의 경우 진일보할 수 있는 중요한 단계가 된다. 또한 솔루션 비즈니스 플랫폼에 막대한 투자를 하는데 있어 기업가적 정신과 사고방식이 필수적이다. 이러한 사고방식은 장기적으로 솔루션 비즈니스에서 진정한 경쟁 우위의 중요한 원천이 된다.

6.4.2 보상 체계 : 팀 노력에 대한 보상

보상 체계는 솔루션 비즈니스 전환을 지원할 수도 있지만 최악의 경우 솔루션 비즈니스 이행을 막을 수 있다. 보상 체계는 솔루션 비즈니스의 지표와 긴밀히 연관되어야 한다. 솔루션 비즈니스는 새로운 지표를 필요로 하기 때문에 새로운 인센티브 또한 고려되어야 한다.

솔루션 비즈니스에 있어 보상 체계는 제품 비즈니스에서의 일반적인 보상 체계와는 차이를 보인다. 보통 후자의 경우와 유사하지만 개별적인 제품 라인들이 별도로 측정된다. 그러나 솔루션 비즈니스에서는 여러 제품 및 서비스 라인 사이에 상호의존성이 비교적 강한 편이다. 이 역시 보상 체계에서 반영되어야 한다. 더 나아가 제품과 서비스 라인에 대한 보상 패키지는 통합 솔루션 비즈니스의 성공을 반영하는 요소들을 포함해야 한다. 최소한의 요구사항은 회사의 여러 부문들에서 보상 논리가 서로 상충되지 않는 것이다.

솔루션 비즈니스로의 전환은 실제로 많은 기업에게 있어 중요한 전략적 성장이다. 따라서 보통 사람들이 일하는 방식과 기본적 역량에서 많은 변화가 필요하다. 이에 따라 중간 관리진뿐 아니라 전체 최고 경영진에 대한 보상이 전환에 맞추어지는 것이 매우 중요하다. 이 외에 솔루션 비즈니스가 영업, 마케팅, 생산 및 다른 기능들에 걸친 공동의 노력이라는 것을 고려할 때 보상 체계 역시 이를 반영해야 한다. 보상 논리는 솔루션 비즈니스를 전체적으로 지원해야 한다. 따라서 개별 효과보다는 팀 성과에 대해 보상해야 한다.

솔루션 비즈니스 전환은 단기적 시행이 아닌 장기간 진행되는 진화로서 보아야 한다. 이를 인정함으로써 기업은 보통 분기별 및 연간 보상 이외에 핵심 인력의 보상 패키지에 추가 보상 수단들을 포함하기로 결정하기도 한다. 이러한 보상들은 일반적으로 장기간에 걸쳐 솔루션 비즈니스에서 발생하는 전체 이익에 연결된다.

이른바 선행 지표는 성과 중심의 보상을 결정하는 또 다른 효과적인 수단이다. 선행 지표는 효과적인 비즈니스의 중요한 동인으로 간주되는 활동 및 업적을 측정한다. 솔루션 비즈니스 내에서 중요한 활동 척도들은 무엇보다 고객에게 제안된 솔루션 비즈니스 횟수 또는 지속적인 영업 및 마케팅 성과를 지원하는 데 사용되는 성공적 고객 사례 기록을 포함할 수 있다. 특정 수의 계약 체결과 같이 명확한 목표를 달성하는 것도 보상 시스템에서 고려할 수 있다. 이러한 인센티브는 전체 금전적 가치가 매우 낮고, 별로 강하게 동기 부여되지 않는 시기인 새로운 솔루션 비즈니스 프로세스 초기에 준비되는 것이 좋다.

솔루션은 고객의 비즈니스 문제를 해결하고 가치 창출 프로세스를 지원하기 때문에 솔루션이라고 불린다. 따라서 솔루션 비즈니스에서 보상 체계는 또한 고객 가치를 반영하는 요소들을 포함해야 한다. 일부 기업에게 있어 가장 확실한 선택은 고객 만족을 보상 기준으로 포함시키는 것이다. 그러나 이러한 방법을 시행하기 전에 고객 만족도 설문조사의 질문들을 검토함으로써 충분한 질문들이 실제로 고객 가치를 다루는지 확인해야 한다.

보다 진보된 고객 가치 기반의 보상 지표는 합의된 고객 KPI 또는 계약에 기반한 재무 목표달성이다. 가치 기반 가격정책 논리를 가진 고객 계약은 이러한 KPI 및 재무 목표 및 목표값을 명시한다. 이러한 요소들은 "확실한" 수치들로 고객 가치를 보여주기 때문에 명확한 보상 기준을 제시한다.

사례 _ IBM : 고객 관리에 맞추어지는 인센티브[24)]

IBM은 정보 기술 제품, 서비스, 솔루션의 세계적인 제공업체이다. 회사는 160개 이상의 국가들에서 운영되고 있으며, 대략 360,000명의 직원들을 두고 있다.

IBM은 체계적 고객 관리를 초기에 채택한 기업 중 하나로서 1990년대 초부터 전략적 고객 관리 프로그램을 시행했다. 회사는 2000년대 중반까지 전세계적으로 수백 곳의 고객사를 관리하고 있었다. IBM의 전략적 고객사를 관리하는 책임자들에 대한 보상 제도는 각 특정 고객의 글로벌 비즈니스 성과를 기반으로 했다.

책임자들은 각 고객의 전체 비즈니스에 대해 보상을 받았으며 해당 비즈니스와 관련된 전 세계 IBM의 모든 조직이 이를 장부에 기록했다. 따라서 책임자들의 성과는 매출, IBM 글로벌 고객의 지갑 점유율에 따라 측정되었다. 이러한 공통 지표들은 글로벌 고객 팀을 하나로 만들기 위해 필요했다. 팀의 모든 사람들이 글로벌 성과를 위해 노력하도록 인센티브를 받았다.

대부분의 IBM 전략 고객에 대한 사업 계획은 3년의 기간을 포함했으며, 이에 따라 책임자들의 보상 계획 일부분은 이러한 3년간의 고객 사업 계획 목표들에 맞추어졌다. 따라서 책임자들은 오직 3년 계획 주기가 끝나야지만 인센티브의 일부분을 받을 수 있었다. 그러나 책임자들의 성과는 3년 기간 동안 체크포인트들에 따라 측정되었다.

IBM 경영진에 대한 보상 방식과 대조적으로 회사의 고객 팀 구성원들은 매출과 수익 지표들을 기반으로 한 연간 보상 제도를 가지고 있었다. 팀 구성원이 '공유되는 자원'인 경우는 이 구성원의 인센티브 계획 또한 공유되었다.

24) 이 사례는 2003년 올란도에서 열린 SAMA 연간 컨퍼런스의 Vectia 전략 고객 관리 연구 투어에서 얻은 교훈을 기반으로 함.

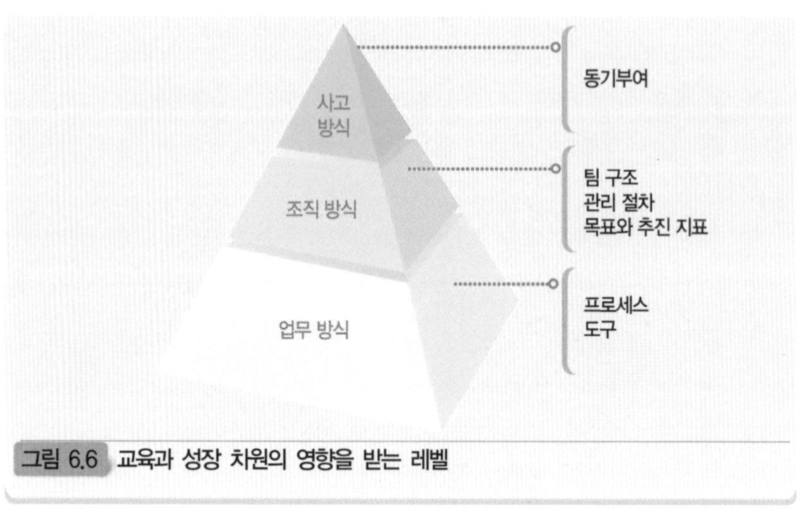

그림 6.6 교육과 성장 차원의 영향을 받는 레벨

6.4.3 교육과 개발 지원

솔루션 비즈니스가 되는 또 다른 측면은 기업의 여러 레벨들에 걸쳐 일어나는 일련의 병행되는 변화들이다. 사고 방식, 조직 방식, 업무 방식이 모두 영향을 받는다(그림 6.6 참고). 이러한 변화들을 실현시키기 위해 인력에 대한 포괄적인 훈련과 개발 프로그램의 시행이 필요하다.

이상적인 것은 그림 6.6에 묘사되어 있는 모든 세 개의 변화 레벨들이 동일한 교육 프로그램을 통해 다루어지는 것이다. 사고 방식을 변화시키는 것은 필연적으로 느린 과정이지만, 사람들에게 이러한 변화가 성과를 보장할 뿐 아니라 프로세스가 필요 이상으로 더디게 진행되지 않도록 보장하기 위해 중요하다는 동기를 부여한다. 동기를 부여하는 과정은 세 개의 단계를 거친다. 첫째, 인력은 현재 상태에 대한 불만족을 인식하거나 확신해야 한다. 둘째, 이들은 미래 목표에 긍정적인 활기를 불어넣는 비전에 관심을 가져야 한다. 셋째, 그들이 어떻게 변화를 가져 올 수 있는지에 대한 구체적인 단계들이 사전에 준비될 필요가 있다.

예를 들어 인력을 교육시키는 동안 팀 구성, 관리 절차, 성과 지표의 논리 및 목표 대상을 구성하는 것과 관련된 실질적 변화들이 다루어지고 연습되어야 한다. 솔루션 개발에 맞추어 업데이트 되는 비즈니스 프로세스 및 도구들 그리고 수요 창출, 솔루션 판매 및 전달과 관련된 것들과 같이 업무 방식도 동일하게 다루어져야 한다.

물론 대부분의 교육 요구사항은 특정 회사 및 특정 상황에 맞게 조정되어야 한다. 그리고 교육은 실제 솔루션 혁신, 계층적 솔루션 구조 정의, 고객 가치 제안 및 판매 사례 프리젠테이션과 같은 사안들을 다루며 매우 실용적인 교육이 되는 것이 바람직하다. 추가 업무가 아닌 일상 업무에 부합되는 것을 전제로 모든 활동이 기술, 설명되고, 반복 연습되어야 한다. 모든 경영진은 마찬가지로 회사 전반에 걸쳐 전환을 이끌고 지원하기 위해 교육과정에 참여해야 한다.

교육과 개발 과정을 실현시키기 위한 매우 효과적인 도구는 조직의 여러 부분들에서 내부 변화 주체들을 확인하는 것이다. 이러한 사람들은 반드시 높은 직급을 가지고 있는 사람들이 아니라 새롭고, 개선된 운영 방식에 대한 호기심과 열망, 그리고 다른 팀원들에게 영감을 주는 능력으로 두각을 나타내는 사람들이다. 이러한 열정적인 인력은 내부 선구자, 교육자, 코치들로 육성할 수 있으며 사내 강사 프로그램의 원천이 될 수 있다.

마지막으로 초기 및 지속적 성공을 조직에서 뚜렷하게 볼 수 있도록 만드는 것이 매우 중요하다. 새로운 내부의 우수한 방식들은 교육, 동기부여, 업무에 대한 지속적 학습을 장려하기 위한 매우 효과적인 수단이다. 선별된 벤치마킹 및 타 업체의 성공 사례 학습은 솔루션 비즈니스로의 전환을 촉진하는 교육을 강화하고 가속화시킨다.

사례 _ Microsoft : 솔루션 판매를 향한 전환[25)]

Microsoft의 핀란드 지사는 제품 판매에서 솔루션 판매로 전환하기 위해 2008년 초에 조직을 개편했다. 목표는 고객의 비즈니스 성과에 유익한 영향을 끼치는 솔루션을 제공하는 것이었다. 이를 수행하기 위해 선별된 주요 고객에게 신뢰할 수 있는 컨설턴트들을 배정했다.
이전에 핀란드 Microsoft의 고객 관리자들은 10곳 이상의 고객들을 책임져 왔다. 그러나 솔루션 비즈니스로의 전환에 따라 책임지는 고객의 수가 2-3곳으로 줄었으며, 관리자는 고객의 비즈니스 문제에 더 많은 시간을 할애하고 단순 제품이 아닌 포괄적 솔루션을 제안할 수 있었다.
Microsoft는 변화 프로그램 초기에 개선을 위한 여러 문제 및 조치들을 확인했다. 분석은 체계적 솔루션 영업 평가를 기반으로 했으며, 이 외에 회사의 고객 대응 조직 내 핵심 인력들과의 인터뷰로 추가 지원되었다. 인센티브 시스템 또한 솔루션 판매를 실질적으로 지원하지 못했기 때문에 개선이 필요했다. 전체 솔루션 판매 상황을 더 투명하게 만든 판매 유입 경로를 포함하여 새로운 솔루션 판매 도구들이 개발되어야 했다. 또한 솔루션 판매와 계정 관리에 대한 최고 경영진의 지원을 보다 분명하게 해야 했다. 파트너 네트워크는 Microsoft의 고객 지원 역량을 확장하는 측면에서 매우 중요해졌으며 보다 적극적으로 관리할 필요가 있었다. 마지막으로 모든 사람들이 Microsoft의 문화와 사고방식을 발전시키는 것이 장기적인 과정이며, 지속적인 모니터링을 필요로 하는 과정이라는 점을 인식하게 만들었다.
Microsoft는 차후에 직원들에게 신기술을 가르치고 새로운 문화를 개발하기 위해 설계된 포괄적인 교육 프로그램을 개발하고 출시했다. 고객 비즈니스 문제들에 초점을 맞추고, 최고 경영진 수준에서의 상호작용을 이끌어내고, 새로운 솔루션들을 식별할 때 컨설팅 접근 방법을 취하는데 필요한 기술과 경험을 갖춘 새로운 인력들이 고용되었다. 최고 경영진은 적극적으로 솔

25) 사례 출처: Kaario (2009)

루션 판매 계약에 참여함으로써 변화에 몰입하고 있는 것을 분명히 보여주었다.

6.5 솔루션 플랫폼과 관련된 성과 평가

기업/조직 및 부서의 성과를 평가하기 위해 다음 도표에 있는 솔루션 플랫폼 사례 기술들을 이용해 볼 수 있다. 도표에 있는 기술들은 솔루션 비즈니스에서 성공한 기업이 사용하는 '모범 사례' 및 역량으로 볼 수 있다. 기술에 대한 응답들은 기업의 개발 필요성에 대한 우수한 아이디어를 제공할 것이다.

조직에 이러한 사례가 결여되어 있다면, 이러한 결과가 나오도록 만든 특정 원인이 존재하는지 고려해봐야 한다. 예를 들어 운영 중인 시장 및 산업계에 이러한 모범 사례들의 부재를 설명할 만한 원인이 존재하는가?

전략 계획 사례	사용하지 않음	계획됨	시행됨
솔루션 비즈니스 비전과 목표들이 최고 경영진에 의해 정의되어 왔다.			
솔루션 비즈니스의 재무 영향이 유의미한 것으로 추정되어 왔다.			
솔루션 비즈니스의 초점이 되는 시장들이 정의된다(예, 고객 집단, 산업, 지리적 영역).			
정의된 세분 전략이 준비된다(비즈니스 목표 및 후속조치가 수립된다).			
솔루션 포트폴리오 관리는 솔루션의 개발, 투자, 삭감, 출시, 아웃소싱 등에 중점을 둔다.			
여러 계약들과 관련된 전체 리스크들이 정기적으로 평가된다.			
경영 시스템 사례	**사용하지 않음**	**계획됨**	**시행됨**
조직 구조는 영업과 다른 기능들이 효율적으로 협력할 수 있도록 만든다.			
고객 차원이 조직 구조에서 뚜렷하게 나타난다.			
현재 역할과 책임들은 팀들이 상호기능적으로 업무를 수행할 수 있게 만든다.			
새로운 역할들(예, 솔루션 관리자, 솔루션 아키텍트, 혹은 솔루션 통합 엔지니어)이 정립되어 왔다.			
솔루션 비즈니스 측정과 관리를 위한 지표들이 정의되었다.			
솔루션 비즈니스를 지원하기 위한 투자 및 자원 할당이 이루어진다.			

인프라 지원 사례	사용하지 않음	계획됨	시행됨
비즈니스 정보 기반의 판매를 지원하기 위해 필요한 전문 기술을 갖춘 가용 인력이 존재한다.			
비즈니스 정보 수집을 위한 지식 저장소가 사용된다.			
고객/모델 계약들은 중앙집중식의 라이브러리에서 사용할 수 있다.			
계약 협상을 위한 법적 지원이 제공된다(모델 계약들 및 집중화된 법률 자문).			
솔루션 판매를 지원하는 고객 관계 관리(CRM) 시스템이 조직 전반에 적극적으로 사용된다.			
솔루션 전달이 전사적 자원 관리(ERP) 시스템을 통해 관리된다.			
인적자원 관리 사례	**사용하지 않음**	**계획됨**	**시행됨**
솔루션 판매와 관련된 모든 역할들에 대한 기술 프로필이 정의되었다.			
솔루션 비즈니스에 필요한 역량이 식별되었다.			
상여금 제도는 회사 전략과 일치한다.			
상여금 제도는 상호기능적 팀워크(즉, 판매 사례 개발, 제품 개발에 참여하는)에 대해 보상한다.			
인력은 컨설팅 및 가치 판매에 대한 교육을 받는다.			
HR 전략과 역량 개발은 솔루션 비즈니스 목표 및 전략과 일치한다.			

7 실현 : 솔루션 비즈니스에 대한 준비가 되어 있는가?

솔루션 비즈니스로의 전환은 결코 적은 노력으로 이루어지는 것이 아니며 복잡한 변화 관리 프로세스이다. 이 과정은 고객 중심과 기업 중심 양쪽을 변화시키기 위한 출발점에 대한 올바른 이해로 시작되어야 한다. 또한 경영진이 달성하기 위해 취해져야 할 변화 목표와 이를 달성하기 위해 취해져야 하는 조치에 대한 비전을 공유해야 한다.

이 장에서 우리는

- 솔루션 비즈니스에 대한 시장과 조직 준비를 이해하는 것의 중요성과 이러한 이해가 어떻게 기업이 변화 과정에 스스로를 확립하는 데 도움이 되는지를 설명한다.
- 시장 준비를 개선시키는 방법에 대한 지침들을 제공한다.
- 기업이 조직 준비를 개선시키기 위해 초점을 맞추어야 하는 핵심 역량을 강조한다.
- 전환에서 성공과 관련된 쟁점들에 대해 논의한다: 제품과 솔루션 비즈니스 모델들에서 동시에 성공을 달성하는 것에 대해 논의한다.

7.1 솔루션 비즈니스에 대한 준비가 되어 있는가?

솔루션 비즈니스 개발을 위한 출발점을 정의하는 것은 목표 시장의 솔루션 준비 수준과 솔루션을 제공하는 기업의 준비에 대한 평가가 수반된다(그림 7.1 참고).

7.1.1 시장 준비

고려해야 하는 첫 번째 질문은 시장이 솔루션을 구매할 준비가 되어 있는지 여부이다. 부수적인 질문은 어느 정도의 솔루션을 이용할 수 있으며 또한 어느 정도까지 예상되는지 판단하는 것과 관련된다.

높은 수준의 준비는 솔루션 시장이 비교적 성숙하다는 것을 의미한다. 즉, 이는 여러 기업이 이미 식별된 솔루션들을 제공하고 있고 기꺼

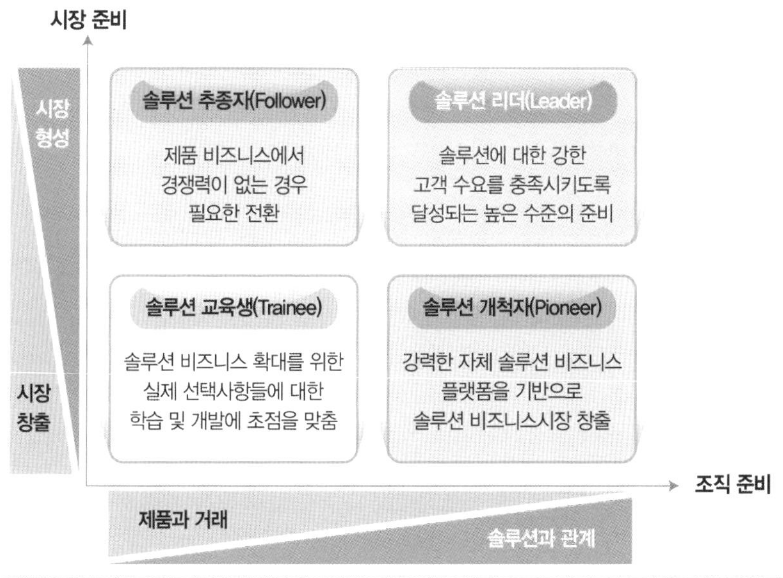

그림 7.1 솔루션 비즈니스에 대한 시장과 조직 준비

이 솔루션을 구매할 의향을 가지고 있으며 또한 구매가 가능한 고객이 존재한다는 것을 의미한다. 이에 따라 이러한 특정 솔루션에 대한 솔루션 비즈니스는 이해되고, 측정되는 일반적인 것이 된다. 솔루션 공급자의 관점에서 이러한 시장은 개발될 필요가 없으며, 시장 조건들을 조성하여 기업에 이익이 되도록 노력해야 한다.

우리는 이전 장들에서 많은 시장 준비 요소들에 대해 논의했기 때문에 여기에서는 준비 차원에 대한 간략한 지표들을 제공하고자 한다.

✓ 솔루션 판매에서의 경쟁사 활동이 두드러지며, 이는 고객이 선택할 대안들을 가지고 있음을 의미한다.

✓ 솔루션 비즈니스에 대한 파트너 및 공급자 네트워크가 준비되어 있으며, 이에 따라 솔루션 공급자가 생산하지 않은 BSI의 활용이 가능하다.

✓ 기술 성숙도가 높으며, 이는 고객(그리고 기업)이 기존 기술 플랫폼들의 지속 가능성에 만족한다는 것을 보여준다.

✓ 시장에서 고객에 대한 솔루션 가치가 수립되었으며, 기업과 고객 모두 솔루션이 어떻게 가치를 생성하는지에 대해 합당하게 유사한 관점을 가지고 있다.

✓ 솔루션 구매에 대한 고객 준비 수준이 높으며, 이는 고객이 솔루션을 요청하고 있으며 기업에는 주저하는 고객에게 보여줄 참고 사례들이 준비되어 있음을 의미한다.

✓ 시장에서 솔루션 비즈니스 비중은 제품 비즈니스와 비교할 때 합리적인 수준이다.

✓ 시장 조사 기관, 협회, 미디어가 솔루션 시장의 동향을 조사하고 있으

며, 모든 시장 행위자들이 이용할 수 있는 통계 및 제 3자 시장 평가들이 만들어지고 있다.

✓ 허용 가능한 거래 및 품질 표준들을 정의하는 규범과 규칙들이 준비되어 있다.

사례 _ UPM Grada : 고객들에게 용이한 효율성[26]

UPM은 바이오와 임업 분야의 주요 공급업체이다. 기업은 재생 및 재활용 목재를 기반으로 광범위한 지속 가능한 제품들을 생산한다. UPM은 에너지와 펄프, 제지, 엔지니어링 재료의 세 개 사업 그룹들로 구성되어 있다. 유럽 최대의 합판 공급업체로서 기업은 건물, 건설, 교통, 가구 및 파케트(parquet) 산업들을 위한 견고한 표준 제품 및 기성 부품들을 개발, 제조, 판매, 전달한다.

2011년에 회사는 혁신적인 복합 기술인 UPM Grada를 도입했다. 기술의 첫 번째 응용은 다층 패널 생산 이후 성형될 수 있는 혁신적인 합판 재료이다. Grada 기술은 합판 보드를 가열하는 것으로 시작해서 원하는 형태로 성형하는 간소화된 형태의 압착 과정을 가능하게 한다. 생산된 부품은 주어진 형태로 유지되며 일단 냉각되면 원래의 강도 특성을 유지한다.

이 신기술은 형태 압착 과정에서 생산공정 단축 및 공정단계 단축과 같은 여러 가지 이점을 UPM 고객들에게 제공한다. 또한 최종 제품에 대해 강화된 안전, 내구성, 환경의 지속 가능성 측면들을 제공한다. 더 나아가 더 용이한 시제품화, 새로운 설계 가능성, 혁신적 제품들을 가능하게 한다.

이 외에 Grada 합판을 사용하는 것은 형태 압착이 고도로 자동화될 수 있다는 것을 의미한다. 그러나 신기술의 부재 시 형태 압착 과정은 집중적인 수동 작업을 수반하게 되기 때문에 고객은 자동화를 위한 전제조건을 만들어야 한다. 실제로 이는 Grada 기술로부터 최대의 혜택을 얻기 위하여 생산 레

26) 이 사례는 UPM Grada 웹사이트(http://www.upmgrada.com)와 유튜브(http://www.youtube.com/watch?v=UnM-gddpriM)의 공개 정보를 기반으로 함.

이아웃과 흐름 프로세스에 대한 투자를 의미한다. 또한 Grada 합판을 적용하는 것은 새로운 기술이 전통적 형태 압착 과정에 사용되는 접착제와 베니어 같은 기타 원재료들의 공급과 보관 필요성을 감소시키기 때문에 고객은 자신들의 공급망 프로세스들을 검토해야 할 수도 있다.
고객이 프로세스를 적용하고자 하는 것과 함께 Grade 기술을 적용할 준비가 되어 있는지는 고객의 개발 상태, 위험 관리 및 원자재 공급 기반을 좁히려는 의지에 달려 있다. UPM의 관점에서 가장 잠재력을 가진 고객은 업데이트된 기술에 이미 투자한 고객보다 프로세스 개선 시행을 고려하는 고객이다. UPM의 혁신을 최대한 활용하기 위해서는 새로운 기술로부터 완전한 혜택을 얻을 수 있도록 Grada 합판 운영에 맞추어 적응하려는 잠재적인 고객이 필요하다.
UPM은 고객과 시장 준비를 증대시키기 위한 몇 가지 효과적인 방식들을 확인했다. 첫째, 고객에게 기술 적용의 가치를 전달할 때, 회사는 최종 사용자에 대한 가치를 고려해야 하며, 고객이 이러한 혜택들을 최종 사용자들에게 전달할 수 있는 수단을 제공해야 한다. 둘째, 회사는 새로운 기술 적용을 하려고 하는 고객을 적극적으로 교육시켜야 한다. 이는 고객의 파일럿 프로젝트(Customer's pilot project)에 대한 참여, 생산 프로세스 수정 지원, Grada 합판이 다양한 생산 조건하에서 어떻게 작동하는지에 대한 지식 공유를 수반한다. 셋째, 회사는 필요한 인증과 관련된 표준(특히 가구산업과 관련된)을 준수함으로써 Grada 합판의 기술적 실용성을 고객에게 확신시킬 수 있다는 것을 의미한다.

7.1.2 조직 준비

이 두 번째 준비는 기업이 솔루션 비즈니스에 얼마나 준비가 되어 있는지 즉, 조직 준비 수준에 대한 평가를 필요로 한다. 높은 수준의 조직 준비를 갖춘 기업은 솔루션 비즈니스 개발을 위한 대부분의 핵심 역량(앞선 장들에서 논의된)이 준비되어 있다. 따라서 초점은 구성요소 대신 솔루션 구매에 참여하게 될 고객과 협력하여 장기적 가치를 창출하는 것에 맞추어진다. 다음 목록은 조직 준비 요소들(지표들)에 대한 요약을 제공한다.

✓ 고객과 관계 능력이 수립되어 기업은 고객과의 관계에 대한 장기적 관점을 가지고, 고객의 비즈니스 현실에 대한 깊은 이해를 생성하여, 새로운 가치 창출 기회를 파악할 수 있다.

✓ 솔루션 아이디어 창출이 R&D 과정의 통상적인 부분이 되었다. 상호 기능적 업무는 새로운 솔루션 아이디어를 창출하며 프로세스와 아이디어 모두 정기적으로 평가된다.

✓ 가치 정량화와 가격정책 역량이 준비되어 고객과 기업 관리 양쪽에 솔루션 가치를 정량화할 수 있다.

✓ 솔루션 비즈니스와 관련된 지식 관리가 체계적으로 관련 성공 사례들을 수집하며, 이러한 정보를 솔루션 판매 및 전달에 관련된 인력이 쉽게 이용할 수 있도록 중앙 저장소에 영업 계약 템플릿을 보관해야 한다.

✓ 기본 판매 품목(BSI)이 정의되었으며, 제품뿐 아니라 서비스와 (해당되는 경우) 소프트웨어 요소들도 포함한다. 이러한 BSI는 마케팅, 판매와 운영 목적들을 위해 문서화되었다.

✓ 솔루션 구성과 가치 정량화 및 검증을 위한 도구를 비롯하여 솔루션 영업 및 전달과 관련된 운영 역량이 존재한다. 솔루션 프로세스의 다양한 부분들에서 사용하기 위한 다양한 템플릿들 또한 갖추고 있다.

✓ 솔루션 비즈니스의 전략적 우선순위와 재무상의 중요성이 최고경영진에 의해 명확하게 설명되었다.

✓ 솔루션 포트폴리오와 위험 관리가 수립되었으며, 이에 따라 기업은 새

로운 솔루션 개발과 기존 솔루션들의 성과를 모니터 할 수 있다.

✓ 명확한 책임들에 따라 변화 관리 프로세스들이 모든 네 가지 전환 연속 단계들 — 고객 내재화(embeddedness), 오퍼링 통합화, 운영 적응성, 조직 네트워크화 — 에 따라 진행되고 있다.

✓ 조직의 설계 및 역할들은 고객 중심을 지향한다. 고객과 세분시장(market segment)은 조직의 구성에서 가시화되며, 솔루션 비즈니스의 시행을 지원하기 위해 관련된 새로운 역할들이 수립되었다. 교육 노력들은 이러한 새로운 역할을 필요로 하는 기술 개발을 지원하기 위해 착수되었다.

✓ 솔루션 비즈니스에서의 성공을 평가하기 적합한 지표들이 개발되었으며, 솔루션 비즈니스의 교차 기능적 실행을 지원하는 인센티브 시스템을 개발하기 위한 출발점으로 사용되고 있다.

7.2 시장 준비 형성

솔루션 비즈니스 기업은 시장 경계들을 재정의하는 것이 혁신 프로세스의 기본 요소이기 때문에 시장들에 대해 신중하게 고려해야 한다. 솔루션 비즈니스로 전환하는 모든 기업은 시장을 재정의해야 하는 도전에 직면하게 된다. 이를 수행하기 위해 또는 시장 경계를 확장하기 위해 기업은 판매할 것, 판매 대상, 판매를 위한 조직 구성 방법을 재정의해야 한다.

인간 활동의 경우에 종종 그러하듯이 시장은 인간의 의지로 만들어지는 피조물이다. 객관적 시장이란 존재하지 않는다. 시장에서 모든 행위자는 시장 경계, 시장 메커니즘을 자신만의 관점으로 볼 수 있다. 이러한 고려는 시장에 대한 자체 관점을 정의하는 데 시간을 보내야 하는 것의 중요성을 부각시킨다. 기업은 자체 시장을 정의해야 한다.

기업은 필수적으로 설계될 수 있는 개체로서 시장에 대한 선제적 관점을 채택해야 한다. 이러한 과정은 단지 시장에서 기회들을 확인하고, 이러한 기회들에 맞추는(즉, 전략적 선택들을 하는) 문제만이 아니라, 기업에 호의적인 시장 조건들을 만들어내기 위한 활동들을 설계하는 문제이다.

사례 _KONE : 엘리베이터와 에스컬레이터 시장에서 인구 유동(People Flow) 시장에 이르기까지[27]

KONE은 최근의 경제 침체에도 불구하고, 매우 성공적인 글로벌 기업으로 유지되고 있다. 이러한 성공에 대한 가장 큰 이유는 수년 동안 수행해 온 서비스 비즈니스 개발에 대한 투자를 촉발시킨 기업의 시장 정의에서 찾을 수 있다. KONE은 서비스 비즈니스가 특성상 더 안정적이며, 더 견고한 현금 흐름이 창출된다고 여긴다.

몇 년 전 KONE은 전략에서 새로운 단계를 취했다. 기업은 이제 "사람들이 더 원활하게, 안전하게, 편안하게, 그리고 장소마다 대기해야 하는 일 없이 이동할 수 있도록 만들어주는 솔루션을 전달"하고 싶다고 설명했다. 결과는 "인구 유동(People Flow)"이었다.

KONE에게 있어 People Flow는 비즈니스의 핵심이 더 이상 KONE이 생산하는 엘리베이터나, 에스컬레이터가 아니라는 것을 뜻했다. 대신 기업은 People Flow를 아파트 건물, 사무실, 호텔, 상업 센터 또는 대중교통을 위한 터미널에 이르는 사용자들의 환경에 통합시키는 것에 초점을 맞추고 있다. People Flow 솔루션은 고객과 사용자의 프로세스에 대한 KONE의 이해를

27) 이 사례는 KONE의 웹사이트(http://www.kone.com/)에 있는 공개 정보를 기반으로 함

기반으로 하고 있으며, 이러한 프로세스를 개선함으로써 고객, 최종사용자, 그리고 KONE에게 더 큰 가치를 창출한다. 이러한 종류의 솔루션 정의는 KONE에 성장을 위한 새로운 기회들을 열어주었다. 이는 새로운 서비스와 솔루션 창출을 가능하게 하는 방식으로 고객에 대한 사용 가치를 이해해야 하는 필요성을 강조하기 때문이다.
사람들의 이동을 인도하는 것은 여러 환경에서 큰 차이를 보인다. 이러한 고려는 KONE이 시장을 세분화하는 방식을 결정하도록 만들었다. KONE은 점유지가 세분화 기준에 따라 어떻게 사용되는지 분석함으로써 이를 수행했다. 주요 부문들은 거주지, 사무실, 소매점, 그리고 인구 유동이 매우 중요한 장소인 대중교통과 공항을 포함한다. 또한 KONE은 병원, 여가 센터, 호텔, 산업시설에도 서비스를 제공한다.
KONE에게 있어 People Flow의 아이디어를 판매하는 것은 여러 이해당사자들의 생각을 이해하고, 이들의 생각에 영향을 끼치는 능력을 요구했다. KONE의 핵심 고객은 건축회사, 건물 소유주, 시설 관리자, 개발자들이다. KONE은 또한 엘리베이터와 에스컬레이터 솔루션에 대한 결정을 내릴 때 핵심 당사자로 아키텍트와 컨설턴트들을 고려한다. 마지막으로 앞서 말한 것과 마찬가지로 KONE은 최종 사용자의 프로세스와 니즈에 대한 이해도를 높이기 위해 지속적으로 노력한다.

시장 준비를 개선하고자 하는 기업은 시장 주체(금융 주체, 정부 기관, 무역 협회 등)이 관여하는 기존 시장 관행에 개입할 수 있다.[28] 시장 관행은 시장을 정의하기 때문에 변화하는 관행은 시장을 변화시킨다.

시장 관행은 세 가지 유형으로 구분될 수 있다.

- **거래(exchange)** 관행들은 시장에서의 경제적 교환들과 관련된다. 교

28) 시장 관행에 대한 논의는 Kjellberg와 Helgesson(2006)을 기반으로 함.

환 대상이 정의되는 방식과 구매자-판매자 상호작용이 작용하는 방식

- **정규화(normalizing)**는 시장 행위자의 행위를 가이드하는 규범과 규칙을 초래한다. 이를 통해 시장 행위자는 자신의 비즈니스 모델을 안정화시키고, 학습 곡선(learning-curve) 효과를 얻고자 한다(누적 경험량에 따른 비용 절감과 수익성 제고).
- **표현(representational)**은 시장 및 시장 내에서 발생하는 행위들을 설명하는데 사용되는 개념들과 공통 언어를 초래한다.

기업은 이른바 적극적(활발한)인 시장 개발을 적용할 수 있으며, 이는 이러한 관행의 일부 또는 전부를 형성함으로써 시장 형성하는 것을 의미한다.

7.2.1 거래 행위의 형성 : 새로운 비즈니스 수행 방식

솔루션 비즈니스에 진입하고자 하는 기업은 솔루션 비즈니스를 가능하게 하기 위해 아래 설명되는 기존 거래 행위들에 다소 영향을 끼쳐야 한다.

- **영업 품목 정의** : 기업의 영업 품목 및 가치 제안의 기타 측면들을 정의하는 것은 거래 행위를 형성하는데 있어 필수적이다. 고객은 자신들이 실제로 무엇을 구매하며, 이로부터 어떤 혜택을 얻는지 이해하지 못하는 경우에는 새로운 솔루션을 구매하지 않을 것이다. "제품"에서 "솔루션"으로 영업 품목을 변화시키는 것은 솔루션 비즈니스로의 전환에 있어 핵심이다.
- **가격 형성 메커니즘** : 구매자와 판매자는 오퍼링의 가격에 대해 합의할 수 있어야 한다. 상품 시장에서 가격 형성 행위는 상품 교환의 전체

수준에서 일어난다. 상품화가 되지 않은 시장에서 가격 형성 행위는 보통 고객에 대한 오퍼링 가치의 상세한 정량화가 중심 역할을 하는 협상 과정들 내에서 일어난다. 솔루션들은 보통 새로운 가격 전달방식 수립을 암시한다(일반적으로 묶음 가격, 즉 개별 구성요소 가격을 솔루션 구성의 한 가격으로 책정). 또한 가격정책 논리들이 활동하게 된다. 따라서 고객이 지불하게 되는 가격은 솔루션이 창출하는 가치(예, 성과 기반 가격정책)에 달려 있다.

- **고객 준비** : 높은 준비 수준을 가진 시장들은 시장 내에서 운영하는 고객의 능력으로 특징지어진다. 고객은 시장에서 주체들에 관한 필요 정보를 얻는 방법에 대해 알고 있다. 자신들이 구매하는 오퍼링을 자체 프로세스에서 이용할 수 있다. 따라서 기업은 제공된 솔루션으로 시장에서 운영하는 자체 준비 수준을 증가시키도록 가망 고객을 지원해야 한다. 이에 따라 시장 및 세분시장에 특화된 가치 제안들은 핵심적인 도구가 된다.

- **네트워크 준비** : 여러 행위자들의 올바르게 작동하는 네트워크는 건전한 시장을 보여주는 표시이다. 솔루션에 대한 시장을 형성하려는 기업의 의도는 새로운 시장과 혜택들에 대해 가치 네트워크 내 모든 다른 행위자들에게 알려져야 한다. 또한 시장 형성은 가치 네트워크의 구조를 변경해야 할 수 있다. 따라서 성공적인 시장 형성은 추가적으로 기업이 솔루션 구성에 포함되는 중요한 기본 판매 품목들(BSIs)을 공급하는 파트너들과 완전히 새로운 파트너십을 구축하도록 요구할 수 있다.

- **경쟁** : 올바르게 작동하는 시장들에는 경쟁 공급자가 존재한다. 경쟁의 중요성이 간과되어서는 안 된다. 첫째, 자유 시장 경제에서 경쟁의 장기적 부재는 일반적으로 부족한 비즈니스 기회들로 설명된다. 둘째, 고객

은 보통 독점적 공급자로부터 구매할 수 있는 시장에 진입하길 꺼린다. 따라서 솔루션을 위한 시장 형성에 관여하는 많은 기업이 경쟁을 촉진한다.

7.2.2 정규화 형성 : 게임의 새로운 규칙

솔루션 비즈니스를 위한 시장을 형성하는 것은 일반적으로 수립된 정규 방식들과 운영 절차들을 변화시킴으로써 게임의 규칙들을 재정의하는 것을 포함한다.

- **기술과 표준** : 보통 신흥 시장에서 확립된 시장으로의 도약은 기술 표준에 달려 있다. 고객과 다른 행위자들은 분별있는 기술과 기술 표준으로 뒷받침되는 경우 솔루션을 기꺼이 구매하고자 한다. 기업은 자신들의 오퍼링이 기존 표준과 호환되도록 하거나 또는 오퍼링에 따라 관련 표준을 변화시키기에 충분한 로비 능력을 가지고 있도록 보장해야 한다.
- **규범과 규칙** : 규범과 규칙들의 존재는 효율적인 대규모 시장을 활성화시킨다. 이러한 규범들은 사회적으로 용인되는 행동 강령 또는 공식적인 규칙 및 법이 될 수 있다. 대부분의 기업은 자신들의 시장 정의에 더 적합하도록 기존 규범들을 변경하는 것에 비교적 능숙하다. 그러나 시장 형성이 기존 규범들로 국한될 필요는 없다. 기업은 또한 새로운 규범들을 창출할 수 있다. 허용 가능한 품질 수준은 보통 기존 규범들에 도전하는 솔루션 비즈니스의 측면이다. 이 외에 성과 기반의 가격정책에 따라 더 발전된 라이프사이클 솔루션으로 전환하는 경우에 기업은 허용 가능한 성과를 정의하는 완전히 새로운 규범을 운용해야 할 수 있다.

7.2.3 표현 행위의 형성 : 새로운 언어 창출

아무도 솔루션이나 시장에 대해 말하지 않는다면 이는 존재하지 않는 것과 같다. 따라서 솔루션 비즈니스로 전환하고자 하는 기업은 커뮤니케이션을 가능하게 만드는 언어를 수립하는 것이 중요하다. 이러한 언어는 오직 제 3자 조직이 이를 사용하도록 기업이 납득시킬 수 있는 경우에만 “실체화”가 된다.

- **협회와 미디어** : 올바르게 작동하는 시장은 보통 협회에 의해 대표되고 미디어에서 논의된다. 이러한 노출은 잠재 고객 및 비즈니스 파트너에 대한 정보 배포, 시장 기반 용어의 효과적인 창출과 소통 같은 여러 혜택들을 가져온다. 새로운 종류의 솔루션은 또한 새로운 산업 협회들을 운영하거나 혹은 심지어 새로운 시장을 창출하는 데 전념하는 완전히 새로운 협회를 설립하는 기회들을 열 수 있다.

- **시장 조사** : 시장 조사 또한 잠재 고객에게 정보를 전달하는 채널 수단으로서 기능한다. 시장 조사는 보통 시장의 필수 통계들을 만들어내기 위해 필요하다. 이러한 종류의 정보는 기업이 충분히 정보에 입각한 전략적 결정을 내리도록 돕는다. 또한 기관 투자자들은 보통 제3자에게 시장 조사를 수행하고, 특정 시장에서 운영되는 기업에 투자하고자 하기 전에 필요한 통계들을 제공하도록 요청한다.

사례 _Wärtsilä : 적극적 시장 개발[29)]

Wärtsilä는 “분산적 발전 시장”에서 발전소의 중요 공급업체이다. Wärtsilä에 따르면 환경 규제가 강화됨에 따라 풍력과 같은 재생 가능 에너지원에 투자가 이루어지고 있다. 풍력발전은 전력망의 안정적 제어에 문제를 가져온다. 바람은 조종하고, 예측하기가 어렵기 때문이다! 따라서 풍력의 사용은 유연한 발전소 용량에 대한 필요성과 Wärtsilä의 화력 발전소에 대한 수요를 증가시킨다.

영업 관점에서 이러한 시나리오는 판매되는 제품이 재정의되어야 할 수 있다는 것을 의미한다. 판매되는 품목은 더 이상 발전소가 아니라 망 안정성을 보장하고, 피크 전력 수요 시간을 안정화시키는 목표로 한 솔루션이 된다. 화력 발전소는 다른 이용 가능한 기술들의 장점들에 비해 우월한 특정 장점들을 가지고 있다. 이 중 가장 중요한 장점은 빠른 가동과 최대 부하까지의 빠른 증가, 그리고 부분 부하와 최대 부하에서 운영하는 능력이다. Wärtsilä의 영업이 이러한 장점들을 우선시 하는 구매자들에게 더 많은 영향을 끼칠수록 고객(주로 에너지 기업과 독립적인 전력 생산자)이 공급자로 Wärtsilä를 선택할 가능성이 더 높아진다.

실제로 이러한 장려는 판매 프로세스에 영향을 미치기 때문에 고객이 견적요청서를 보낼 준비가 되기 전에 영업을 시작해야 한다. 이 외에 영업과 마케팅은 여러 이해당사자들 – 즉, 표준을 개발하는 당국, 구매자 조직과 기획조직의 여러 기능들에 관련된 인력, 그리고 간혹 정치 단체 – 에 대한 전체 아이디어를 증진해야 할 것이다. 이는 결국 홍보 활동들에서 영업 인력 이외에 여러 인력, 심지어 최고 경영진이 참여하는 것이 중요하다는 것을 의미한다.

29) 이 사례는 Wärtsilä 웹사이트(http://www.wartsila.com)의 공개 정보를 기반으로 함.

7.3 조직 준비 역량의 격차 좁히기

조직 준비를 개선시키는 것은 솔루션 비즈니스로의 전환을 원하는 기업에게 있어 필수적인 일이다. 개선은 기업이 성공적인 솔루션 비즈니스가 필요로 하는 새로운 역량을 도입하는 것에 달려 있다. 그러나 경영진이 답해야 하는 핵심 질문은 어디에서 시작해야 하는가이다. 이 책에 설명된 전환은 너무 압도적일 수 있으므로 기업이 가장 중요한 역량 격차에 초점을 맞추는 것이 중요하다. 이 장에서 우리는 기업이 시작할 수 있는 일부 핵심 역량을 확인할 것이다.

또한 이 장의 후반에 1,000명 이상의 응답자들을 대상으로 수행한 솔루션 비즈니스 평가 설문조사의 결과들에 대해 간략히 소개할 것이다. 바탕이 되는 경험적 연구는 매우 포괄적이기 때문에 오직 가장 중요한 결과만 이 책에 제시할 것이다. 앞선 장들의 맨 끝에 제시된 평가 질문들 또한 솔루션 비즈니스 평가에서 비롯되었다.

7.3.1 핵심 솔루션 비즈니스 역량에 대한 요약

한 기업이 솔루션 비즈니스로 전환함에 따라 필요로 하는 역량을 평가하는 한 가지 방법은 핵심과 비 핵심 역량을 구분하는 것이다. 핵심 역량은 기업의 성공에 있어 결정적인 것이며 또한 경쟁력을 보장하기 위해 중요한 것이다. 비 핵심 역량은 갖추어야 할 필요는 있지만 해당 기업을 경쟁사들과 차별화되지 않으므로 경쟁 우위를 제공하지는 못한다. 핵심 역량을 식별할 때, 기업은 다음 질문들을 중요하게 고려하여 답해야 한다.

- **고객에 대한 가치** : 고객의 관점에서 가장 가치 있는 요소는 무엇인가?

- **수익원(profit pool) 규모** : 가장 큰 수익원과 관련된 요소는 무엇인가?
- **비즈니스의 모델의 핵심 영역** : 비즈니스 모델의 가장 중요한 부분에는 어떤 역량이 필요한가?
- 차별화 : 기업은 어떤 역량을 통해 경쟁사들과 차별화를 이룰 수 있는가? 이러한 역량은 복제하거나 대체하기에는 드물고, 어려운 것들인가?
- **수익 논리** : 식별된 차별화로 인한 수익은 얼마인가?
- **측정 가능성** : 이러한 장점들과 추이는 측정 가능한가?
- **미래 발전** : 이러한 구성이 앞으로 얼마나 많이 변화할 수 있는가?

기업에서 각 사업 단위는 일반적으로 수백 가지의 역량을 가지고 있다. 하지만 가치 창출과 차별화는 오직 몇 개의 핵심 역량만이 중요하다.

그림 7.2는 기업이 솔루션 비즈니스를 개발할 때 보통 필요로 하는 핵심 역량을 나열하고 있다. 그러나 이러한 역량의 상대적 중요성은 각 기업의 경쟁 상황, 조직 준비, 기업의 솔루션 구매에 대한 시장의 준비 정도에 따라 기업마다 달라질 것이다.

솔루션 비즈니스에서 핵심 역량은 솔루션 비즈니스 플랫폼에 광범위하게 포함된다. 이러한 역량은 회사의 ICT 인프라에 의해 주로 지원을 받는 핵심 기능 및 교차 기능 프로세스들이다. 이러한 프로세스들은 기업이 솔루션 비즈니스 플랫폼에서 다양한 솔루션 및 솔루션군을 구축할 수 있도록 만드는 프로세스들이다.

역량	내용	역량	내용
고객/관계 역량	• 자체 프로세스와 솔루션에서 고객 입력 정보를 수집하고, 통합하는 능력 • 고객 관계를 프로세스로 보는 능력	표준화 역량	• 계층적 솔루션 구조 창출 • 디지털화된 기본 판매 품목을 재활용을 위한 토대로 규정
가치 설명과 가격책정 역량	• 모든 단계들에서 내적, 외적으로 가치를 정량화하는 능력 • 가치 기반 가격책정을 위한 공통적 도구 및 접근	혁신 역량	• 고객 니즈와 자체 자원들 사이에 격차를 좁히는 능력 • 기술적 혁신만이 아니라, 종단간 프로세스에 대한 초점
파트너/네트워크 관리	• 가치 창출에 필요한 파트너를 관리하는 능력 • 공통적인 파트너 관리 모델	지식 관리	• 회사 전반에 걸쳐 지식을 수집하고, 코드화하고, 공유하는 능력 • 공통 데이터 관리 도구 및 저장소에 의해 가능해짐
계약 관리	• 계약과 관련된 범위와 관계들을 선제적으로 관리하는 능력 • 공통적인 계약 모델, 책임, 템플릿들	변화 관리	• 변화를 주도하고, 변화와 관련하여 발생하는 문제들을 해결하는 능력 • 주요 도구들: 교육과 커뮤니케이션
측정 역량	• 고객, 세분시장, 솔루션 수준에서 수익성을 측정하는 능력 • 고객에 대한 가치 창출과 공급자에 대한 가치 포착의 측정	솔루션 포트폴리오와 위험 관리	• 솔루션 개발 포트폴리오의 관리 • 솔루션 개발, 판매, 납품의 위험 관리
프로그램/프로젝트 관리	• 변화 프로그램과 개별 프로젝트들을 시행하는 능력 • 공통 프로젝트 방법론들과 포트폴리오 관리	시스템 통합	• 고객의 프로세스로 솔루션 통합 • 자체 및 써드파티 3자 솔루션 요소들의 솔루션 구성

그림 7.2 솔루션 비즈니스에서 핵심 역량들

7.3.2 준비 평가 : 솔루션 비즈니스 평가의 결과

우리는 3년의 기간에 걸쳐 14개 기업들의 솔루션 비즈니스 역량을 평가하기 위해 솔루션 비즈니스 평가(solution business assessment)를 이용했다. 업계 비즈니스 논리의 차이와 솔루션 비즈니스의 성숙도 수준이 다양함에도 불구하고 평가 결과는 솔루션 비즈니스로 전환할 때 참여 기업의 대부분이 비슷한 문제에 직면했었음을 보여준다.

상품화 역량과 관련하여 보면 거의 모든 기업이 고객과 협력하여 혁신을 이루어내는 목표를 가지고 있었다. 그러나 이를 수행하기 위한 구조화된 방식을 갖춘 기업은 거의 없었다. 응답자들은 일반적으로 가치 제안, 특히 수요를 창출하고, 새로운 성장 기회를 확인하기 위해 능동적으로 일하는 판매 및 고객 관리와 관련된 가치 제안에 가장 높은 점수를 주었다. 단지 소수의 기업만이 고객에 대해 창출된 가치를 체계적으로 정량화하고, 확인하는 것에 높은 점수를 주었다.

표준화 역량과 관련하여 응답자들은 솔루션 계층구조와 관련된 역량에 가장 높은 점수와 가장 낮은 점수 모두를 주었다. 즉, 고객 중심의 솔루션 개발과 고객 니즈에 대한 적응성에 가장 높은 점수를 주었으며, 솔루션 구성요소의 디지털화에 가장 낮은 점수를 주었다.

솔루션 플랫폼 관련 역량과 관련하여 응답자들은 전반적으로 솔루션 계약에 내재된 위험을 평가하고, 솔루션 비즈니스 모델에 대한 지표를 정의하고, 새로운 역할을 창출하고, 인적자원 관리 방식을 개발하는 것을 주요 문제점으로 확인했다.

7.4 변화 관리

솔루션 비즈니스를 향한 전환은 기업의 여러 사업 단위들과 기능별 책임자에 걸쳐 공유되는 비전을 필요로 한다. 또한 솔루션 비즈니스 모델의 전체적 특성에 대한 심도 깊고, 전반적인 이해를 기반으로 해야 한다. 솔루션 비즈니스를 향한 포부를 달성하는데 실패하는 기업은 일반적으로 제품 비즈니스와 병행하여 솔루션 비즈니스를 관리하지 못하는 기업과 솔루션 비즈니스의 특정 요소들이 여러 산업 및 비즈니스 논리에 적용된다는 것을 이해하지 못하는 기업이다.

7.4.1 병행되는 비즈니스 모델 관리

효과적인 비즈니스 모델들은 특정 주제들 즉, 일반적으로 핵심 가치 제안들과 관련된 주제들을 중심으로 설계된다. 따라서 기업은 새로운 가치 제안을 변경할 때마다 해당 제안을 이행하기 위해 별도의 비즈니스 모델을 재설계해야 한다.

대부분의 경우 새로운 모델을 창출하는 것은 기업이 기존 모델들을 버려야 한다는 것을 의미하지 않는다. 반대로 가장 성공적인 기업은 각 세분시장마다 차별화되는 가치 제안들과 이에 따른 비즈니스 모델들로 운영하는 기업이다. 이러한 개별적이지만 보완적인 가치 제안들에 대한 사례들은 다음과 같다.

- 장비 비즈니스와 서비스 수준 계약
- 자재 비즈니스와 원자재의 맞춤화된 적용
- 부품 비즈니스와 턴키(turn-key) 방식의 프로젝트

여러 병행되는 비즈니스 모델을 운영하는 기업은 양자택일 사고에서 벗어나서 병행 사고로 나아가야 한다. 이러한 기업은 더 이상 "제품 비즈니스" 혹은 "솔루션 비즈니스" 중 하나에서 경쟁 우위를 추구할 필요가 없다. 오히려 이들은 고객과 이들의 니즈가 갖는 이질성을 수용하고, 차별화된 비즈니스 모델들을 통해 양쪽 시장에서 성과를 이루는 것을 목표로 해야 한다.

솔루션 비즈니스를 향한 전환은 많은 측면에서 잘못될 수 있다. 우리는 다음 열거들을 통해 이러한 위험들을 보여주고자 한다.

- **솔루션 비즈니스 모델 :** 기업은 보통 솔루션 비즈니스가 제품 비즈니스의 확장이 아니라 개별 비즈니스 모델이라는 것을 보지 못한다.

따라서 이들은 제품 판매에서 솔루션 판매로 이동함으로써 조직의 프론트 엔드에서 전환 과정을 시작한다. 이렇게 함에 따라 이들은 프론트 엔드가 전환 업무를 하고 있는 경우 백 엔드 역시 변화해야 한다는 것을 깨닫지 못하기 때문에 실패하게 된다. 또한 이들은 지속 가능한 솔루션 비즈니스가 오직 솔루션 플랫폼에서만 구축될 수 있는 기본 역량을 기반으로 한다는 것을 깨달아야 한다.

- **"~에서 ~로(이동)"가 아니라, "~와 함께(병행)"** : 많은 기업이 "~에서 ~로 전환해야 한다는 근시안적 사고"에 빠져버린다. 이러한 근시안적 사고는 보통 제품 비즈니스에서 솔루션 비즈니스로의 완전한 전환을 이루기 위해 노력함에 따라 발생한다. 그러나 이러한 전환을 이루어 내는 기업은 거의 없다. 대신에 이들은 제품 비즈니스 모델을 보완하는 솔루션 비즈니스 모델들을 개발해야 한다. 실제로 성공적인 솔루션 비즈니스는 보통 비용 효율성의 관점에서 제품 비즈니스가 창출하는 규모의 영향에 의존한다. 우리가 함께 일한 많은 기업이 자신들의 비즈니스 규모의 70%에서 80%를 제품(혹은 단순 서비스) 비즈니스에 두고, 나머지는 솔루션 비즈니스에 둔다. 이러한 기업은 본질적으로 상충하는 특성을 가진 두 개의(혹은 그 이상의) 병행하는 비즈니스 모델들을 관리하게 된다. 이러한 상충은 성공의 측정, 중요한 자원들에 대한 접근, 투자 필요성 등과 관련된다. 상충을 이해하고 관리하는 것은 솔루션 비즈니스에서 필수적인 성공 요인이다.
- **전환 연속단계들을 따라 조정되는 단계의 부재** : 기업이 제품과 솔루션 비즈니스 사이에 시너지 필요성을 이해한다 하더라도 이들은 특정 비즈니스 모델이 특성상 체계적이라는 것을 깨닫지 못하는 경우 실패하게 될 수 있다. 따라서 네 개의 전환 연속단계들 – 고객 내재화, 오퍼링

통합화, 운영 적응성, 조직 네트워크화 – 을 따라 취하게 되는 단계들이 조화를 이루지 못하게 되고 이에 따라 연속단계들의 역량과 수행방식들 사이에 구성상의 적합성이 존재하지 않게 된다. 이러한 차원들 중 하나에서 세계적인 수준에 도달한다 하더라도, 기업이 다른 차원들에서 잘 해내지 못하는 경우 성공을 달성하지 못하게 된다.

- **비즈니스가 작은 규모에서 시작된다는 것에 대한 인식 필요성** : 많은 기업이 규모 구축에 걸리는 시간을 받아들이는데 어려움을 겪는다. 모든 새로운 비즈니스는 초기에 작다는 사실을 인정하는 것은 비즈니스 개발 노력에 있어 전제조건이며 따라서 솔루션 비즈니스에도 마찬가지이다. 초기에 솔루션 비즈니스를 작게 유지하고 이 시기를 핵심 역량 구축에 사용하는 것 또한 위험 관리 관점에서도 유익하다. 일단 대부분의 핵심 역량이 준비되면 빠르지만 제어 가능한 속도로 규모를 구축하는 것이 더 용이하다.

- **일정 수준의 카니발리즘(cannibalism) 수용** : 솔루션 비즈니스가 어느 정도까지 제품 비즈니스의 매출 감소를 가져올 것이라는 점은 분명하다. 이러한 결과는 보통 새로운 기본 판매 품목(BSI)의 추가를 통해 솔루션 비즈니스가 창출하는 매출과 수익 성장으로 보상된다. 솔루션 공급 기업은 전환의 시작부터 이러한 불가피성을 받아들여야 한다. 일부 기업은 이러한 상황을 재개에 대한 투자로 보고, 이에 따라 불필요한 갈등을 피하기 위해 제품 비즈니스를 관리하는 사람들에 대한 상여금 제도를 조정한다.

- **천천히 서두르기** : 기업은 전환에 필요한 시간을 과소평가하는 경향이 있다. 많은 기업이 체계적으로 성공을 위한 역량을 구축하는 데 수 년이 걸리는 반면, 일부 기업은 단기간에 놀라운 성장을 기대한다. 안전한 측

면 특히, 설명된 일부 역량이 개발하고 시행하는데 상당한 시간이 걸린다는 점을 고려할 때, 기업은 최소한 3년의 기간으로 프로세스를 계획해야 한다.

7.4.2 여러 산업들에서 차별화되는 솔루션 비즈니스

솔루션 비즈니스에 관한 대부분의 책들과 솔루션 비즈니스에서 도출된 실용적 경험들은 장비, 소프트웨어를 판매하는 기업, 프로젝트를 판매하는 기업으로부터 비롯된다. 그러나 이러한 유형의 기업에서 비즈니스 모델 구성과 전환 단계는 특히 각 기업이 서로 다른 비즈니스 논리들에 따라 운영될 가능성이 높기 때문에 자동으로 다른 기업에게 전달될 수 없다.

우리는 조사를 수행하면서 다섯 가지의 "포괄적" 비즈니스 논리를 확인했다.

- 설비 기반 논리 : 설치 기반 제품
- 프로세스에 대한 투입 논리 : 고객의 프로세스에서 투입으로 활용되는 상품
- 지속적-관계 논리 : 장기 계약들로 특징지어지는 서비스들
- 소비자-브랜드 논리 : 채널을 통해 판매되는 고객 시장의 제품
- 상황적 서비스 논리 : 고객의 상황 중심 니즈를 충족시키는 프로젝트 기반의 서비스

이러한 다양한 논리들이 서로 매우 다르게 보이는 솔루션 비즈니스 모델들을 주도하는 것은 분명하다.

이에 대한 전형적 사례로 설비 기반(IB) 논리들에 따라 운영되는 기업과 프로세스에 대한 투입(I2P) 논리에 따라 운영되는 기업 사이에 차

이를 분석해보고자 한다. 설비 기반(IB) 논리로 운영되는 기업은 자본재를 제공하며, 따라서 고객의 부지에 설치 기반을 창출한다. 설비 기반(IB) 논리는 기계와 장비 산업으로 대표되는 기업 사이에서 일반적이다. 프로세스에 대한 투입(I2P) 논리는 고객의 프로세스에 투입으로 활용되는 상품을 제공하는 기업과 관련된다. 이러한 상품은 프로세스 동안에 별도 개체로서 존재하지 않는 방식으로 전환된다. 프로세스에 대한 투입(I2P) 기업은 금속, 펄프와 제지, 공공사업들과 같은 고정자산 중심의 산업들에서 발견된다.

그림 7.3은 두 개의 비즈니스 논리에 따른 기업의 운영들에 대한 비교를 제공한다. 라이프사이클 사고방식으로의 자연스러운 확장으로 인해, 많은 설비 기반(IB) 기업은 솔루션을 향한 도전을 주도하는 고객 사이에서 기회가 확인되는 것을 가능하게 하며, 다소 솔루션 비즈니스 쪽으로 "이동하게" 되었다. 다른 기업 특히, 프로세스에 대한 투입(I2P) 비즈니스 논리를 가진 기업은 전략적 결정들로 시작하여, 광범위한 규모로 필요한 역량을 구축하는 것에 의도적으로 투자한다. 특히 프로세스에 대한 투입(I2P) 기업의 경우 점진적 전환이 어렵다.

	설치 기반(IB) "솔루션을 향한 점진적 이행이 가능함"	과정에 대한 투입(I2P) "솔루션 비즈니스로의 전환은 중요한 의도적 단계들을 필요로 함"
고객 내재성	고객에 있어 자본적 지출의 고유한 전략적 중요성과 운영 지출의 자연스러운 장기적 협력을 결합함으로써 내재성이 증가한다.	내재성을 증가시키는 주요 방법은 기술적 전문성과 과정에 대한 깊이 있는 이해를 활용하는 것이다.
오퍼링 통합	운영 서비스들을 투자, 프로젝트에 추가하는 것으로 시작하여, 성과 계약을 제공하는 것으로 끝을 맺으며, 통합성을 증가시키는 다양한 기회	통합성을 증가시키기 위한 두 개의 개별 대안들: (1) 고객의 과정에서 공급자 상품 사용을 최적화한다. (2) 고객의 전체 과정을 최적화한다.
운영 적응성	반복성을 보장하고, 판매와 생산 사이에 조직적 거리를 극복하기 위해, 제공 구조를 모듈화함으로써 적응성 증가	고정자산 중심의 생산과 규모의 경제 필요성은 거의 무제한적인 기술적 적응 가능성들을 제한한다. 공급자에게 있어 적응성을 경제적으로 실행 가능하게 만들기 위해 가격 인상이 사용된다.
조직 네트워크	내부 조직 네트워크는 보통 개별적으로 더 작은 '솔루션 단위'를 수립함으로써 증가하며, 외부 조직 네트워크는 공급자들에 대해 통일된 과정을 통해 개선된다.	내부 조직 네트워크는 지역의 분산된 조직 구조들로 제한된다. 필요한 외부 네트워크 수준은 선택된 오퍼링 통합 수준에 달려 있다(공급자의 상품 사용을 최적화하는 것은 다른 비즈니스 파트너들과의 긴밀한 협력을 거의 필요로 하지 않는 반면, 고객의 과정을 최적화하는 것은 더 긴밀한 비즈니스 파트너십을 필요로 할 수 있다).

그림 7.3 설비 기반(IB)과 프로세스에 대한 투입(I2P) 기업의 솔루션 비즈니스 모델 전환에 대한 개요

설비 기반(IB) 기업은 보통 고객 내재화, 오퍼링 통합화를 증가시키고, 이후 다른 연속단계들과 관련된 문제들을 다룸으로써 거의 자연스럽게 전환을 향해 이행할 수 있다. 설비 기반(IB) 기업은 또한 다른 논리에 따르는 회사가 모든 연속단계에 대해 서로 다른 정도의 변화와 함께 서로 다른 의존성을 시험할 수 있는 기회가 많다.

설비 기반(IB) 기업은 연속단계들 사이에 상호의존성이 반드시 강하지는 않은 덜 발전된 서비스 계약들에서부터 점차 발전되는 상호의존성을 향해 이동할 수 있다. 많은 경우들에 이러한 점진적 이행은 실제로 설비 기반(IB) 기업이 상호의존성을 명확히 다루지 못하도록 하며, 많은 기업이 연속단계들에 걸쳐 다양한 종류의 부적응 상태에 처하게 될

수 있다. 예를 들어 기업은 맞춤화된 라이프사이클 솔루션과 관련된 가치 제안을 개발할 수 있지만, 결국 솔루션을 단위로 구성하지 않음으로써 운영상 복잡하고 지속하기 힘든 비용 구조를 만들게 된다.

프로세스에 대한 투입(I2P) 기업의 경우 필요한 변화들은 덜 과도기적이며, 이는 기업이 정신적 모델들을 완전히 변화시켜야 하고, 모든 연속단계들에서 효과들을 더 명확하게 다루어야 한다는 것을 의미한다. 연속단계들을 따라 점진적으로 이행하기보다는 프로세스에 대한 투입(I2P) 기업은 잠재적으로 개별적인 옵션 사이에서 선택을 해야 한다. 특히 오퍼링 통합화, 고객 내재화, 운영 적응성 사이에 강한 중첩은 기업이 “고객의 프로세스에서 공급자의 상품 사용을 최적화하는 것”과 관련된 솔루션들을 제공하는 경우에 일어날 가능성이 높다. 솔루션이 “고객이 프로세스를 최적화하는 것”과 관련되는 경우, 중복은 특히 오퍼링 통합화, 고객 내재화, 조직 네트워크화 사이에서 강하게 나타날 것이다.

많은 프로세스에 대한 투입(I2P) 기업은 특히 완전한 기능을 갖춘 솔루션들을 향한 전환에 있어 어려움을 겪는 것으로 나타난다. 이는 예를 들어 이러한 전환이 장비와 장비 유지보수를 솔루션에 도입하는 것처럼 비즈니스 정의를 변화시켜야 한다는 것을 의미하기 때문일 것이다. 이러한 이동으로 인한 복잡성 증가는 솔루션 비즈니스가 추가 매출을 창출하는 것보다 훨씬 더 높게 운영비용을 증가시킬 수 있다.

이 사례가 보여주듯이 기업은 산업에 걸쳐 벤치마킹을 할 때 유의해야 한다. 하나의 산업에서 효과를 발휘하고, 가치를 창출하는 것일지라도 산업의 기반이 되는 논리로 인해 또 다른 산업에서는 실행 불가능할 수 있다. 이 점은 다시 한 번 솔루션 비즈니스로 전환하는 기업이 근본적인 비즈니스 논리를 확인하고 이해한 후, 이에 따라 전환을 계획하는 것에 주의를 기울여야 한다는 것을 강조한다.

참고문헌[1]

Books

Anderson, J. C., & Narus, J. A. (1998). *Business market management: Understanding, creating and delivering value*. Upper Saddle River: Prentice-Hall International.

Anderson, J. C., Kumar, N., & Narus, J. A. (2007). *Value merchants: Demonstrating and documenting superior value in business markets*. Boston: Harvard Business School Press.

Capon, N. (2001). *Key account management and planning: The comprehensive handbook for managing your company's most important strategic asset*. New York: The Free Press.

Dixon, M., & Adamson, B. (2011). *The challenger sale: Taking control of the customer conversation*. London: The Penguin Group.

Gupta, S., & Lehmann, D. (2005). *Managing customers as investments: The strategic value of customers in the long run*. Upper Saddle River: Wharton School Publishing.

Hanan, M. (1999). *Consultative selling: The Hanan formula for high-margin sales at high levels*. New York: American Management Association.

Heiman, S. E., & Sanchez, D. (1998). *The new strategic selling*. New York: Warner Business Books.

Hinterhuber, A., & Liozu, S. (2012). *Innovation in pricing: Contemporary theories and best practices*. New York: Routledge.

Johnson, M. W. (2010). *Seizing the white space: Growth and renewal through business model innovation*. Boston: Harvard Business School Press.

Kaario, K. (2009). *Transformation kaleidoscope*. Helsinki: WSOYPro.

Kaario, K., Pennanen, R., Storbacka, K., & Mäkinen, H.-L. (2003). *Selling value: Maximize growth by helping customers succeed*. Helsinki: WSOYPro.

Martin, J., & Perry, J. W. (2000). *Value based management: The corporate response to the shareholder revolution*. Boston: Harvard Business School Press.

Normann, R. (2001). *Reframing business: When the map changes the landscape*. Hoboken: Wiley.

Rackham, N., & De Vicentis, J. (1999). *Rethinking the sales force: Redefining selling to create and capture customer value*. Blacklick: McGraw-Hill.

Saaksvuori, A., & Immonen, A. (2004). *Product lifecycle management*. Berlin/Heidelberg: Springer.

Sales Performance International. (2006). *From product-centric to solution-centric: Transforming your revenue growth engine for sustained growth*. Charlotte, NC.

Sawhney, M., & Zabin, J. (2001). *Relational capital: Managing relationships as assets*. Cambridge, MA: Marketing Science Institute.

[1] During our research, we were inspired by the following books and articles.

Selden, L., & Colvin, G. (2003). *Angel customers and demon customers: Discover which is which and turbo-charge your stock*. New York: Portfolio.

Sherman, S., Sperry, J., & Reese, S. (2003). *The seven keys to managing strategic accounts*. New York: McGraw-Hill.

Slywotzky, A., Wise, R., & Weber, K. (2003). *How to grow when markets don't*. New York: Warner Business Books.

Stapleton, J. (2002). *From vendor to business resource: Transforming the sales force for the new era of selling*. Fort Collins: Summa Business Books.

Storbacka, K. (2010). *The solution business model: Boosting organic growth through cross-functional solution sales* (Vectia Publication Series 2010:1). Helsinki: Vectia Ltd.

Storbacka, K., Sivula, P., & Kaario, K. (1999). *Create value with strategic accounts*. Helsinki: Kauppakaari.

Wilson, L. (1994). *Stop selling, start partnering: The new thinking about finding and keeping customers*. New York: Wiley.

Zook, C., & Allen, J. (2001). *Profit from the core: Growth strategy in an era of turbulence*. Boston: Harvard Business School Press.

Articles

Aeppel, T. (2007, March 27). Seeking perfect prices, CEO tears up the rules. *The Wall Street Journal*, p. 49.

Anderson, J. C., Narus, J. A., & van Rossum, W. (2006). Customer value propositions in business markets. *Harvard Business Review, 84*(3), 91–99.

Baines, T., Lightfoot, H., Benedettini, O., & Kay, J. M. (2009). The servitization of manufacturing: A review of literature and reflection on future challenges. *Journal of Manufacturing Technology Management, 20*(5), 547–567.

Baldwin, C. Y., & Clark, K. B. (1997). Managing in an age of modularity. *Harvard Business Review, 75*(5), 84–93.

Bennet, J., Sharma, D., & Tipping, A. (2001, July). Customer solutions: Building a strategically aligned business model. *Insights, Organization and Strategic Leadership Practice*, 1–5.

Bonnemeier, S., Burianek, F., & Reichwald, R. (2010). Revenue models for integrated customer solutions: Concept and organizational implementation. *Journal of Revenue and Pricing Management, 9*(3), 228–238.

Brady, T., Davies, A., & Gann, D. (2005). Creating value by delivering integrated solutions. *International Journal of Project Management, 23*(5), 360–365.

Cornet, E., Katz, R., Molloy, R., Schädler, J., Sharma, D., & Tipping, A. (2000). Customer solutions: From pilots to profits. *Viewpoint, 11*, 1–15.

Davies, A. (2004). Moving base into high-value integrated solutions: A value stream approach. *Industrial and Corporate Change, 13*(5), 727–756.

Davies, A., & Brady, T. (2000). Organizational capabilities and learning in complex product systems: Towards repeatable solutions. *Research Policy, 29*(7/8), 931–953.

Davies, A., Brady, T., & Hobday, M. (2006). Charting a path toward integrated solutions. *MIT Sloan Management Review, 47*(3), 39–48.

Davies, A., Brady, T., & Hobday, M. (2007). Organizing for solutions: Systems sellers vs. systems integrator. *Industrial Marketing Management, 36*(2), 183–193.

Dhar, R., & Glazer, R. (2003). Hedging customers. *Harvard Business Review, 81*(May), 86–92.

Foote, N., Galbraith, J., Hope, Q., & Miller, D. (2001). Making solutions the answer. *The McKinsey Quarterly, 3*, 84–93.

Gadiesh, O., & Gilbert, J. L. (1998). Profit pools: A fresh look at strategy. *Harvard Business Review, 76*(3), 139–147.

Galbraith, J. R. (2002). Organizing to deliver solutions. *Organizational Dynamics, 31*, 194–207.

Johansson, J. E., Krishnamurthy, C., & Schlissberg, H. E. (2003). Solving the solutions problem. *The McKinsey Quarterly, 3*, 116–125.

Kapletia, D., & Probert, D. (2010). Migrating from products to solutions: An exploration of system support in the UK defense industry. *Industrial Marketing Management, 39*(4), 582–592.

Kjellberg, H., & Helgesson, C.-F. (2006). Multiple versions of markets: Multiplicity and performativity in market practice. *Industrial Marketing Management, 35*(7), 839–855.

Lay, P., Hewlin, T., & Moore, G. (2009). In a downturn, provoke your customers. *Harvard Business Review, 87*(7/8), 48–56.

Markides, C., & Charitou, C. D. (2004). Competing with dual business models: A contingency approach. *The Academy of Management Executive, 18*(3), 22–36.

Mathieu, V. (2001). Product services: From a service supporting the product to a service supporting the client. *Journal of Business and Industrial Marketing, 16*(1), 39–58.

Matthyssens, P., & Vandenbempt, K. (2008). Moving from basic offerings to value-added solutions: Strategies, barriers, and alignment. *Industrial Marketing Management, 37*(3), 316–328.

Miller, D., Hope, Q., & Eisenstat, R. (2002). The problem of solutions: Balancing clients and capabilities. *Business Horizons, 45*(2), 3–12.

Nicolajsen, H. W., & Scupola, A. (2011). Investigating issues and challenges for customer involvement in business service innovation. *Journal of Business and Industrial Marketing, 26*(5), 368–376.

Nordin, F., & Kowalkowski, C. (2010). Solutions offerings: A critical review and reconceptualisation. *Journal of Service Management, 21*(4), 441–459.

Oliva, R., & Kallenberg, R. (2003). Managing the transition from products to services. *International Journal of Service Industry Management, 14*(2), 160–172.

Pawar, K. S., Beltagui, A., & Riedel, J. C. K. H. (2009). The PSO triangle: Designing product, service and organisation to create value. *International Journal of Operations and Production Management, 29*(5), 468–493.

Quancard, B. (2010). Cisco: Enabling the next-generation customer experience. *Velocity, 12*(3/4), 14.

Roegner, E., Seifert, T., & Swinford, D. (2001). Putting a price on solutions. *The McKinsey Quarterly, 3*, 94–97.

Schrage, M. (2006). My customer, my co-innovator. *Strategy and Business, 28*(43), 12–14.

Sharma, D., Lucier, C., & Molloy, R. (2002). From solution to symbiosis: Blending with your customers. *Strategy + Business, 27*(2), 38–43.

Shepherd, C., & Ahmed, P. K. (2000). From product innovation to solutions innovation: A new paradigm for competitive advantage. *European Journal of Innovation Management, 3*(2), 100–106.

Simon, H. (2000). Pricing becomes a science: How a company prices its products and services is increasingly seen as an important strategic tool linked to shareholder value. *Financial Times*.

Storbacka, K. (2004a). Create your future by investing in customers. *Velocity, 6*(1), 19–25.

Storbacka, K. (2004b). World class account management meets customer asset management. *Velocity, 6*(1), 8–13.

Storbacka, K. (2011). A solution business model: Capabilities and management practices for integrated solutions. *Industrial Marketing Management, 40*(5), 699–711.

Storbacka, K. (2012). Strategic account management programs: Identifying design elements and best practices. *Journal of Business and Industrial Marketing, 27*(4), 259–274.

Storbacka, K., & Nenonen, S. (2011a). Markets as configurations. *European Journal of Marketing, 45*(1/2), 241–258.

Storbacka, K., & Nenonen, S. (2011b). Scripting markets: From value propositions to market propositions. *Industrial Marketing Management, 40*(2), 255–266.

Storbacka, K., & Nenonen, S. (2012). Competitive arena mapping: Market innovation using morphological analysis. *Journal of Business-to-Business Marketing, 19*(3), 183–215.

Storbacka, K., Ryals, L., Davies, I., & Nenonen, S. (2009). The changing role of sales: Viewing sales as a strategic, cross-functional process. *European Journal of Marketing, 43*(7/8), 890–906.

Storbacka, K., Polsa, P., & Sääksjärvi, M. (2011). Management practices in solution sales: A multi-level and cross-functional framework. *Journal of Personal Selling and Sales Management, 31*(1), 35–54.

Storbacka, K., Frow, P., Nenonen, S., & Payne, P. (2012). Designing business models for value co-creation. In S. L. Vargo & R. F. Lusch (Eds.), *Special Issue: Towards a better understanding of the role of value in markets and marketing. Review of Marketing Research, 9*, 51–78.

Storbacka, K., Windahl, C., Nenonen, S., & Salonen, A. (2013). Solution business models: Transformation along four continua. *Industrial Marketing Management, 42*(5), 705–716.

Stremersch, S., Wuyts, S., & Frambach, R. T. (2001). The purchasing of full-service contracts: An exploratory study within the industrial maintenance market. *Industrial Marketing Management, 30*(1), 1–12.

Tuli, K. R., Kohli, A. K., & Bharadwaj, S. G. (2007). Rethinking customer solutions: From product bundles to relational processes. *Journal of Marketing, 71*(3), 1–17.

Ulaga, W., & Eggert, A. (2006). Value-based differentiation in business relationships: Gaining and sustaining key supplier status. *Journal of Marketing, 70*(1), 119–125.

Vandermerwe, S., & Rada, J. (1988). Servitization of business: Adding value by adding services. *European Management Journal, 6*(4), 314–324.

Windahl, C., & Lakemond, N. (2006). Developing integrated solutions: The importance of relationships within the network. *Industrial Marketing Management, 35*, 806–818.

Windahl, C., & Lakemond, N. (2010). Integrated solutions from a service-centered perspective: Applicability and limitations in the capital goods industry. *Industrial Marketing Management, 39*(8), 1278–1290.

Wise, R., & Baumgartner, P. (1999). Go downstream: The new profit imperative in manufacturing. *Harvard Business Review, 77*(5), 133–141.

Zook, C., & Allen, J. (2003). Growth outside the core. *Harvard Business Review, 81*(12), 66–67.

Zott, C., & Amit, R. (2010). Business model design: An activity systems perspective. *Long Range Planning, 43*(2/3), 216–226.

지은이

카이 스토르바카/Kaj Storbacka , 리스토 펜너넨/Risto Pennanen

옮긴이

SI 컨설팅그룹, 에스원/ SI Consulting Group, SAMSUNG S-1 Corporation
강봉구, 강원중, 김철현, 김회진, 나석종, 노재문, 류정아, 박계운,
박민수, 박병배, 박상권, 박재현, 성하얀, 손진만, 신용달, 양재성,
유우근, 윤기훈, 윤보라, 윤종수, 이승용, 이정욱, 이창현, 정다혜,
진세원, 최선희

감 수

임종인 교수

- 출생 연월 : 1956년 12월
- 주요 경력
  - 現)고려대학교 정보보호대학원 교수
  - 現)한국CISO협회 회장('16.12~)
  - 現)금융보안원 금융보안 자문위원회 위원장('16.4~)

이동훈 교수

- 출생 연월: 1959년 7월
- 주요 경력
  - 現)한국정보보호학회 회장('17.1~)
  - 現)서울동부지검 사이버범죄 중점수사 자문위원회 위원장('17.4~)
  - 現)금융감독원 금융분쟁조정위원회 위원('08.9~)

차영균 교수

- 출생 연월 : 1963년 3월
- 주요 경력
  - 現)숭실대학교 IT대학 정보통신과 겸임교수
  - 前)VP社 대표이사('16.4~'17.3)
  - 前)시큐아이닷컴 솔루션사업부장 상무('10.7~'15.1)

솔루션비즈니스 : 유기적 성장을 위한 플랫폼 구축
Solution Business : Building a Platform for Organic Growth

지 은 이 카이 스토르바카(Kaj Storbacka)
리스토 펜너넨(Risto Pennanen)
옮 긴 이 에스원
감 수 임종인·이동훈·차영균
펴 낸 이 한헌주
펴 낸 곳 도서출판 K-books
등 록 1995년 11월 9일 제300-1995-138호
주 소 서울특별시 서대문구 독립문로 21-9
전 화 738-7035(대표)
FAX 722-4678
e-mail kmsp@korea.com
홈페이지 http://www.kmsp.co.kr

초판 인쇄 2017년 10월 25일
초판 발행 2017년 10월 31일

값 15,000원
ISBN 978-89-420-0876-6 03320